Staatliches Studienseminar für das Lehramt an Gymnasien, Koblenz (Hrsg.)

**Sachtexte lesen**
im Fachunterricht der Sekundarstufe

**Klett | Kallmeyer**

Die Deutsche Nationalbibliothek verzeichnet diese Publikation in der Deutschen Nationalbibliografie;
detaillierte bibliografische Daten sind im Internet über http://dnb.d-nb.de abrufbar.

Staatliches Studienseminar für das Lehramt an Gymnasien, Koblenz,
unter Leitung von Josef Leisen und Hanna Mentges (Hrsg.)
Grundlagenteil: Josef Leisen
Praxisteil: Waltraud Suwelack (Biologie); Stefanie Bommersheim, Wolfgang Heuper, Josef Leisen (Chemie/Physik); Thorsten Zimmer (Deutsch); Rita Liesenfeld (Erdkunde); Ralf Schulte-Melchior (Französisch); Tobias Dietrich (Geschichte); Michael Bostelmann (Mathematik); Josef Größchen, Rudolf Loch, Barbara Lüdecke, Britta Sturm (Religion/Ethik)

**Sachtexte lesen**
im Fachunterricht der Sekundarstufe

1. Auflage 2009

Das Werk und seine Teile sind urheberrechtlich geschützt. Jede Nutzung in anderen als den gesetzlich zugelassenen Fällen bedarf der vorherigen schriftlichen Einwilligung des Verlages. Hinweis zu § 52 a UrhG: Weder das Werk noch seine Teile dürfen ohne eine solche Einwilligung eingescannt und in ein Netzwerk eingestellt werden. Dies gilt auch für Intranets von Schulen und sonstigen Bildungseinrichtungen.
Fotomechanische oder andere Wiedergabeverfahren nur mit Genehmigung des Verlages.

© 2009. Kallmeyer in Verbindung mit Klett
Erhard Friedrich Verlag GmbH
D-30926 Seelze-Velber
Alle Rechte vorbehalten.
www.friedrichonline.de

Realisation: Friedrich Medien-Gestaltung
Redaktion: Salomé Dick, Berlin
Druck: VeBu Druck+Medien GmbH, Bad Schussenried
Printed in Germany

ISBN: 978-3-7800-1016-2

Nicht in allen Fällen war es uns möglich, den Rechteinhaber ausfindig zu machen. Berechtigte Ansprüche werden selbstverständlich im Rahmen der üblichen Vereinbarungen abgegolten.

Staatliches Studienseminar für das Lehramt an Gymnasien, Koblenz (Hrsg.)

# Sachtexte lesen

im Fachunterricht der Sekundarstufe

Klett | Kallmeyer

**Vorwort** ........ 6
**Aufbau des Buches** ........ 7

## Grundlagenteil

**Einstieg** ........ 8
Alltägliche Erfahrungen mit dem Lesen von Sachtexten im Unterricht ........ 8

**I Grundsätzliches zum Leseverstehen** ........ 9
  1 Der Umgang mit Sachtexten im Unterricht ........ 9
  2 Das Lesen von Sachtexten in den Fächern ........ 10
  3 Sachtexte in den Lehrwerken ........ 11
  4 Sachtexte in den Fächern ........ 12
  5 Allgemeine Lesesituationen im Unterricht ........ 15
  6 Lesestile, Leseabsichten und Lesetechniken ........ 15
  7 Leseprinzipien für Sachtexte ........ 16
  8 Lesestrategien für Sachtexte ........ 18
  9 Leseübungen zu Lesestrategien und Lesekompetenzen ........ 25
  10 Ein Lesecurriculum für Sachtexte ........ 27
  11 Die Förderung des Leseverstehens für Schüler mit Migrationshintergrund ........ 28

**II Beispielhaftes zum Leseverstehen** ........ 30
  1 Beispiele für Lehrtexte ........ 30
  2 Sachtexte mit Lesestrategien erschließen ........ 39
  3 Sachtexte in den Unterricht integrieren ........ 57
  4 Lesestrategien und Lesekompetenzen üben ........ 60

**III Vertiefendes zum Leseverstehen** ........ 83
  1 Lesekompetenz und Leseverstehen ........ 83
  2 Die Modellierung des Leseprozesses ........ 84
  3 Einflussfaktoren im Leseprozess ........ 86
  4 Aufbau einer Lesekompetenz ........ 88
  5 Bedeutung der Anschluss- und Begleitkommunikation für das Leseverstehen ........ 90
  6 Förderung der Lesekompetenz durch metakognitives Training ........ 93
  7 Text und Sachtext ........ 94
  8 Sprache in den Lehrbüchern ........ 95
  9 Merkmale der Sprache in Sachtexten ........ 100
  10 Vereinfachung und Optimierung von Sachtexten ........ 104

## Praxisteil

### Sachtexte lesen im Fach Biologie ......... 109
1 Didaktische Überlegungen zu Sachtexten im Biologieunterricht ......... 109
2 Beispiele zur Arbeit mit Sachtexten im Biologieunterricht ......... 112

### Sachtexte lesen in den Fächern Chemie und Physik ......... 120
1 Didaktische Überlegungen zu Sachtexten im Chemie- und Physikunterricht ......... 120
2 Beispiel zur Arbeit mit Sachtexten im Fach Chemie ......... 127

### Sachtexte lesen im Fach Deutsch ......... 137
1 Didaktische Überlegungen zu Sachtexten im Deutschunterricht ......... 137
2 Beispiel zur Arbeit mit Sachtexten im Deutschunterricht ......... 142

### Sachtexte lesen im Fach Erdkunde ......... 150
1 Didaktische Überlegungen zu Sachtexten im Erdkundeunterricht ......... 150
2 Beispiel zur Arbeit mit Sachtexten im Erdkundeunterricht ......... 155

### Sachtexte lesen im Fach Französisch ......... 162
1 Didaktische Überlegungen zu Sachtexten im Französischunterricht ......... 162
2 Beispiele zur Arbeit mit Sachtexten im Französischunterricht ......... 169

### Sachtexte lesen im Fach Geschichte ......... 178
1 Didaktische Überlegungen zu Sachtexten im Geschichtsunterricht ......... 178
2 Beispiele zur Arbeit mit Sachtexten im Geschichtsunterricht ......... 183

### Sachtexte lesen im Fach Mathematik ......... 189
1 Didaktische Überlegungen zu Sachtexten im Mathematikunterricht ......... 189
2 Beispiele zur Arbeit mit Sachtexten im Mathematikunterricht ......... 194

### Sachtexte lesen in den Fächern Religion und Ethik ......... 200
1 Didaktische Überlegungen zu Sachtexten im Religions- und Ethikunterricht ......... 200
2 Beispiele zur Arbeit mit Sachtexten im Religions- und Ethikunterricht ......... 203

Literaturhinweise ......... 228
Quellenverzeichnis ......... 232

## Vorwort

*"Im Fach X müssen wir im Text erst die Schlüsselwörter heraussuchen und im Fach Y müssen wir immer erst alles überfliegen und dann Fragen stellen."* Dieses Schülerzitat verweist darauf, dass Lesende im Unterricht mit höchst unterschiedlichen Herangehensweisen und Leseaufträgen konfrontiert werden.

*"Im Fachseminar A habe ich einen anderen Umgang mit Texten gelernt als im Fachseminar B."* Die Feststellung einer Referendarin verweist darauf, dass auch in der Lehrerausbildung je nach Fach und Ausbilder verschiedene Lesestrategien im Umgang mit Texten empfohlen und trainiert werden.

„Lesen von Sachtexten" ist zweifellos ein Thema aller Fächer. Zukünftige Lehrkräfte müssen unbedingt in der Didaktik und Methodik des Leseverstehens von Sachtexten ausgebildet werden. Es ist ebenso erstaunlich wie unverständlich, dass es sowohl in der Lesedidaktik als auch in der Lehrerausbildung kaum Bemühungen gibt, die Strategien im Umgang mit Sachtexten der einzelnen Fächer auf Gemeinsamkeiten hin zu überprüfen, gemeinsame Sprachregelungen zu finden, Herangehensweisen abzugleichen und voneinander zu lernen. Das käme nicht nur den Lehrkräften, sondern vor allem auch den Schülerinnen und Schülern zugute. Leseverstehen und Leseförderung ist, so betrachtet, eine ebenso ideale wie gewinnbringende Aufgabe für die Qualitätsentwicklung jeder Schule und jeder Lehrerbildungsstätte.

Das Studienseminar Koblenz hat sich des Themas angenommen und im Rahmen der Seminarentwicklung das Projekt „Lesen in allen Fächern" bearbeitet. Die Projektziele umfassten:
- die gestufte Darstellung einer fächerübergreifenden Lesedidaktik,
- die synoptische Darstellung von geeigneten Lesestrategien für Sachtexte aller Fächer,
- eine praxisorientierte Handreichung zum Einsatz von Sachtexten im Unterricht,
- eine Dokumentation praxiserprobter Beispiele von Texterschließungen in verschiedenen Fächern,
- die Entwicklung eines Aus- und Fortbildungskonzeptes zum Thema „Leseverstehen und Leseförderung".

Texte und Lesestrategien wurden im Unterricht und in der Ausbildung am Studienseminar über einen längeren Zeitraum entwickelt und erprobt.
Die Seminarleitung dankt allen Kolleginnen und Kollegen für ihr Engagement.

Josef Leisen und Hanna Mentges

## Aufbau des Buches

In allen Fächern und in allen Klassenstufen der Sekundarstufe werden Sachtexte eingesetzt. Es ist die Aufgabe eines Studienseminars, zukünftige Lehrerinnen und Lehrer so auszubilden, dass sie befähigt sind, Sachtexte lesedidaktisch sinnvoll und lesemethodisch korrekt im Unterricht einzusetzen.

Dieses Buch ist aus der Praxis heraus für die unterrichtliche Praxis verfasst. Es gibt Anregungen und Hilfen für den unterrichtlichen Einsatz von Sachtexten und schafft einen lesedidaktischen Rahmen. Das Buch ist in einen *Grundlagenteil* und einen *Praxisteil* untergliedert.

Der Grundlagenteil umfasst die drei Kapitel Grundsätzliches, Beispielhaftes und Vertiefendes. Dahinter steht die Idee, sich mit dem Thema gestuft und in verschiedenen Zugängen auseinanderzusetzen, nämlich vom Grundsätzlichen ausgehend, an Beispielen konkretisierend und durch Theorie vertiefend.

*Grundsätzliches* zum Leseverstehen bietet der erste Teil, der verallgemeinernd die Prinzipien und Strategien zur Förderung des Leseverstehens beschreibt.

*Beispielhaftes* zum Lesen von Sachtexten bietet der zweite Teil. An konkreten Sachtexten aus verschiedenen Fächern werden die im vorangegangenen Teil beschriebenen Strategien mit den entsprechenden Leseaufträgen gezeigt und kommentiert. Weiterhin wird an einem Beispiel gezeigt, wie das Textverstehen und die Sachtextarbeit in den laufenden Unterricht integriert werden können.

*Vertiefendes*, nämlich Hintergründe, Begründungen und Konzepte zum Lesen, enthält der dritte Teil, der die Darstellung von Beispielen und Prinzipien im Umgang mit Sachtexten theoretisch fundiert.

Der Praxisteil ist nach den Fächern gegliedert, der Aufbau der einzelnen Kapitel ist identisch: Zunächst werden in einem Einführungsteil die Spezifika der Lesetexte, Lesesituationen und Lesestrategien in dem betreffenden Fach umrissen. Es folgen erprobte Beispiele aus der Unterrichtspraxis, die teils durch Schülerbearbeitungen ergänzt werden, an denen sich die Praktikabilität der Vorschläge zeigt. Kurze didaktische und methodische Kommentare ordnen den Text situativ im Unterricht ein und kritische Nachbetrachtungen zeigen Stärken und Schwächen der jeweiligen Vorgehensweise auf. Abschließend werden jeweils Empfehlungen ausgesprochen.

# Grundlagenteil

Josef Leisen

## Einstieg

### Alltägliche Erfahrungen mit dem Lesen von Sachtexten im Unterricht

Der folgende Bericht schildert Erfahrungen, die Lehrkräfte tagtäglich mit dem Lesen im Unterricht machen.

> *„Wenn ich meinen Schülern einen Text aus dem Lehrbuch gebe, dann tun sie sich unglaublich schwer damit. Der Text sei viel zu schwer, sie würden nichts verstehen, es kämen so viele Fachbegriffe vor, der Text sei so kompliziert geschrieben, öde und langweilig sei er sowieso. Warum sollten sie solche Texte überhaupt lesen? Ja, und die Migrantenkinder verstehen die Texte sowieso nicht. Die kommen über den ersten Satz überhaupt nicht hinaus. Sie resignieren schon bei den kleinsten sprachlichen Schwierigkeiten.*
>
> *Wenn ich einen Text im Unterricht einsetze, dann aber nur unter meiner Beobachtung und Hilfe. Ich lasse ihn zuerst lesen, stelle Verständnisfragen und die Schüler können mich fragen, was sie nicht verstanden haben. Und da kommt dann so viel, dass wir immer weiter vom Text wegkommen, und ich frage mich letztendlich, ob ich den Unterricht nicht besser ohne den Text gemacht hätte. Ich frage mich auch, ob ich es vielleicht falsch angehe und ob es bessere Methoden gibt.*
>
> *Also was mache ich? Ich suche bessere Texte, ich schreibe sie um oder schreibe selbst welche. Das ist enorm viel Arbeit. Andererseits sollen die Schüler ja auch lernen, selbstständig mit den Texten klarzukommen, z. B. durch Lesestrategien. Wir haben kürzlich auch überlegt, dass wir für das Lesen in den verschiedenen Fächern einmal Absprachen treffen müssten. Ich weiß ja gar nicht, wie es die Physiker und Biologen mit ihren Texten machen. Die sind doch noch unverständlicher."*

Die Aussagen beleuchten das ganze Spektrum der Fragen und Themen zum Lesen in allen Fächern:

- Was macht das Lesen von Texten so schwer?
- Wie setzt man einen Sachtext im Unterricht ein?
- Welche Lesestrategien gibt es überhaupt und was taugen sie in den einzelnen Fächern?
- Wie muss man mit den besonderen Problemen schwacher Leser umgehen?
- Was macht man mit „schlechten" Texten im Unterricht?
- Wie sollten Lesestrategien trainiert werden?
- Wie sieht eine Zusammenarbeit der Fächer zum Thema Lesen aus?
- Was funktioniert in der Praxis und was nicht?

In den nachfolgenden Kapiteln werden für einige dieser Fragen aus der Praxis heraus beispielhaft Antworten aufgezeigt.

# I Grundsätzliches zum Leseverstehen

## 1 Der Umgang mit Sachtexten im Unterricht

Es gibt viele Möglichkeiten, mit Sachtexten im Unterricht umzugehen. Die folgenden kommen recht häufig vor:

- Der Sachtext wird aus dem Lehrbuch oder aus einer anderen Quelle ohne weitere Lesehilfen und Arbeitsaufträge in den Unterricht integriert oder zur Bearbeitung gegeben (Lernen am Text).
- Dem Sachtext werden geeignete Arbeitsaufträge beigefügt oder es werden Lesestrategien empfohlen bzw. mitgegeben (Lesestrategien).
- Der Sachtext wird mit einer vorgegebenen Lesestrategie oder Leseübung zu Trainingszwecken bearbeitet (Lesetraining).
- Der Sachtext ist für eine Eigenbearbeitung in der vorliegenden Form zu lang oder zu schwer und wird gekürzt oder er wird an einigen Stellen vereinfacht und umgeschrieben (Textvereinfachung).
- Der Text erweist sich als ungeeignet oder viel zu schwer, wird deshalb verworfen und die Lehrkraft verfasst einen neuen eigenen Text (Textoptimierung).

Beim Umgang mit Texten im Unterricht gibt es grundsätzlich zwei Möglichkeiten:
- Anpassung des Lesers an den Text: Der Lerner wird in seiner Lesekompetenz geschult, indem ihm Lesestrategien vermittelt und diese trainiert werden.
- Anpassung des Textes an den Leser: Der Text wird vereinfacht und an die Fähigkeiten des Lesers angepasst.

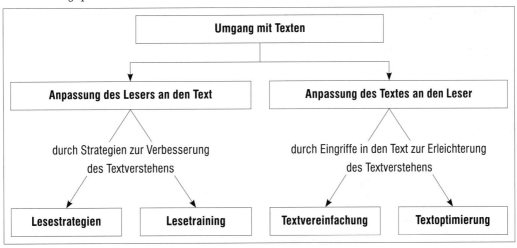

Umgang mit Sachtexten

Wenn man dem Leser langfristig die Kompetenz vermitteln will, sich Texte eigenständig zu erschließen, dann muss ihm der Unterricht dazu Gelegenheiten bieten und die Texterschließung muss immer wieder trainiert werden. Deshalb ist die Anpassung des Lesers an den Text die vordringlichste Aufgabe, um Lesekompetenz aufzubauen und zu entwickeln.

Es gibt Texte, die sind Lesern einfach nicht zumutbar. Dann ist eine Anpassung des Textes an den Leser geboten. Es soll beispielsweise ein fachliches Problem erklärt werden. Die Erklärungen im Text sind jedoch derart unverständlich, dass dieses Ziel mit diesem Text nicht erreicht werden kann. Wenn Erschließungshilfen auch nicht weiterhelfen, dann muss der Text vereinfacht oder gar komplett neu verfasst werden. Sachtexte aus Lehrbüchern sind oft schon für muttersprachige Lerner sehr schwer, für schwache Leser oder für Lernende mit Migrationshintergrund sind sie in der Regel sprachlich überfordernd. Für diese Lernergruppe müssen die Texte im Bedarfsfall an die Leser angepasst werden.

## 2 Das Lesen von Sachtexten in den Fächern

*„Die Schüler können doch lesen! Wieso muss ich mich als Fachlehrer jetzt auch noch um das Lesen kümmern? Was soll ich denn noch alles machen?"* In der Tat, Schüler können in der Sekundarstufe lesen, wenn „lesen können" nur als technischer Vorgang gesehen und auf die bloße Fähigkeit, Texte zu entziffern, reduziert wird.

Lesekompetenz bedeutet aber mehr, nämlich eine aktive Auseinandersetzung mit Texten. Zum Textverständnis – so der der PISA-Studie (Deutsches PISA-Konsortium 2001) zugrunde liegende Ansatz einer „Reading Literacy" – gehört die Fähigkeit, Texte funktional zu nutzen und über sie zu reflektieren, um eigene Ziele zu erreichen, eigene Potenziale weiterzuentwickeln und um am gesellschaftlichen Leben teilzuhaben.

Die PISA-Studie orientiert sich bei der Lesekompetenz nicht an Fächern. Dennoch gibt es fachspezifische Texte und es liegt im ureigensten Interesse eines jeden Fachs, die dazu notwendigen Fähigkeiten auszubilden und zu fördern.

Der Einsatz wissenschaftspropädeutischer Texte (Fachtexte, Lehrbuchtexte) ist im Unterricht aller Fächer bedeutsam und die Lerner müssen im Umgang mit diesen Texten geschult werden. In manchen Fächern (z. B. in den Fremdsprachen) werden Lehrbuchtexte sehr intensiv genutzt, meist allerdings entlang der engen Vorgaben des Lehrbuchs. In anderen Fächern hingegen (z. B. Physik, Chemie) werden Lehrbuchtexte kaum und zu wenig im Unterricht eingesetzt. Es wird argumentiert, die Texte seien schlecht, die Lerner könnten mit solchen Texten nicht umgehen oder das Buch bzw. die Texte passten nicht zum eigenen Unterricht.

Es gibt Texte, die über- oder unterfordern den Leser; damit fordern sie nicht angemessen heraus oder machen es dem Leser unnötig schwer. Solche Texte bezeichnet man in der Regel als „schlechte" Texte. In diesem Sinne ist ein Text, den der Leser sofort versteht, ein „schlechter" Text. „Gute" Texte fordern zur Auseinandersetzung mit dem Text heraus. Eine angemessene Herausforderung liegt dann vor, wenn die kognitive Lücke Neugier weckt und dem Könnensniveau des Lesers entspricht. Hat der Leser das Gefühl, möglicherweise überfordert zu sein, wird er allzu schnell aufgeben. Lesestrategien sollen den Leser veranlassen „die Nuss zu knacken". Hat er bereits Erfahrungen mit Lesestrategien, wird er diese als Nussknacker einsetzen und sich auch an harte Nüsse herantrauen.

Ein guter Text schafft es, mit dem Lesenden in Dialog zu treten, weil dieser sich angesprochen und ernst genommen fühlt und weil er erwartet, durch die Lektüre bereichert zu werden. Ein Text ist nicht objektiv gut, sondern der Leser bestimmt, ob er gut ist. Sein Vorwissen, seine Interessen, seine Erwartungshaltung, seine Zielsetzung, seine Lesekompetenz, seine Lesesozialisation, sein kognitives Anspruchsniveau, seine emotionale Befindlichkeit, seine Gesprächsbereitschaft und sein Durchhaltevermögen bestimmen, ob er den Text als gut bezeichnet.

Was sollte man bei der Auswahl der Texte bedenken? Man wähle ansprechende Texte aus, d. h. solche Texte, die die Lernenden als Gesprächspartner ernst nehmen, die durch sprachliches und inhaltliches Niveau beeindrucken und nicht abschrecken, die nicht durch Länge und Detailreichtum verwirren und entmutigen, nicht durch ihren Sprachstil künstlich und abstoßend wirken.

### 3 Sachtexte in den Lehrwerken

Sachtexte im Unterricht werden überwiegend aus Lehrbüchern entnommen. Viele Gründe sprechen dafür, an dieser Tradition festzuhalten:
- Die Lehrbücher sind eigens zum Lernen im Unterricht von unterrichtserfahrenen Autoren passend zu den Lehrplänen erstellt.
- Die Lehrbücher umfassen ein ganzes Spektrum an Lernmaterialien, an denen die verschiedensten Kompetenzen gelernt und geübt werden können.
- Die Lehrbücher wurden unter hohen Kosten angeschafft, die nur durch einen intensiven und lernfördernden Einsatz im Unterricht gerechtfertigt werden können.
- Die Lehrbücher begleiten die Lerner beim Lernen oft über mehrere Schuljahre hinweg und erringen im positiven Sinne Vertrautheitsstatus.
- Die Vertrautheit mit dem Lehrbuch stellt sich jedoch nur dann ein, wenn sie durch sinnvollen Gebrauch erfahren wird. Dieses Postulat gilt gerade für die häufig komplex angelegten neuen Lehrwerke.

Multimediale Präsentation von Sachtexten:
Vergleicht man neuere mit älteren Lehrwerken, so stellt man viele Unterschiede fest. Lehrbücher folgen heute fast durchgängig dem Doppelseiten-Prinzip. Sind ältere Lehrbücher durch umfangreiche Fließtexte gekennzeichnet, auch als Blei-Wüsten bezeichnet, so haben die heutigen Schulbücher Hypertext-Charakter. Die Bücher enthalten Bilder, Grafiken, Tabellen, Skizzen und viele andere Darstellungsformen, auf die im Text mehr oder weniger Bezug genommen wird. Die Textblöcke sind gegliedert, manche Informationstexte sind als Exkurse optisch ausgelagert, Querverbindungen sind angegeben, Arbeitsaufträge sind beigefügt usw. Wirken ältere Bücher durch die angelegte Geschlossenheit, so muss diese in neueren Büchern erst durch den Leser vorgenommen werden. Das aber setzt bereits eine beachtliche Sachkompetenz voraus, über die er zum Zeitpunkt der Erstlektüre noch nicht verfügt. Die Bedeutung strategischen Lesens ist damit offensichtlich.

Grundlagenteil

Der Leser wird nicht mehr bedient, sondern trifft auf ein großes Angebot, aus dem er sich die unterschiedlichsten „Lese-Menüs" zusammenstellen kann. Daraus ergeben sich – anders als beim Lesen in älteren Lehrbüchern – vielfältige Ein- und Ausstiege in die Lektüre. Der Charakter der Multimedialität in neuen Lehrwerken ist offensichtlich. Diese mit viel Sachverstand erstellten Leseteile setzen auf der Seite des Lesers Lesesachverstand voraus, um die gebotenen Chancen auch nutzen zu können. Erfahrungen im Unterricht zeigen jedoch, dass Schüler über diesen Lesesachverstand nicht automatisch verfügen, sondern in die Nutzung des Lehrwerkes eingeführt werden müssen. Nicht jede gut gemeinte mediale Unterstützung in den neuen Lehrwerken macht das Lesen einfacher, sondern Lesen wird durch die Vielfalt zu einem noch komplexeren Vorgang.

**4 Sachtexte in den Fächern**

Lesen in allen Fächer – schön und gut, aber die Texte sind doch in den Fächern sehr verschieden! Das ist hinsichtlich der Inhalte und der fachspezifischen Darstellungsformen auch richtig:

- Sozialkundliche und geografische Texte enthalten Kartenmaterial, Statistiken, Tabellen, Diagramme, viele Abbildungen und Fotos usw.
- Texte im Geschichtsunterricht sind oft historische Quellen, viele im Geschichtsunterricht eingesetzte Texte enthalten Strukturdiagramme, Abbildungen, Fotos, historische Karten, Personenporträts, Daten, Fakten, Synopsen usw.
- Naturwissenschaftliche Texte enthalten neben Experimentieranleitungen, Fotos und Skizzen auch viele Diagramme, Tabellen, mathematische Herleitungen, Formeln usw.
- Texte im Philosophie-, Ethik- und Religionsunterricht sind oft Auszüge aus Originalschriften und enthalten neben Bildern häufig Synopsen in Form von Tabellen und Diagrammen.
- Texte in den Fremdsprachen sind, wenn es keine literarischen Texte sind, oft mit illustrierenden Situationsbildern, Fotos, authentischem Material (z. B. Hotelprospekt, Zeitungsnachricht, Brief, E-Mail, Werbeanzeige, Stellenangebot, …) versehen, um Sprech- und Schreibanlässe zu erzeugen.
- Texte im Deutschunterricht sind in erster Linie literarische Texte, aber auch Sachtexte, in die gelegentlich andere Darstellungsformen integriert sind.

Bei aller inhaltlichen Verschiedenheit der Texte gibt es aber grundsätzliche Übereinstimmungen und Gemeinsamkeiten.

Sachtexttypen:
Den Sachtexten aller Fächer lassen sich meistens zwei kommunikative Funktionen – Information und Appell – zuordnen. (Die Texttheorie unterscheidet fünf Großgruppen nach der jeweiligen kommunikativen Funktion: Information, Appell, Obligation, Kontakt und Deklaration; vgl. Typologie der Sachtexte, S. 95). Viele Texte sind allerdings auch Mischformen, sie weisen sowohl informierende als auch appellierende Merkmale auf.
Im Fachunterricht werden vor allem Texte der drei folgenden Kategorien eingesetzt:

# Grundsätzliches zum Leseverstehen

| Texttyp | informierender Text | argumentierender/ appellierender Text | anweisender Text |
|---|---|---|---|
| Funktion | ▸ vermittelt deklaratives Wissen | ▸ bewertet, beurteilt einen Sachverhalt | ▸ vermittelt prozedurales Wissen<br>▸ informiert und appelliert |
| Absicht | belehren | überzeugen | zu einer Tätigkeit anleiten |
| Beispiele | ▸ Lehrbuchtext<br>▸ Lexikonartikel | ▸ Kommentar<br>▸ Rezension<br>▸ Glosse | ▸ Experimentieranleitung<br>▸ Gebrauchsanweisung<br>▸ Schulordnung |

Beispieltext „Energiesparlampe":

Der folgende Text stellt in seinen drei Teilen exemplarisch je eine der drei Textsorten vor und illustriert die jeweilige kommunikative Funktion:

▸ Information zu Aufbau und Funktionsweise einer Energiesparlampe (deklaratives Wissen)
▸ Argumentation (Gründe für die Verwendung)
▸ Handlungsanweisung und -empfehlung

---

**Wie funktionieren eigentlich Energiesparlampen?**

Da eine Energiesparlampe im Grunde genauso funktioniert wie eine Leuchtstoffröhre, wird für den Betrieb ein sogenannter Starter bzw. Zünder oder ein Vorschaltgerät benötigt.

Energiesparlampen werden in der Regel mit 230 Volt Wechselspannung betrieben. Jedoch benötigt eine Energiesparlampe lediglich zum Zünden eine Spannung von etwa 250 Volt bis 450 Volt (Starter). Wenn man eine Energiesparlampe einschaltet, kommt es im Starter zur sogenannten Glimmentladung. Hier liegt ein geringer Strom an. Ein Bimetallstreifen im Starter sorgt dafür, dass die beiden Elektroden kurzgeschlossen werden. Jetzt fließt eine höhere Spannung und die Drähte, bestehend aus Wolfram, beginnen zu glühen und Elektronen abzugeben. Der Bimetall im Starter beginnt nun, sich abzukühlen und unterbricht somit den Stromkreis. Durch eine Beschleunigung der Elektronen kommt es zur sogenannten Stoßionisation. Hier werden Gasatome des Gases ionisiert, sobald sie von den beschleunigten Elektronen tangiert werden. Durch die dabei entstehende unsichtbare ultraviolette Strahlung und das Auftreffen auf den Leuchtstoff entsteht eine sichtbare Strahlung.

(http://www.Energiespar-Lampen.de – Info-Website zur Energiesparlampe)

---

Beispiel für einen informierenden Text

Grundlagenteil

> **Warum werden Energiesparlampen empfohlen?**
> Durch Energiesparlampen werden etwa 80 Prozent gegenüber der herkömmlichen Glühlampe an Stromkosten eingespart. Setzt man voraus, dass im deutschen Haushalt täglich für 3 Stunden Licht benötigt wird und man anstatt der herkömmlichen Glühlampen Energiesparlampen einbaut, könnten 9,8112 Terawattstunden/Jahr eingespart werden. Das entspricht etwa der Stromproduktion eines Atomkraftwerkes, welches somit eingespart werden könnte. Es gibt viele Vorurteile gegenüber der Energiesparlampe, die jedoch in den seltensten Fällen zutreffen. Nicht nur um die Energiekosten zu reduzieren, sondern auch um etwas für den Klimaschutz zu tun, kann das Umrüsten auf die umwelt-schonende Lichtquelle Energiesparlampe sehr sinnvoll sein.
>
> (http://www.Energiespar-Lampen.de – Info-Website zur Energiesparlampe)

Beispiel für einen argumentierenden Text

> **Wie werden Energiesparlampen richtig entsorgt?**
> Da auch Energiesparlampen nicht unsterblich sind, muss eines Tages die Frage der fachgerechten Entsorgung geklärt werden. Aufgrund der Tatsache, dass das Leuchtplasma der Energiesparlampe ca. 7 mg Quecksilber enthält, darf die Energiesparlampe nicht zusammen mit dem Hausmüll entsorgt oder in den Altglascontainer geworfen werden. Damit das giftige Schwermetall nicht in die Umwelt gelangt, sollten Energiesparlampen als Sondermüll entsorgt werden oder können bei der städtischen Sammelstelle für Schadstoffe abgegeben werden. Die Entsorgung ist kostenlos und sollte daher auf jeden Fall in Anspruch genommen werden.
>
> (http://www.Energiespar-Lampen.de – Info-Website zur Energiesparlampe)

Beispiel für einen anleitenden Text

Strukturelle Gemeinsamkeiten der Sachtexte:
Die Sachtexte aller Fächer
- haben einen ähnlichen Aufbau,
- haben fast immer einen deskriptiven und analytischen Charakter,
- haben einen großen Überlappungsbereich in den verwendeten Darstellungsformen und
- sind häufig sprachlich verdichtet oder verwenden ähnliche sprachliche Strukturen bei sehr spezifischer Fachsprache.

Wenn die Texte in den verschiedenen Fächern so viele Gemeinsamkeiten aufweisen, dann sollten Lesestrategien, einmal gelernt, doch auf alle Fächer problemlos angewandt werden können. Aber Lesekompetenz ist domänenspezifisch, darauf verweist die Leseforschung. Z. B. muss jemand, der gut geografische Fachtexte lesen kann, dies nicht auch bei physikalischen Fachtexten können – also muss fachspezifisch geübt werden.

## 5 Allgemeine Lesesituationen im Unterricht

Lesesituationen im Unterricht sind solche, in denen Sachtexte mit einer spezifischen Absicht eingesetzt werden. Folgende Lesesituationen treten häufig im Unterricht auf:

- Informationssuche durch selektives Lesen, z. B.: Schüler suchen gezielt Informationen aus einem Abschnitt im Lehrbuch heraus, die sie in der nachfolgenden Unterrichtsphase nutzen.
- Inhaltsverstehen durch intensives Lesen, z. B.: Die Lernenden erhalten einen Text mit Arbeitsaufträgen; die Ergebnisse werden im Plenum vorgestellt und diskutiert.
- thematische Erarbeitung durch intensives Lesen, z. B.: In arbeitsteiliger Gruppenarbeit erschließen sich die Lerner anhand von Texten selbstständig neue Inhalte; diese notieren sie stichpunktartig auf einer Folie und präsentieren sie anschließend im Plenum.
- Textbearbeitung durch selektives Lesen, z. B.: Als Hausaufgabe lesen die Schüler einen Abschnitt im Lehrbuch und beantworten dazu gestellte Fragen.
- Textproduktion durch intensives und zyklisches Lesen, z. B.: Als Hausaufgabe müssen die Schüler eine Zusammenfassung zu einer Doppelseite aus dem Lehrbuch anfertigen.
- Wirkungsgespräch durch extensives Lesen, z. B.: Nach einem überfliegenden Lesen findet im Plenum eine Anschlusskommunikation als Wirkungsgespräch statt.
- thematische Erarbeitung durch orientierendes, extensives und intensives Lesen, z. B.: Zur Vorbereitung eines Referates erhalten die Lerner Texte, Datenmaterialien und etliche Internetadressen.
- Texterschließung durch orientierendes, selektives, extensives, intensives und zyklisches Lesen, z. B.: Im Rahmen eines Lesetrainings der gesamten Jahrgangsstufe bearbeiten die Schüler verschiedene Texte mit der jeweils passenden Lesestrategie.

Unschwer lässt sich die Liste fortsetzen. Die geschilderten Situationen decken zwar ein breites Spektrum der möglichen Lesesituationen im Unterricht der Fächer ab, erfassen diese jedoch keineswegs vollständig. Manchmal geht es darum, Informationen zu suchen, sich Inhalte selbstständig zu erschließen, Sachverhalte zu verstehen und vorgegebene Arbeitsaufträge zu erledigen. Manchmal geht es darum, eine Textproduktion oder eine Präsentation vorzubereiten oder sich in Lesestrategien zu üben. Sachtexte sind in erster Linie Arbeitstexte, sie werden im Unterricht zu vielen verschiedenen Anlässen meist als Pflichtlektüre eingesetzt. Je nach Lesesituation unterscheiden sich dabei die Lesestile und die Leseabsichten.

## 6 Lesestile, Leseabsichten und Lesetechniken

Einen Roman liest man anders als einen Sachtext. Das wissen zwar die Lernenden, aber dennoch gehen sie meist beide Textsorten mit derselben Methode an: Sie beginnen am Anfang und lesen den Text Wort für Wort durch bis zum Textende, statt eine der Textsorte gemäße Strategie zu wählen. Aber der Lesestil sollte sich nicht nur nach der jeweiligen Textsorte richten, sondern auch zur Leseabsicht passen: Will ich mich nur kundig machen, ob ein Weiterlesen lohnt, will ich nur eine Information im Text suchen, will ich den Text im Detail verstehen, weil ich daraus einen neuen Text erstellen will?

Der Verwendungszweck des Textes und die Leseabsicht bestimmen den Lesestil und die Lesetechniken (Lesearten):

- suchendes (selektives) Lesen (Scanning): Gezieltes Heraussuchen gewünschter Informationen (Wörter, Daten, Fakten) durch Überfliegen, um Aufgaben zu bearbeiten.
- orientierendes Lesen (Skimming): Den Text ausgehend von Überschriften, grafischen Hervorhebungen oder Bildern überfliegen, um entscheiden zu können, was man sich genauer anschauen möchte.
- kursorisches (extensives) Lesen: Flüchtiges Lesen, um möglichst schnell ein globales Textverständnis zu erreichen. Z.B. zunächst den Text überfliegen, dann den ersten und letzten Satz jedes Textabschnitts lesen und eventuell Notizen anfertigen.
- detailliertes (intensives, totales) Lesen: Der Text wird intensiv mit Strategien gelesen, um ihn als Ganzes im Detail zu verstehen und zu bearbeiten.
- zyklisches Lesen: Einen Text zunächst orientierend, dann extensiv und danach intensiv lesen, manchmal wiederholt extensiv und intensiv.

Der Leseanlass und/oder der Leseauftrag muss dem Leser implizit oder explizit mitteilen, welche Leseart zu wählen ist. *„Mal überfliege ich nur, mal lese ich es ganz genau!"* Diese Aussage des Schülers spiegelt nicht Hilflosigkeit wider, sondern Kompetenz in der passenden Wahl der Leseart. Den Schüler in genau dieser Kompetenz zu schulen, ist in allen Fächern Aufgabe des Unterrichts.

### 7 Leseprinzipien für Sachtexte

Es gibt bekanntermaßen nicht die eine Lesestrategie für alle Texte und über alle Fächer hinweg. Meistens wird die Lehrkraft den Lernern eine für den vorliegenden Sachtext geeignete Lesestrategie empfehlen. Die folgenden Prinzipien sollten Grundlage der Strategieempfehlung sein und sind folgerichtig aus der Modellierung des Leseprozesses und aus den Überlegungen zum Aufbau einer Lesekompetenz abgeleitet (vgl. S. 88).

> Das Prinzip der eigenständigen Auseinandersetzung:
> Der Leser wird durch geeignete Lesestrategien und gute Arbeitsaufträge zur eigenständigen Bearbeitung des Textes angeleitet.

> Das Prinzip der Verstehensinseln:
> Die Texterschließung geht von dem aus, was schon verstanden wird (sog. Verstehensinseln), und fragt nicht umgekehrt zuerst nach dem, was noch nicht verstanden ist.

> Das Prinzip der zyklischen Bearbeitung:
> Der Leser wird mit immer anderen Aufträgen in Zyklen zur erfolgreichen produktiven Bearbeitung des Textes angeleitet.

Lesen ist keine passive Rezeption dessen, was im jeweiligen Text an Information enthalten ist, also keine bloße Bedeutungsentnahme, sondern aktive (Re-) Konstruktion der Textbedeutung, also Sinnkonstruktion. Aus dieser Modellierung folgt die unterrichtliche Konsequenz, dass sich der Leser mit dem Text angeleitet durch sinnvolle Arbeitsaufträge mehrfach beschäftigt und somit in einem zyklischen Bearbeitungsprozess Bedeutung konstruiert.

In jedem Fachtext gibt es Inseln des Verstehens. Das sind Textteile, die von den Lesern bereits verstanden werden, aber umgeben sind von Textteilen, die ihnen noch unverständlich erscheinen. Die Unterstützung des Leseverstehens besteht nun gerade darin, ausgehend von diesen Verstehensinseln das noch Unverstandene verstehbar zu machen. Die bereits bekannten Fachbegriffe (Fachnomen, Fachverben, Fachadverbien) sind häufig solche Verstehensinseln. Andererseits sind die Fachbegriffe aber auch oft die Abgründe im Meer des Nichtverstehens.

Die Übertragung in eine andere Darstellungsform sollte als besondere Lesestrategie hervorgehoben werden (siehe Strategie 6, S. 20). Bei dieser Strategie wird der Leser im besonderen Maße zur aktiven und eigenständigen Auseinandersetzung mit dem Text herausgefordert. Der Leser wird angehalten, von einer anderen Seite an den Text heranzugehen und das Textverständnis auszubauen oder ggf. ein neues aufzubauen.

Die Bedeutung, die dieser Lesestrategie zukommt, erhebt sie in den Rang eines Leseprinzips.

> Das Prinzip der Übertragung in eine andere Darstellungsform:
> Der Leser wird angeleitet, den Text in eine andere Darstellungsform zu übertragen, sofern dies möglich und sinnvoll ist.

Der produktive Umgang mit Texten im Unterricht schließt eine eigenständige Textproduktion mit ein, etwa den Text in eigenen Worten wiederzugeben, ihn zusammenzufassen, einen Artikel zu verfassen, ein Lernplakat zu entwerfen oder einen neuen Text zu produzieren. Der Wechsel der Darstellungsform ist hier ein Mittel der Hilfe und Unterstützung, damit Lerner diese für sie ausgesprochen schwierige Aufgabe erfolgreich bewältigen können.

Das Grundprinzip ist sehr einfach: Man gibt den Lernern einen Text 1, den sie in der Bearbeitung in eine andere Darstellungsform übertragen. Anschließend erstellen sie mithilfe dieser neuen Darstellungsform einen eigenen Text 2, ohne dabei auf den ursprünglichen Text 1 zurückzugreifen. Das Verfahren ist in der folgenden Abbildung dargestellt.

Grundlagenteil

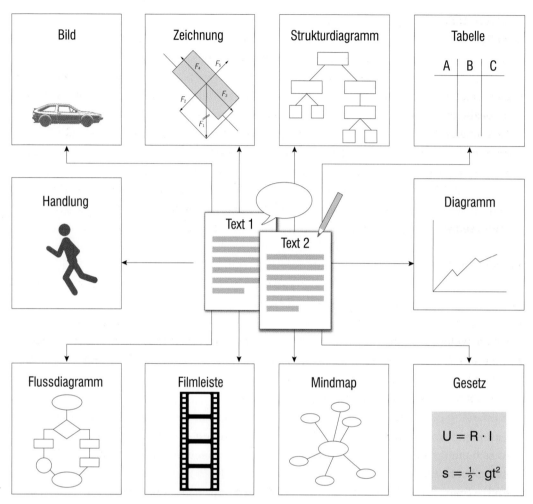

Von der Textlektüre zur Textproduktion über Darstellungsformen

**8 Lesestrategien für Sachtexte**

Eine *Lesestrategie* ist ein Handlungsplan, der hilft, einen Text gut zu verstehen. Lesestrategien zielen auf einen eigenständigen Umgang mit Texten. Sie haben Werkzeugcharakter: Mit ihrer Hilfe kann der Leser den Text möglichst selbstständig erschließen. Es gibt eine Vielzahl von Lesestrategien, die sich in Umfang, Anspruchsniveau und Unterstützungsgrad unterscheiden.

Die folgenden zehn Strategien zur Texterschließung haben sich bei Sachtexten in allen Fächern bewährt. Man wird selbstredend nicht alle zehn Strategien auf denselben Text anwenden. Das wäre ein „lesedidaktischer Overkill". Die Lesekompetenz der Zielgruppe, die didaktische Absicht und der Schwierigkeitsgrad des Textes bestimmen die Auswahl der geeigneten Lesestrategie.

**Strategie 1:** Fragen zum Text beantworten
Dem Text sind Fragen beigefügt, die den Leser anleiten, sich mit dem Text intensiver zu beschäftigen. Diese herkömmliche Strategie kann bei jedem Text eingesetzt werden.
- Man sollte mit leichten Fragen beginnen und die schweren Fragen ans Ende setzen.
- Es können Fragen gestellt werden, die sich auf eine explizit im Text angegebene Information beziehen. Diese Fragen sind in der Regel leicht zu beantworten
- Es können auch Fragen gestellt werden, die sich auf tiefer eingebettete oder implizit angegebene Informationen beziehen. Diese Fragen werden nur noch von einem Teil der Lernenden beantwortet und eignen sich daher, um zu differenzieren.
- Schließlich können auch Fragen gestellt werden, die auf einer hohen Kompetenzstufe liegen: Zur Beantwortung muss der Text im Detail verstanden sein, wenn beispielsweise etwas selbstständig erklärt und dabei spezielles Wissen genutzt werden muss.

**Strategie 2:** Fragen an den Text stellen
Bei dieser Strategie stellt der Leser ggf. nach einem Vorbild selbst Fragen an den Text und beantwortet sie auch (zumindest teilweise) selbst.
- Bei der Aufgabenstellung empfiehlt es sich anzugeben, wie viele Fragen gestellt werden sollen, welches Anspruchsniveau sie haben sollen und wie sie beantwortet werden sollen.
- Bei dieser Strategie muss vorab geklärt werden, welche Fragen gestellt werden sollen:
  Sollen Fragen gestellt werden, auf die der Text eine Antwort gibt? Dann müssen Frage und Antwort im Verstehenshorizont des Lesers liegen.

  Sollen Fragen gestellt werden, die der Leser noch nicht beantworten kann, auch wenn die notwendige Information im Text enthalten sein sollte? Dies ist oftmals der Fall, wenn es sich um tief eingebettete Information handelt, z.B. wenn unterschiedliche Textteile miteinander vernetzt oder bewertet werden müssen.

  Sollen Fragen gestellt werden, auf die der Text keine Antwort gibt, die den Leser aber interessieren, z.B. Fragen, die Bezüge zu anderem Wissen herstellen?
- Die Beantwortung der Fragen kann u.a. durch Partneraustausch erfolgen. Besonders geeignete Fragen bzw. Antworten können im Plenum aufgegriffen werden. Die Fragen können ggf. kategorisiert und zum Weiterlernen genutzt werden.

**Strategie 3:** Den Text strukturieren
Bei dieser Strategie teilt der Leser den Text in Sinnabschnitte ein und formuliert Überschriften.
- Diese Strategie bietet sich bei schlecht gestalteten Texten an und bei solchen, deren Textteile unterschiedlichen Kategorien angehören (z.B. Informationen, Phänomene, Beschreibungen, Erklärungen, Interpretationen, Bewertungen, Beispiele, Erläuterungen, Kommentare, Zusätze, Exkurse, …), die gestalterisch aber nicht deutlich voneinander abgehoben sind.
- Die Strategie verlangt vom Leser zu abstrahieren, denn der Lernende muss kategorisieren und Oberbegriffe finden.
- Verschiedene Lösungen können als Anlass zum Austausch im Plenum genommen und zum Weiterlernen genutzt werden.

- Die Textstruktur lässt sich auch am Rand durch Randmarken – ggf. unter Verwendung von Kürzeln – kennzeichnen: Thema, Beobachtung, Erklärung, Definition, Bedingung, Merkmal, Beispiel, Zusammenfassung.
- Eigene Bewertungen des Textes können durch Symbole am Rand vorgenommen werden: ? (= fragwürdig), ! (= wichtig), ✗ (= Widerspruch), … Fortgeschrittene Leser werden eigene Symbole verwenden.

**Strategie 4:** Den Text mit dem Bild lesen
Bei Sachtexten mit Bildern, Tabellen, Grafiken oder Zeichnungen wird der Leser zur vergleichenden Text-Bild-Lektüre angeleitet.
- Die Strategie spricht verschiedene Wahrnehmungskanäle an und aktiviert das Vorwissen der Leser in unterschiedlicher Weise. Die wechselseitigen Leerstellen schriftlich auszufüllen ist ein guter Arbeitsauftrag.
- Manche Leser beginnen gewohnheitsmäßig mit der Lektüre des Textes; eine andere Lesergruppe geht grundsätzlich umgekehrt vor. Beide Vorgehensweisen begründen sich in der individuellen Wahrnehmung und beide haben ihre Vorzüge.

**Strategie 5:** Farborientiert markieren
Sachtexte sind gekennzeichnet durch Fachbegriffe, Objekte, Personen, Gegenstände, die in vielfältigen Relationen zueinander stehen. Um Ordnung und Übersicht zu erhalten, markiert der Leser Begriffe oder Textteile verschiedener Kategorien farblich differenzierend. Dadurch entsteht ein übersichtliches Beziehungsgefüge im Text, das zur weiteren Arbeit einlädt.
- Diese Strategie wirkt zunächst sehr formal und ohne Bezug zum Inhalt. Der Zweck liegt darin, dass sie auf nachfolgende Strategien vorbereitet. Die Fachbegriffe sind oft Anker für das inhaltliche Arbeiten am Text. Diese Strategie darf auf keinen Fall Selbstzweck sein.
- Die Idee dieser Strategie besteht darin, dass sich der Leser immer wieder und mehrfach mit immer neuen Bearbeitungsaufträgen mit dem Text auseinandersetzt (Prinzip der zyklischen Bearbeitung). Durch das schrittweise und gestufte Vorgehen entwickeln sich allmählich Textbezüge und Sinnstrukturen. Die der Vorgehensweise zugrunde liegende Idee sollte den Lernenden vorab verdeutlicht werden.
- Von den markierten Begriffen sind viele bekannt und fungieren als Verstehensinseln (Prinzip der Verstehensinseln), von denen die weitere Erschließung ausgehen kann.
- Die farbige Markierung von Begriffen oder Textteilen verschiedener Kategorien knüpft an Strategie 3 (Den Text strukturieren) an und ist eine gute Vorbereitung für Strategie 9 (Schlüsselwörter suchen und den Text zusammenfassen).

**Strategie 6:** Den Text in eine andere Darstellungsform übertragen
Bei dieser sehr effizienten und oft einsetzbaren Strategie übersetzt der Leser den Text in Skizze, Bild, Tabelle, Strukturdiagramm, Prozessdiagramm, Mindmap, Graph, …
- Dieser Auftrag fördert die aktive eigenständige Auseinandersetzung des Lesers mit dem Text und fördert die (Re-) Konstruktion des Textverständnisses. Das zwingt die Lernenden dazu, von einer anderen Seite an den Text heranzugehen.

- Beim Wechseln der Darstellungsform wird der Begriffsapparat mehrfach umgewälzt.
- Die Übersetzung in eine andere Darstellungsform ist der erste Schritt, sich vom Ursprungstext zu lösen. Hierbei ist Kreativität und Abstraktionsvermögen gefordert. Oftmals wird dabei auch das visuelle Gedächtnis trainiert und veranlasst, dass sich der Leser vom Ursprungstext löst.
- Der jeweilige Text bestimmt, welche Darstellungsform angemessen ist. Für Prozesse sind Begriffsnetze, Struktur- und Flussdiagramme geeignet. Mindmaps bieten sich an, wenn der Vernetzungsgrad nicht zu groß ist.
- Anspruchsvoll und lernfördernd ist es, wenn die Lernenden eigenständig die Darstellungsform wählen können. Dadurch schafft man zusätzliche Lerngelegenheiten. Es kann aber auch sinnvoll sein, einen Hinweis auf mögliche Darstellungsformen zu geben.
- Bei dieser Variante kommen in der Regel verschiedene Lösungen zustande, die Anlass zur Kommunikation im Plenum geben und zum Weiterlernen genutzt werden können. Eine Lehrerlösung bietet sich ggf. als Ergänzung an.
- Es empfiehlt sich, den Wechsel der Darstellungsform in Partner- oder Gruppenarbeit durchzuführen. Dadurch wird der Begriffsapparat erneut umgewälzt und kommunikativ verwendet und hat eine intensive Kommunikation zur Folge.

**Strategie 7:** Den Text expandieren
Viele Fachtexte sind derart verdichtet, dass man sie kaum zusammenfassen kann. Das Expandieren des Textes durch Beispiele und Erläuterungen ist in diesen Fällen die angemessene Strategie.
- Der Leser expandiert den Text durch Anreicherung mit Zusätzen, Erläuterungen, Beispielen, Erklärungen, Skizzen oder weiteren Informationen.
- Meist ist ein Adressatenbezug (z. B. für deinen jüngeren Bruder, für einen Laien) sinnvoll.
- Die Strategie ist sehr anspruchsvoll und erfordert hohe Kompetenzen im Bereich des Wissens und der Darstellung. Ggf. sind weitere Hinweise und Hilfen sinnvoll.

**Strategie 8:** Verschiedene Texte zum Thema vergleichen
In Lehrbüchern der verschiedenen Verlage finden sich zu den gängigen Unterrichtsthemen Texte, die sich hinsichtlich des Anspruchsniveaus, des Sprachniveaus, des Textumfangs, der Gestaltung, der Textverständlichkeit und der didaktischen Absicht unterscheiden. Die vergleichende Bearbeitung verschiedener Texte bringt einen lernfördernden Mehrwert.
- Die vergleichende Lektüre mehrerer Texte zu demselben Thema erhöht das Verstehen. Verständlichkeitsmängel des einen Textes werden durch Qualitäten des anderen Textes u. U. ausgeglichen und umgekehrt.
- Durch den Vergleich von Texten können die Wirkung, der Adressatenbezug und die Textart thematisiert werden.
- Es bietet sich als weitere Aufgabe eine adressatenorientierte Textproduktion an. Schreibe einen Text für: deine Schwester im x. Schuljahr, deinen Mitschüler, der krank ist und den Stoff nachholen will, für deinen Opa, der aus seiner Schulzeit viel vergessen hat.

- Eine Variante dieser Strategie ist die sogenannte Koch-Eckstein-Methode: Zunächst wird den Lesern ein kurzer anspruchsvoller Sachtext zur Lektüre gegeben. Anschließend wird ein zweiter Text präsentiert, den die Leser Satz für Satz durchgehen und beurteilen, ob die Informationen auch im ersten Text enthalten sind (a), nicht enthalten sind (b), mit dem Text verträglich, aber nicht ausdrücklich enthalten sind (c). Auf diese Weise lernen die Lerner, den ersten Text sehr genau zu lesen. Besonders effektiv zeigt sich diese Methode, wenn sie mit metakognitiven Fragen begleitet ist, die die Selbstbeobachtung fördern, nämlich:
  – die Einschätzung des eigenen Textverständnisses,
  – die Einsicht in die Gründe für die eigenen Defizite beim Textverstehen,
  – die Beobachtung der Veränderung der eigenen Leistungen beim Textverstehen.

**Strategie 9:** Schlüsselwörter suchen und den Text zusammenfassen
Diese Strategie ist zwar fester Bestandteil im Repertoire vieler Lehrkräfte, muss aber mit Bedacht eingesetzt werden: Wenn Fachtexte viele Fachbegriffe enthalten, die alle als Schlüsselwörter markiert werden könnten, dann ist diese Strategie unergiebig, zumal diese Texte kaum zusammengefasst werden können. Diese Strategie bietet sich bei breit angelegten und expandierten Texten an.
Durch Strategie 3 (Den Text strukturieren) und Strategie 5 (Farborientiert markieren) kann gute Vorarbeit zum erfolgreichen Einsatz dieser Strategie geleistet werden.

- Schlüsselwörter sollen den Text aufschließen. Wie kann der Leser deren Schlüsselbedeutung erkennen, wenn er den Text nicht oder nur teilweise versteht? Er kann allenfalls „interessante" oder „verdächtige" Wörter als vermeintliche Schlüsselwörter markieren. Erst wenn man den Inhalt verstanden hat, ist man fähig, Schlüsselwörter zu entdecken und zu nutzen.
- Eine häufig praktizierte Alternative zu dem Arbeitsauftrag lautet: *„Unterstreicht alle Wörter, die damit oder damit zu tun haben ..."* Die Lerner können nun erfolgreicher am Text arbeiten, allerdings ist das Entscheidende vom Lehrer vorgegeben. Die eigentliche Aufgabe, das eigenständige Suchen der Schlüsselwörter, wird ihnen abgenommen.
- Mit folgenden Aufträgen kann die Lehrkraft Hilfestellungen geben:
  Drei-Stufen-Verfahren: *„Markiere mit dem Bleistift erst Wörter, die du als Schüsselwörter vermutest. Vergleiche anschließend deine Schlüsselwort-Kandidaten mit deinem Nachbarn. Zum Schluss werden sie gemeinsam in der Klasse verhandelt."*
  Vorschläge sammeln und gemeinsam kategorisieren: *„Macht Vorschläge. Welche Wörter sollen wir unterstreichen?"*
  Anzahl der Schlüsselwörter eingrenzen: *„Unterstreiche im Text maximal x Schlüsselwörter."*
  Merkzettel entwickeln: *„Stelle dir zu dem Text einen Merkzettel her, der maximal 10 Wörter enthalten darf."*
- Die Lerner können auch schrittweise angeleitet werden, die Schlüsselwörter zu identifizieren: In einem ersten überfliegenden Lesen wird ein Globalverständnis angestrebt, das noch nicht auf ein detailliertes fachliches Verstehen ausgerichtet ist. Den Lernern sollte Mut gemacht werden, sich folgende Fragen zu stellen:
  – Worum geht es überhaupt?
  – Wie wirkt der Text auf mich?

- Womit bringe ich den Text in Verbindung? Woran erinnert er mich?
- Was könnte wichtig sein?

▸ Der natürliche Leseprozess geht von dem Verstandenen aus, um das Nichtverstandene zu erschließen, und geht nicht umgekehrt vor. Dieses Vorgehen wird durch die Theorie des Textverstehens gestützt (konstruktivistisches Verständnis).

▸ Lehrbuchtexte sind in der Regel hoch verdichtet und können nicht weiter komprimiert werden. *„Lest den Text und fasst ihn in Kernaussagen zusammen."* Ein solcher Arbeitsauftrag überfordert den Lerner und sogar manchen Experten.

▸ Eine Textproduktion in Form einer Zusammenfassung ist bekanntermaßen eine besonders anspruchsvolle Aufgabenstellung und überfordert ohne Begleitung bzw. Vorbereitung.

**Strategie 10:** Das Fünf-Phasen-Schema anwenden

Das Fünf-Phasen-Schema ist ein bewährtes Texterschließungsverfahren und nutzt viele der vorangehenden Strategien als Teilstrategien. Es ist ein umfangreiches Erschließungsverfahren, das komplett auf eigenständige Erarbeitung abzielt. Dazu werden den Lernenden Lesehilfen in Form einer Anleitung bereitgestellt. Das Fünf-Phasen-Schema beginnt mit einer vorbereitenden Orientierung (orientierendes Lesen – Skimming), gefolgt vom Aufsuchen von Verstehensinseln (extensives Lesen und selektives Lesen). Im zentralen dritten Schritt werden inhaltliche Details erschlossen (intensives Lesen). Im vierten Schritt wird der Text reflektiert und in das Wissensnetz eingebunden. Im fünften und letzten Schritt wird das Verstandene überprüft.

▸ Dem Fünf-Phasen-Schema liegen folgende Prinzipien zugrunde:
  - Das verstehende Lesen wird durch ein orientierendes Lesen vorbereitet (vom orientierenden zum verstehenden Lesen).
  - Der Lerner wird zum mehrfachen, zyklischen Bearbeiten des Textes unter immer neuen und anderen Gesichtspunkten geführt und verführt (Prinzip der zyklischen Bearbeitung).
  - Es wird niemals gefragt „Was verstehst du nicht?" Stattdessen wird immer von dem ausgegangen, was der Lerner schon versteht (Verstehensinseln suchen und davon ausgehen).
  - Der Lerner übersetzt den Text in eine andere Darstellungsform (Wechsel der Darstellungsform).
  - Der Lerner reflektiert den Text und sucht den roten Faden (Textreflexion).

▸ Der Lerner sollte am Ende eine Gliederung, ein Strukturdiagramm, eine Tabelle, ein Flussdiagramm, eine Bildfolge oder eine andere Darstellungsform an der Hand haben, womit er losgelöst vom Ursprungstext eine eigene Textproduktion erstellen kann.

▸ Bei der Erstellung der Leseanleitung nach dem Fünf-Phasen-Schema muss zunächst der dritte Schritt festgelegt werden: Mit welcher Strategie kann der Text detailliert gelesen werden? Diese Strategie muss in den ersten beiden Schritten vorbereitet und in den letzten beiden Schritten fortgeführt werden. Andernfalls behindern sich die Strategien unter Umständen gegenseitig.

Die nachfolgende, allgemein gehaltene Übersicht zeigt ein Fünf-Phasen-Schema und kann den Lernern den Ablauf erläutern und begründen.

Grundlagenteil

## Das Fünf-Phasen-Schema zur Texterschließung

1. Orientiere dich im Text.

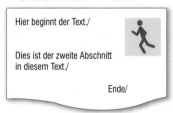

- Überfliege den Text.
- Suche das Thema.
- Suche zugehörige Bilder, Skizzen, Tabellen, …
- Registriere Abschnitte.
- Registriere Besonderheiten.

2. Suche Verstehensinseln.

- Starte von dem, was du verstehst.
- Verstehensinseln sind die Teile, die du schon verstehst und von denen die Erschließung ausgeht.

3. Erschließe abschnittsweise.

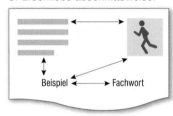

- Setze die Verstehensinseln zueinander in Beziehung und integriere sie in das, was du schon weißt.
- Hier gehst du detailliert und gründlich vor. Ein genaues Lesen und Mitdenken ist wichtig.
- Nutze Hilfsmittel, mache dir Schemata, schreibe dir Dinge anders auf, …

4. Suche den roten Faden.

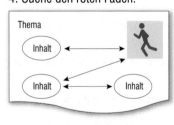

- Nun hast du vielleicht den roten Faden verloren. Suche ihn, lies den Text noch einmal und verbinde die Abschnitte geistig miteinander.
- Erstelle eine kleine Gliederung als roten Faden.
- Fasse den Text in wenigen Sätzen zusammen.

5. Reflektiere abschließend.

- Suche den Sinn des Textes und ordne ihn für dich neu.
- Überprüfe, was du verstanden hast.
- Schreibe einen eigenen Text.

Das Fünf-Phasen-Schema

## 9 Leseübungen zu Lesestrategien und Lesekompetenzen

Eine *Leseübung* ist eine Übung, in der Lesestrategien oder Lesekompetenzen im Sinne eines Methoden- oder Kompetenztrainings geübt werden. Beispiele: Lückentexte schulen das Scannen, zerschnittene Texte fördern das Erkennen der Kohärenz, die Zuordnung von Bildern fördert die Text-Bild-Lektüre. Wenn Lesestrategien geübt werden, dann ist die Strategie selbst und nicht das Verstehen des vorliegenden Textes der eigentliche Lerngegenstand. Übungen dienen oft auch der Vorentlastung des Lesetextes.

Lesestrategien können auch zu Übungszwecken eingesetzt werden. Aber nicht jede Leseübung ist auch eine Lesestrategie. Eine Leseübung wird zur Lesestrategie, wenn sie – selbstständig eingesetzt – der Texterschließung dient. Mit den Leseübungen können Lesestrategien geübt werden oder so angelegt werden, dass spezifische Lesekompetenzen geübt werden. Leseübungen können sich auch besonderen Schwierigkeiten, z. B. für Schüler mit Migrationshintergrund, widmen und Hilfen zu deren Bewältigung bieten.

In Übungen jedweder Art geht es in erster Linie darum, Lernenden im Umgang mit Texten Erfolgserlebnisse zu ermöglichen. Auch Leseübungen sind dazu geeignet, vorausgesetzt sie treffen das passende Anspruchsniveau.

Zehn einfache Leseübungen:
Die folgenden zehn Leseübungen sind an fast allen Texten durchführbar und vorzugsweise für schwache Leser geeignet. Sie dienen in erster Linie dazu, das Detail- und Sprachverstehen zu üben.

1. Wörter suchen: Wörter einer vorgegebenen Wortliste im Text finden und unterstreichen
2. Textlücken ausfüllen: Im Text vorgegebene Lücken ausfüllen
3. Textänderungen vergleichen: Zwei fast wortgleiche Texte miteinander vergleichen und Unterschiede erkennen
4. Zeichnungen und Bilder beschriften: Zeichnungen und Bilder mit den Begriffen aus dem Text beschriften und ergänzen
5. Textpuzzle bearbeiten: Verwürfelte Sätze im Text wiederfinden und unterstreichen oder den Text wieder herstellen
6. Informationen suchen: Explizit im Text angegebene Informationen suchen und herausschreiben
7. Satzhälften zusammenfügen: Vorgegebene Satzhälften zusammenfügen
8. Richtigkeit überprüfen: Aussagen oder vorgegebene Informationen mithilfe des Textes überprüfen
9. Sätze aussuchen: Aus einer Auswahl von Sätzen einen inhaltlich passenden heraussuchen und einfügen
10. Überschriften zuordnen: Vorgegebene Zwischenüberschriften Textpassagen zuordnen

Zehn anspruchsvolle Leseübungen:

Die folgenden zehn Leseübungen sind anspruchsvoll und nicht an allen Texten durchführbar. Die Übungen 11 bis 15 trainieren das textbezogene Interpretieren. Die Übungen 16 bis 20 trainieren das Reflektieren und Bewerten. Nicht alle Übungen sind für schwache Leser geeignet.

11. Bildunterschriften formulieren: Zu selbst erstellten oder vorgegebenen Bildern Überschriften formulieren
12. Darstellungsformen ausfüllen: Vorgegebene Darstellungsformen (Tabelle, Diagramm, Grafik, Bild, …) mit Textinformationen füllen
13. Fragen beantworten: Fragen zu Informationen im Text beantworten
14. Fragen stellen: Selbst Fragen zu Informationen im Text stellen
15. Sätze berichtigen: Leicht veränderte Sätze textbasiert berichtigen
16. Verschiedene Texte vergleichen: Informationen im Text Satz für Satz mit denen in einem anderen Text vergleichen
17. Text-Bild-Informationen vergleichen: Informationen im Text und in den Bildern vergleichen und markieren
18. Begriffe zuordnen: Vorgegebene synonyme oder ergänzende Begriffe, die nicht im Text enthalten sind, den Textteilen zuordnen
19. Schlüsse ziehen: Aus einer Tabelle, Grafik, einem Bild, … Informationen entnehmen und eine Schlussfolgerung formulieren
20. Situationsbezogen interpretieren: Vorgegebene Situationen mit Textaussagen reflektieren und zuordnen

Die vielfach untersuchten Unterschiede (vgl. Bundesministerium für Bildung und Forschung 2007, S. 39) zwischen guten und schwachen Lesern geben Hinweise auf Übungsmöglichkeiten zu Lesestrategien und Lesekompetenzen auf der Wort-, Satz- und Textebene:

- *Basale Wahrnehmungsprozesse:* Schwache Leser fixieren einzelne Wörter länger und ihre Blickbewegungen weisen mehr Rücksprünge im Text auf. Da entsprechende Trainings jedoch keine Verbesserung des Leseverständnisses brachten, sind die Blickbewegungsmuster schwacher Leser Anzeichen für Verstehensprobleme. Blickbewegungen allein zu trainieren bringt wenig.
- *Worterkennung* (lexikalischer Zugriff): Gute Leser zeichnen sich durch einen schnellen, kontextunabhängigen Zugriff auf Wortbedeutungen aus. Übungen zum lexikalischen Zugriff können demnach viel bewirken.
- *Syntaktische und semantische Integration auf der Satzebene:* Gute Leser entschlüsseln die syntaktische Struktur von Sätzen rasch. Auch bei der semantischen Integration einzelner Wörter zu Aussagen sind sie schneller. Leseübungen helfen hier vor allem schwachen Lesern.
- *Arbeitsgedächtniskapazität:* Schwächere Leser neigen zum innerlich lauten Lesen. Damit versuchen sie die geringeren Leistungen im Bereich des verbalen Kurzzeit- bzw. Arbeitsgedächtnisses auszugleichen. Übungen zu Steigerung der Kapazität des Arbeitsgedächtnisses können helfen.
- *Inhaltliches Vorwissen:* Die Bedeutung des inhaltlich relevanten Vorwissens als Voraussetzung für das Leseverstehen ist vielfach belegt. Der negative Einfluss schlechter Lese-

fähigkeiten auf das allgemeine Leseverständnis kann durch ein großes Vorwissen in dem Inhaltsbereich sogar teilweise kompensiert werden. Inhaltliche Übungen zum Themenbereich fördern das Leseverstehen.
- *Unterschiede beim Schriftspracherwerb:* Längsschnittstudien belegen, dass sich die Unterschiede zwischen guten und schwachen Lesern bereits in der Phase des Schriftspracherwerbs in der Primarstufe zeigen. Jungen sowie Lernende mit Migrationshintergrund sind unter den schwachen Lesern überrepräsentiert. Diese Lesergruppe braucht besonders viele Leseübungen.
- *Könnensbewusstsein:* Leseschwache Schüler zeigen ein niedriges Könnensbewusstsein hinsichtlich ihrer Lesefähigkeit und eine unterdurchschnittliche Lesemotivation. Sie zeigen ein vergleichsweise geringes metakognitives Wissen und wissen nicht, wie man beim Lesen und Behalten von Texten am sinnvollsten vorgeht. Metakognitive Übungen, die das Selbstkonzept stärken, sind bei schwachen Lesern besonders wichtig.

## 10 Ein Lesecurriculum für Sachtexte

Lesenlernen ist ein langwieriger Lernprozess, der kontinuierlich gefördert werden muss. Die Lesekompetenz muss gestuft erworben werden – und zwar nicht nur im Deutschunterricht, sondern durch Kooperation der Fächer, die sich auf ein Lesecurriculum verständigen.

Ein *Lesecurriculum* für Sachtexte ist ein Konzept, wonach Lernende systematisch und gestuft in möglichst allen Unterrichtsfächern den Umgang mit Sachtexten lernen und üben, damit sie die geforderten Lesekompetenzen erreichen. Dabei können vorrangig Texte der eingeführten Lehrwerke, aber auch zusätzliche Materialien genutzt werden. Das Lesecurriculum wird fächerübergreifend unter Federführung des Faches Deutsch umgesetzt.

Ein Lesecurriculum bedenkt folgende Fragen:
- Welche Texte (Art, Umfang, Schwierigkeitsgrad) werden in der jeweiligen Klassenstufe eingesetzt?
- Welche Lesestrategien werden in welcher Klassenstufe eingeübt?
- Wie wird der Grad der Selbstständigkeit im Einsatz dieser Strategien schrittweise erhöht?
- Wie und mit welchen Leseaufgaben wird die Lesekompetenz in den verschiedenen Klassenstufen geübt?
- Wie wird der Kompetenzstand im Lesen in den verschiedenen Klassenstufen diagnostiziert und überprüft?

Lesestrategien bei verschiedenen Textsorten sollten und können fächerübergreifend vermittelt werden, allerdings verweist die Leseforschung darauf, dass Lesekompetenz ausgesprochen domänenspezifisch ist. Daher muss jedes Fach bemüht sein, die geforderten Kompetenzen auch an Inhalten seines Faches zu vermitteln. Nur wenn das domänenspezifische Lesen von Sachtexten im Bewusstsein der Leser als erfolgreich und kompetenzfördernd wahrgenommen und beurteilt wird, ist es nachhaltig.

Das kostet aber Zeit! Es stellt sich mit Recht die Frage, wann das auch noch geleistet werden soll. Hier muss man als Lehrkraft eigenverantwortlich abwägen: Will ich die Lesekompetenz der Lerner stärken und was ist mir das wert? Worauf muss und will ich dann verzichten?

Im Fachunterricht in Deutschland wird im Gegensatz zu anderen Ländern viel Zeit in den oft mühseligen, langsam fortschreitenden fragend-erarbeitenden Unterricht investiert. Der Ertrag entspricht nicht immer dem Zeit- und Kräfteeinsatz. Eine Kombination aus Phasen gut vermittelter Lehrerinstruktionen sowie Phasen der selbstständigen Erarbeitung anhand von Texten ist eine mögliche Lehrstrategie, um mit dem Zeitbudget besser umzugehen. Es geht wohl nur über ein Ausloten des Verhältnisses von beschleunigten und entschleunigten Lehr-Lern-Phasen.

### 11 Die Förderung des Leseverstehens für Schüler mit Migrationshintergrund

Die PISA-Studie hat es eindeutig und unmissverständlich ausgedrückt: In keinem anderen Land ist die Lesekompetenz der Schüler mit Migrationshintergrund so schlecht wie in Deutschland. Wenn das Lesen für muttersprachige Schüler schon ein Problem darstellt, dann ist es für fremdsprachige Schüler noch gravierender. Das Leseverstehen ist für Leser mit Migrationshintergrund durch spezifische Hürden erschwert:

- Interferenzen der Erst- und Zweitsprache auf der Ebene des Wortschatzes,
- geringer Umfang des Wortschatzes,
- geringe Vertrautheit mit linguistischen Strukturen der Zweitsprache,
- Spezifika der Lebens- und Erfahrungswelten,
- geringe Vertrautheit mit spezifischen Textstrukturen,
- soziale Milieubedingungen und Förderung von Kulturtechniken.

Wie stellen sich die genannten Hürden als Probleme dieser Lernergruppe dar? Diese Lerner verfügen anfangs über rudimentäre deutsche Sprachkenntnisse. Sie tauchen im Alltag in das deutsche „Sprachbad" ein und lernen oft schnell die deutsche Alltagssprache, sie verstehen fast alles und können sich verständlich machen und unterhalten. Das täuscht aber darüber hinweg, dass sie im Unterricht und beim Lesen große Verständnisschwierigkeiten und Sprachprobleme haben. Diese Lerner sprechen in der Regel lediglich in der Schule und auf der Straße Deutsch. Zu Hause verbleiben sie in ihrer Muttersprache. Sie verfügen nicht über eine elaborierte Sprache, haben wenige Kenntnisse über Sprachstrukturen und lesen zu wenig. In den seltensten Fällen haben sie die deutsche Sprache systematisch als Fremdsprache gelernt, meistens „einfach so nebenbei".

Texte, die geringfügig über die Alltagssprache hinausgehen, bereiten dieser Lernergruppe enorme Schwierigkeiten. Anders als muttersprachige Lerner brauchen sie spezielle Übungen. Diese teils elementaren Übungen dienen dazu, sie an den Text heranzuführen, einfache Suchaufträge im Text zu absolvieren, mit der Textstruktur vertraut zu werden, sich an Satzstrukturen zu gewöhnen und nicht zuletzt ein Textverständnis aufzubauen. Vielfach geht es darum, sich überhaupt eine Zeit lang mit dem Text zu beschäftigen und nicht gleich zu resignieren.

Alle Erfahrungen aus dem Unterricht mit Schülern mit Migrationshintergrund zeigen, dass sie Probleme haben mit:
- der sprachlichen Richtigkeit (z. B. falsche Artikel, falscher Plural, Dativfehler, fehlende oder falsche Modalverben, …),
- der sprachlichen Komplexität (z. B. Verständnisprobleme komplexer Texte und Hörtexte, fehlender Wortschatz, undifferenzierte Ausdrucksweise, …),
- dem Sprachfluss (z. B. abgehacktes Sprechen und Lesen, Aussprachefehler, Ausdrucksnot, …).

Diese Probleme sind indes oft auch bei deutschen Lernern recht verbreitet.

Wie zeigen sich diese Sprachprobleme konkret im Umgang mit Sachtexten im Unterricht?
- Schüler mit Migrationshintergrund lesen erheblich langsamer als muttersprachige Leser.
- Mehrfachbedeutungen werden ihnen oftmals nicht bewusst (z. B. Bank: Sitzgelegenheit bzw. Geldinstitut).
- Sie missverstehen Anspielungen.
- Komposita, Verben mit Vorsilben, substantivierte Infinitive sind Verständnishürden (z. B. Elektronenstrahlablenkröhre, mitführen, voranstellen, das Leuchten des Schirms, …).
- Komplexe und verschachtelte Sätze stellen ein sehr großes Hindernis dar.
- Vom Textumfang sind sie schnell überfordert.
- Das einzubringende Vorwissen und das kulturelle Wissen sind oft zu gering.
- Sie scheuen das laute Vorlesen und erst recht das freie Sprechen, um sich über den Text zu äußern.

Schüler mit Migrationshintergrund können Lesehilfen und Lesestrategien nicht im gewünschten Maße nutzen, weil sie bereits vorher stolpern. Diese Lernergruppe muss also im Vorfeld durch Vorentlastungen und zusätzliche Übungen geschult werden, um überhaupt Textmerkmale wahrzunehmen, um grundsätzlich motiviert zu sein, sich eine Zeit lang mit dem Text zu befassen.

Grundlagenteil

## II Beispielhaftes zum Leseverstehen

**1 Beispiele für Lehrtexte**

Befragt man Lehrkräfte, auf welche Art sie Sachtexte im Fachunterricht einsetzen, so entdeckt man drei unterschiedliche Arten:

1. Der Sachtext wird in den Unterricht integriert: Dabei wird der Leseprozess in beachtlichem Maße vom Lehrer und nicht durch explizite Lesehilfen und umfangreiche Arbeitsaufträge gesteuert. Der Sachtext ist gleichzeitig Arbeitsgrundlage und Lerngegenstand.
2. Der Sachtext wird eigenständig – ggf. mit Erschließungshilfen – erschlossen: Dem Sachtext werden geeignete Arbeitsaufträge beigefügt, es werden Lesehilfen bzw. Lesestrategien empfohlen oder mitgegeben, damit sich der Schüler möglichst ohne begleitenden Unterricht den Text eigenständig erschließt. Auch hier ist der Sachtext Arbeitsgrundlage und Lerngegenstand.
3. Der Sachtext wird zur Übung von Lesestrategien und Lesekompetenzen eingesetzt: Eine zu übende Lesestrategie wird anhand eines Sachtextes geübt oder es werden spezifische Lesekompetenzen trainiert. Hier ist der Sachtext Mittel zum Zweck. Er wird in einer evtl. vom Unterrichtskontext isolierten und konstruierten Lernumgebung eingesetzt.

Alle drei Arten des Sachtexteinsatzes sind unverzichtbar im Fachunterricht und erfordern eine jeweils spezifische Vorgehensweise. Diese Lesestrategien werden in den nachfolgenden Kapiteln systematisch an sechs Beispieltexten aus den Fächern Biologie, Erdkunde, Geschichte, Physik, Religion und Sozialkunde kommentiert dargestellt. Zunächst werden die Texte, auf die mehrfach Bezug genommen wird, vorgestellt.

Die Beispieltexte sind so ausgesucht, dass sie nach Art, Aufbau, Umfang, Anspruchsniveau und Sprache für das jeweilige Fach typisch sind.

Biologietext:

> **Der Kreislauf der Stoffe und der Weg der Energie**
>
> Die Organismen eines Ökosystems sind über Nahrungsketten und Nahrungsnetze miteinander verbunden. Sie nehmen Wasser, Sauerstoff, Kohlenstoffdioxid und in der Nahrung enthaltene Bestandteile auf. Andererseits stellen sie weiteren Mitgliedern des Ökosystems Stoffe zur Verfügung, indem sie selbst zur Nahrung werden oder indem sie Unverwertbares wieder ausscheiden. Bestimmte Stoffe werden immer wieder verwertet, sie sind Bestandteil von Kreisläufen.
> Am Beginn dieses Stoffkreislaufes stehen immer die grünen Pflanzen. Sie betreiben als Produzenten (Erzeuger) Fotosynthese. Aus dem Kohlenstoffdioxid der Luft und Wasser wird mithilfe von Lichtenergie Traubenzucker gebildet. Durch die Fotosynthese werden also aus energiearmen, anorganischen Stoffen (Wasser und Kohlenstoffdioxid) energiereiche, organische Substanzen (Traubenzucker) aufgebaut. Gleichzeitig gibt die Pflanze als weiteres Produkt der Fotosynthese Sauerstoff ab. Dieser ist für die Atmung von Pflanzen, Tieren und Pilzen unentbehrlich. Die heutige Atmosphäre enthält ca. 21 % Sauerstoff und nur 0,035 % Kohlenstoffdioxid.

Der bei der Fotosynthese gebildete Traubenzucker ist der Ausgangsstoff für den Aufbau anderer lebenswichtiger organischer Substanzen, wie zum Beispiel von Stärke und Zellulose. Ein Teil des Traubenzuckers kann nicht für den Aufbau von eigener organischer Substanz verwendet werden, sondern wird als Energielieferant für die Zellatmung verbraucht. Grüne Pflanzen geben dabei Kohlenstoffdioxid wieder an die Atmosphäre ab. Gleichzeitig verbrauchen sie Sauerstoff. Insgesamt werden jedoch von allen grünen Pflanzen weitaus mehr Traubenzucker und Sauerstoff gebildet als verbraucht. So können Pflanzen an Masse zunehmen, d. h. sie können wachsen.

Die in der Nahrungskette folgenden Konsumenten (Verbraucher) benötigen die organischen Bestandteile des jeweils vorangegangenen Nahrungskettengliedes. Nur so können sie ihren Stoffwechsel einschließlich der Zellatmung aufrechterhalten. Dabei verbrauchen sie Sauerstoff und setzen Kohlenstoffdioxid frei. Konsumenten können also energiereiche, organische Substanz nicht selbst herstellen, sie sind heterotroph. Grüne Pflanzen sind dagegen autotroph, da sie die organische Substanz, die sie benötigen, selbst herstellen können.

Die Ausscheidungen von Pflanzen und Tieren sowie tote Lebewesen werden von den Organismen der Abbaukette im Boden (Zersetzer oder Destruenten) unter Sauerstoffverbrauch zu Mineralstoffen, Wasser und Kohlenstoffdioxid umgesetzt. Der darin enthaltene Kohlenstoff befindet sich in einem ständigen Kreislauf zwischen Atmosphäre – als Kohlenstoffdioxid ($CO_2$) – und den Organismen, gebunden in der organischen Substanz Traubenzucker ($C_6H_{12}O_6$). Der Kohlenstoff geht also den Organismen nicht verloren. Das Element Kohlenstoff (C) kommt innerhalb des Stoffkreislaufes in verschiedenen Verbindungen vor. Man spricht auch vom Kohlenstoff-Kreislauf.

Auch andere Elemente durchwandern ähnliche Kreisläufe. So gibt es in einem Ökosystem einen Stickstoff-, einen Phosphor- und einen Schwefelkreislauf. Alle Stoffe werden also wiederverwertet.

Schema des Stoffkreislaufs

(aus: Natura. Biologie für Gymnasien. Band 7–10)

Grundlagenteil

Dieser Text aus dem Mittelstufenbuch ist typisch nach Art, Aufbau, Umfang und Sprache für Biologielehrbücher der Sekundarstufen 1 und 2:

- Art: Der Zusammenhang zwischen Strukturen (z. B. Ökosystemelemente, Bauteile, Organe, ...) und Prozessen (z. B. Ströme, Abläufe) wird unter Einbezug eines Schemas beschrieben und erklärt.
- Aufbau: Es handelt sich um einen detailreichen Informationstext, dessen Zusammenhang durch Text-Bild-Bezüge verständlich wird. In der Regel bedienen Text und Bild verschiedene Abstraktionsebenen.
- Umfang/Niveau: Der Text ist hoch verdichtet und gleichzeitig umfangreich und erfordert Konzentration über eine größere Zeitspanne.
- Sprache: Reorganisation und Erschließung zahlreicher Fachbegriffe wird durch die altersgemäß reduzierte Syntax (Hauptsätze oder einfache Nebensätze) erleichtert.
- Einsatz: Dem Text gehen konkrete Fragestellungen aus der Erfahrungswelt der Schüler voraus (z. B.: Wohin verschwindet das viele Herbstlaub? Warum wachsen im Wald die meisten Pilze? Warum braucht man Bäume? Warum wird Wald geschützt? Was macht Kohlenstoffdioxid in der Natur?)

Text und Bild erklären Zusammenhänge auf abstrakter Ebene über den Erfahrungshorizont der Lernenden hinaus und fördern damit das Modelldenken.

Erdkundetext:

> Die während der Dürreperiode in den 30er-Jahren durch unangepasste Bodenbewirtschaftungsmethoden verursachte Bodenerosion (soil erosion) hatte bei zwei Dritteln des Ackerlandes der USA zu einem Verlust des Oberbodens von 50 % oder mehr geführt. So gingen beispielsweise in Kansas etwa 25 cm Oberboden in einem Zeitraum von nur 20 Jahren verloren. Diese schweren Schäden veranlassten die Regierung, eine neue Behörde, den Soil Conservation Service, einzurichten. Dieser arbeitete in der Folgezeit Maßnahmen zur Bekämpfung der Abspülung durch Starkregen und der Winderosion aus.
>
> Die wichtigsten Maßnahmen zur Eindämmung der Soil Erosion durch Wasser sind das Contour Ploughing, das Strip Cropping, die Terrassierung, ein geeigneter Fruchtwechsel und die Umwandlung besonders gefährdeter Parzellen in Grasland oder Wald. Beim Contour Ploughing werden die Furchen höhenlinienparallel gezogen, sodass das hangabwärts fließende Wasser gebremst wird und damit auch besser in den Boden einsickern kann. Strip Cropping ist eine Methode, bei der unterschiedliche Feldfrüchte auf streifenförmigen Parzellen angebaut werden. Dadurch liegen nicht mehr alle Parzellen zur selben Zeit brach und außerdem wird durch eine höhenlinienparallele Anlage der Strips der Effekt des Contour Ploughing verstärkt. Durch geeignete Fruchtfolgen (z. B. Getreide – Hackfrüchte – Brache) wird die Bodenfeuchtigkeit erhöht und somit der Bodenabtragung entgegengewirkt.
>
> Maßnahmen zur Bekämpfung der Winderosion sind neben den o. a. Maßnahmen das Dry Farming, das Mulchen, die Anlage von Windschutzhecken und die Minimum Tillage. Als Dry Farming bezeichnet man eine zweijährige Rotation von Anbau und Brache, bei der das Brachejahr zur Konservierung der Bodenfeuchte dient. Im Brachejahr wird nach Regenfällen gepflügt und z. T. auch gewalzt, um das Kapillarsys-

tem des Oberbodens zu unterbrechen und so das Aufsteigen und Verdunsten des Wassers zu vermindern. Als Verdunstungsschutz wird beim Mulchen organisches Material wie Grasschnitt, Rinde oder Getreidestoppeln auf die Felder gebracht. Die Windschutzhecken oder Waldstreifen werden in West-Ost-Richtung angepflanzt, um den Boden vor der ausblasenden Wirkung der Nordwinde zu schützen.

Die neueste Bodenkonservierungsmethode ist die sogenannte Minimum Tillage. Hierbei wird ein abgeerntetes Getreidefeld nicht mehr umgepflügt, sondern eine speziell dafür entwickelte Maschine ritzt das Stoppelfeld nur an, sät in die so erzeugte Saatrille das Getreide und schließt sie sofort wieder. Durch diese Methode liegt ein Feld nicht mehr brach, was die Verdunstung herabsetzt, und außerdem bleibt die Struktur des Oberbodens erhalten.

(aus: Mensch und Raum. Geographie 12/13)

Dieser Text aus dem Oberstufenbuch ist typisch nach Art, Aufbau, Umfang und Sprache für Erdkundelehrbücher der Sekundarstufen 1 und 2:
- Art: Der Text beschreibt überblickartig ein Bündel an Maßnahmen und Interventionen zur Lösung eines Problems, nämlich der Bodenerosion im Mittelwesten der USA.
- Aufbau: Es handelt sich um einen synoptischen Informationstext, in dem die verschiedenen Maßnahmen und Folgen systematisch und der Reihe nach beschrieben werden.
- Umfang/Niveau: Der Text ist faktenreich und detailliert. Er ist verdichtet und informiert in zumutbarer Länge für die Oberstufe.
- Sprache: Auffällig sind die vielen Fachbegriffe in englischer Sprache. Die Syntax unterstützt durch einfache Hauptsätze oder einfache Nebensätze mit Beispielen das Verständnis.
- Einsatz: Der Text behandelt die Folgen und Gegenmaßnahmen der Raumnutzung durch agrarindustrielle Erschließung semiarider Zonen und fördert das Ursachen-Folgen-Denken und das systemische Denken.

Geschichtstext:

**Die Entdeckung Amerikas 1492**

Kolumbus war nicht der erste Europäer auf dem amerikanischen Kontinent. Bereits die Wikinger, so ist heute bekannt, erreichten um 1000 n. Chr. über Island und die Südspitze Grönlands Nordamerika. Aber es war den Wikingern weder bewusst, dass sie einen „neuen" Kontinent entdeckt hatten, noch nahm man in Europa von ihren Fahrten Notiz.
Kolumbus, 1451 als Sohn einer Handwerkerfamilie in Genua geboren, war ausgebildeter Kapitän und Navigationsexperte. Ausgehend von der Überzeugung, die Welt sei eine Kugel, glaubte er Indien zu erreichen, wenn er von Europa aus immer in Richtung Westen segelte. Kolumbus nutzte dabei die Karten des Geografen Toscanelli. Dieser hatte allerdings die Entfernung zwischen der Westküste Europas und der Ostküste Asiens auf etwa 4400 km veranschlagt. Tatsächlich beträgt sie weit mehr als 18 000 km. Nachdem Kolumbus' Plan von verschiedenen europäischen Königshäusern immer wieder abgelehnt worden war,

erhielt er 1492 schließlich Unterstützung von Spanien. Da man in Konkurrenz zu den benachbarten Portugiesen treten wollte, konnte Kolumbus eine kleine Flotte ausstatten.

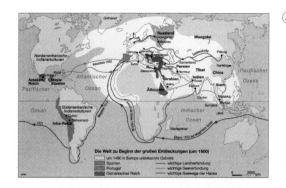

Am 6. September segelten die „Santa Maria", die „Nina" und die „Pinta" von den Kanarischen Inseln in Richtung Westen. Am 12. Oktober, die Mannschaft stand wegen der scheinbar aussichtslosen Lage kurz vor einer Meuterei, kam endlich Land in Sicht: die kleine, südwestlich von Florida gelegene Insel Guanahani, die Kolumbus San Salvador, das heißt „Heiliger Retter", nannte.

Kolumbus blieb bis 1493 in der Inselwelt der Karibik, die er für einen Teil Indiens hielt. Die Ureinwohner, die er antraf, nannte er deswegen auch Indianer. Noch dreimal wagte Kolumbus die Fahrt von Spanien nach Westen, bevor er 1506 starb. Dass er einen völlig neuen Kontinent entdeckt hatte, war ihm zeitlebens nicht bewusst. Der aus Florenz stammende Amerigo Vespucci, der selbst einige Fahrten zum neuen Kontinent unternahm, erkannte wohl als einer der Ersten, dass es sich um eine „neue Welt" handelte. Sein Vorname bürgerte sich allmählich als Bezeichnung für den neuen Kontinent ein: Amerika.

(aus: Horizonte 2. Geschichte Gymnasium Nordrhein-Westfalen)

Es handelt sich nach Art, Aufbau, Umfang und Sprache um einen typischen Text aus einem Geschichtslehrbuch der Sekundarstufe 1.
▸ Art: Der Text informiert über ein historisches Ereignis, bewertet es und ordnet es in einen übergreifenden Kontext ein.
▸ Aufbau: Das Ereignis wird in chronologischer bzw. kausaler Abfolge dargestellt.
▸ Umfang: Der Textumfang liegt im mittleren Bereich, das Ereignis wird personenbezogen narrativ, aber auf Wesentliches reduziert dargestellt
▸ Sprache: Der Text weist viele für einen Schüler insgesamt eher ungewohnte, in der Alltagssprache kaum mehr verwendete Wörter auf. Die Fremdwörter dürften einem Achtklässler bekannt sein. Die Syntax ist durchweg hypotaktisch und komplex, durch Partizipialformulierungen und Parenthesen stellt sie hohe Anforderungen an das Leseverstehen.
▸ Einsatz: Der Text kann von den Schülern zur Vorbereitung auf das Thema selbstständig bearbeitet werden. Je nach Lesekompetenz erfolgt die Auswertung im Unterrichtsgespräch oder durch Schülerpräsentationen mit anschließender Reflexion. Der Text kann auch mit Strategie 4 „Den Text mit dem Bild lesen" (siehe S. 20) erschlossen werden. Im Lehrbuch ist eine Karte beigefügt, die „Die Welt zu Beginn der Entdeckungen um 1500" darstellt. Bei ausdrücklicher Fokussierung auf die Informationen der Karte zu Kolumbus kann sie zum Verstehen des vorliegenden Textes genutzt werden: Der Leser wird aufgefordert, Bezüge zwischen Text und Abbildung herzustellen und alle im Text enthaltenen Informationen anhand der Karte zu belegen.

Physiktext:

> In Oszilloskopen und beim Fernsehen benutzt man braunsche Röhren. In ihren luftleeren Glaskolben ist nach Bild 287.1 eine Kathode K eingeschmolzen. Sie wird durch die Heizbatterie H zum Glühen erhitzt und sendet Elektronen aus. Die Anodenquelle U lädt die Anode A positiv, die Kathode K negativ auf. Die aus K abgedampften Elektronen werden zu A hin beschleunigt. Sie sollen aber nicht vom Anodenblech aufgefangen werden, sondern als Strahl durch ein Loch in der Mitte von A hindurchtreten. Hierzu lädt man den gestrichelt gezeichneten Metallzylinder W negativ auf. Dann stößt er die von K nach allen Seiten wegfliegenden Elektronen so zu seiner Mittelachse hin, dass sie die Anodenöffnung durchsetzen und anschließend geradlinig zum Leuchtschirm L weiterfliegen. Dieser Schirm trägt eine dünne Leuchtschicht. Sie sendet dort Licht aus, wo sie von den unsichtbaren Elektronen getroffen wird. Damit die Elektronen vom Schirm zur Anode zurückfließen können, ist der Glaskolben innen mit einem schwach leitenden Überzug versehen.
>
>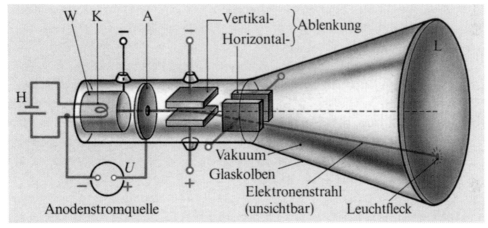
>
> Abb 287.1 Braunsche Röhre
>
> (aus: Dorn/Bader: Physik – Mittelstufe. 1980)

Dieser Text aus einem älteren Physikbuch für die neunte Klassenstufe ist nach wie vor typisch und damit repräsentativ nach Art, Aufbau und Sprache für Physiklehrbücher:

▸ Art: Es werden der Aufbau und die Funktionsweise eines technischen Gerätes (braunsche Röhre) beschrieben und erklärt.
▸ Aufbau: Es handelt sich um einen Informationstext, der nur unter Einbezug einer beschrifteten Skizze mit Text-Bild-Bezügen verstanden werden kann.
▸ Umfang: Der Text ist durch die hohe Verdichtung typisch kurz.
▸ Sprache: Er ist fast ausschließlich in der Fachsprache mit vielen Komposita, deutlichem Nominalstil, vielen komplexen Attributen verfasst. Die verkürzten Nebensätze erschweren das Lesen ebenso wie die selten gebrauchten Begriffe, z.B. „hindurchtreten".
▸ Einsatz: Dieser Text wird im Anschluss an die Bearbeitung des betreffenden Fachwissens (Kräfte auf elektrische Ladungen) gelesen und stellt eine Anwendung des Gelernten dar.

Grundlagenteil

Religionstext:

**Sinn und Glück – Neuzeitliche Glücksvorstellungen – I. Kant**

Bruchstück eines moralischen Katechismus
Der Lehrer = L. frägt der Vernunft seines Schülers = S. dasjenige ab, was er ihn lehren will, und wenn dieser etwa nicht die Frage zu beantworten wüsste = 0., so legt er sie ihm (seine Vernunft leitend) in den Mund.

1. L. Was ist dein größtes, ja dein ganzes Verlangen im Leben? S. = 0. L. Dass es dir alles und immer nach Wunsch und Willen gehe.
2. L. Wie nennt man einen solchen Zustand? S. = 0. L. Man nennt ihn Glückseligkeit (das beständige Wohlergehen, vergnügtes Leben, völlige Zufriedenheit mit seinem Zustande).
5  3. L. Wenn du nun alle Glückseligkeit (die in der Welt möglich ist) in deiner Hand hättest, würdest du sie alle für dich behalten oder sie auch deinen Nebenmenschen mitteilen? S. Ich würde sie mitteilen: andere auch glücklich und zufrieden machen.
4. L. Das beweist nun wohl, dass du noch so ziemlich ein gutes Herz hast: Lass aber sehen, ob du dabei auch guten Verstand zeigest. Würdest du wohl dem Faulenzer weiche Polster verschaffen,
10  damit er im süßen Nichtstun sein Leben dahinbringe, oder dem Trunkenbolde es an Wein, und was sonst zur Berauschung gehört, nicht ermangeln lassen, dem Betrüger eine einnehmende Gestalt und Manieren geben, um andere zu überlisten, oder dem Gewalttätigen Kühnheit und starke Faust, um andere überwältigen zu können? Das sind ja so viel Mittel, die ein jeder sich wünscht, um nach seiner Art glücklich zu sein. S. Nein, das nicht.
15  5. L. Du siehst also: Dass, wenn du auch alle Glückseligkeit in deiner Hand und dazu den besten Willen hättest, du jene doch nicht ohne Bedenken jedem, der zugreift, Preis geben, sondern erst untersuchen würdest, wie fern ein jeder der Glückseligkeit würdig wäre. Für dich selbst aber würdest du doch wohl keine Bedenken haben, dich mit allem, was du zu deiner Glückseligkeit rechnest, zuerst zu versorgen? S. Ja. L. Aber kommt dir da nicht auch die Frage in Gedanken, ob du wohl
20  selbst auch der Glückseligkeit würdig sein mögest? S. Allerdings. L. Das nun in dir, was nur nach Glückseligkeit strebt, ist die Neigung; dasjenige aber, was deine Neigung auf die Bedingung einschränkt, dieser Glückseligkeit zuvor würdig zu sein, ist deine Vernunft, und dass du durch deine Vernunft deine Neigung einschränken und überwältigen kannst, das ist die Freiheit deines Willens.
6. L. Um nun zu wissen, wie du es anfängst, um der Glückseligkeit teilhaftig und doch auch nicht
25  unwürdig zu werden, dazu liegt die Regel und Anweisung ganz allein in deiner Vernunft. Das heißt so viel als: Du hast nicht nötig, diese Regel deines Verhaltens von der Erfahrung oder von anderen durch ihre Unterweisung abzulernen. Deine eigene Vernunft lehrt und gebietet dir geradezu, was du zu tun hast. Z. B. wenn dir ein Fall vorkömmt, da du durch eine fein ausgedachte Lüge dir oder deinen Freunden einen großen Vorteil verschaffen kannst, ja noch dazu dadurch auch keinem anderen
30  schadest, was sagt dazu deine Vernunft? S. Ich soll nicht lügen. Der Vorteil für mich und meinen Freund mag so groß sein, wie er immer wolle. Lügen ist niederträchtig und macht den Menschen unwürdig glücklich zu sein. Hier ist eine unbedingte Nötigung durch ein Vernunftgebot (oder Verbot), dem ich gehorchen muss: Wogegen alle meine Neigungen verstummen müssen. L. Wie nennt man

diese unmittelbar durch die Vernunft dem Menschen auferlegte Notwendigkeit, einem Gesetz derselben gemäß zu handeln? S. Sie heißt Pflicht. L. Also ist dem Menschen die Beobachtung seiner Pflicht die allgemeine und einzige Bedingung der Würdigkeit glücklich zu sein, und diese ist mit jener ein und dasselbe.

7. L. Wenn wir uns aber auch eines solchen guten und tätigen Willens, durch den wir uns würdig (wenigstens nicht unwürdig) halten, glücklich zu sein, auch bewusst sind, können wir darauf auch die sichere Hoffnung gründen, dieser Glückseligkeit teilhaftig zu werden? S. Nein! Darauf allein nicht: Denn es steht nicht immer in unserem Vermögen, sie uns zu verschaffen, und der Lauf der Natur richtet sich auch nicht so von selbst nach dem Verdienst, sondern das Glück des Lebens (unsere Wohlfahrt überhaupt) hängt von den Umständen ab, die bei Weitem nicht alle in des Menschen Gewalt sind. Also bleibt unsere Glückseligkeit immer nur ein Wunsch, ohne dass, wenn nicht irgendeine andere Macht hinzukommt, dieser jemals Hoffnung werden kann.

8. L. Hat die Vernunft wohl Gründe für sich, eine solche, die Glückseligkeit nach Verdienst und Schuld der Menschen austeilende, über die ganze Natur gebietende und die Welt mit höchster Weisheit regierende Macht als wirklich anzunehmen, d. i. an Gott zu glauben? S. Ja: Denn wir sehen an den Werken der Natur, die wir beurteilen können, so ausgebreitete und tiefe Weisheit, die wir uns nicht anders als durch eine unaussprechlich große Kunst eines Weltschöpfers erklären können, von welchem wir uns denn auch, was die sittliche Ordnung betrifft, in der doch die höchste Zierde der Welt besteht, eine nicht minder weise Regierung zu versprechen Ursache haben. Nämlich, dass, wenn wir uns nicht selbst der Glückseligkeit unwürdig machen, welches durch Übertretung unserer Pflicht geschieht, wir auch hoffen können, ihrer teilhaftig zu werden.

(aus: I. Kant: Sinn und Glück – Bruchstück eines moralischen Katechismus)

Es handelt sich nach Art, Aufbau, Umfang und Sprache um einen in Religionsbüchern häufig anzutreffenden, typischen Text aus dem philosophischen Bereich, der Sinnfragen und Grundbefindlichkeiten menschlichen Seins thematisiert und die Brücke zu theologischen Fragestellungen schlägt.

▸ Art: Der Text entwickelt einen Gedankengang im Frage-Antwort-Stil und führt eine philosophisch-existentielle Fragestellung in der Manier der Argumentation zu einer ethisch-religiösen Antwort.
▸ Aufbau: Da es sich um einen argumentierenden Text handelt, wird der Inhalt von einer Grundfrage ausgehend kausal und in logischer Abfolge zu einer Antwort führend dargelegt.
▸ Umfang: Der Textumfang liegt im höheren Bereich, der Inhalt wird dialogisch präsentiert und – der diffizilen Thematik angemessen – ausführlich präsentiert.
▸ Sprache: Der Text zeigt einen für Schüler heute ungewohnten Sprachstil mit ausgesprochen komplexer Syntax, die hohe Anforderungen an das Leseverstehen stellt. Insbesondere die tief in den Text eingebetteten Verstehensbezüge machen bei diesem Text eine methodisch gut strukturierte Textarbeit notwendig, um Verstehensbarrieren zu überwinden.

Grundlagenteil

▸ Einsatz: Die Komplexität philosophisch-theologischer Texte und die Erfordernisse der Textarbeit machen es sinnvoll, den Text nicht im Lehrbuch, sondern auf einem Textblatt mit Zeilennummerierung vorzulegen, damit die Lernenden „ohne Hemmungen" den Text zur Lösung des Arbeitsauftrags z. B. mit Randbemerkungen oder Unterstreichungen (Hilfsstrategien) bearbeiten können. Bezüglich der Unterrichtschoreographie sind verschiedene Möglichkeiten denkbar: Der eigentlichen Textarbeit kann nach einem ersten (kursorischen) Lesen ein kurzes Rezeptionsgespräch vorangestellt werden, der Text bietet sich aber auch zur eigenständigen durch Leseaufträge angeleiteten Bearbeitung an.

Sozialkundetext:

**Das Leitbild der sozialen Marktwirtschaft**

Das Leitbild der sozialen Marktwirtschaft entstand gegen Ende des Zweiten Weltkriegs und griff Elemente des Neoliberalismus und der christlichen Soziallehre auf. Geistige Väter des Konzepts waren Walter Eucken (1891–1950), Professor für Volkswirtschaftslehre, und Alfred Müller-Armack (1901–1978), späterer Abteilungsleiter im Bundesministerium für Wirtschaft. Diese Wirtschaftsordnung wurde in der Bundesrepublik Deutschland insbesondere durch den Bundeswirtschaftsminister und späteren Bundeskanzler Ludwig Erhard (1897–1977) politisch durchgesetzt. In ihr kommt dem Staat die Aufgabe zu, die sozial unerwünschten Auswirkungen der Marktwirtschaft zu verhindern oder wenigstens abzumildern. „Sozial" steht für soziale Gerechtigkeit und Sicherheit, „Marktwirtschaft" steht für wirtschaftliche Freiheit.

Wirtschaftliche Freiheit bedeutet, dass Verbraucher frei entscheiden können, welche Güter sie kaufen (Konsumfreiheit). Der Eigentümer an Produktionsmitteln kann frei wählen, ob er seine Arbeitskraft, Sachgüter oder unternehmerischen Fähigkeiten zur Verfügung stellt (Gewerbefreiheit, Berufsfreiheit und Freiheit der Eigentumsnutzung). Unternehmer haben die Freiheit, Güter nach ihrer Wahl zu produzieren und abzusetzen. Käufer und Verkäufer von Gütern oder Dienstleistungen besitzen die Freiheit, sich neben anderen um das gleiche Ziel zu bemühen (Wettbewerbsfreiheit). Nur mittels eines funktionsfähigen Wettbewerbs werden über Angebot und Nachfrage die Wirtschaftspläne so aufeinander abgestimmt, dass die Wirtschaft quasi wie von selbst ihren bestmöglichen Zustand erreicht. Zu diesem Zweck setzte Erhard das Gesetz gegen Wettbewerbsbeschränkungen (1957) durch.

Die Marktfreiheit soll durch den Staat dort beschränkt werden, wo sie die soziale Gerechtigkeit und die soziale Sicherheit gefährdet. Der Wirtschaftspolitik kommt z. B. die Aufgabe zu, die negativen Folgen von Konjunkturschwankungen (Arbeitslosigkeit, Inflation) zu dämpfen. Die Einkommens- und Vermögensverteilung soll vor allem im Interesse der nicht am Wirtschaftsprozess beteiligten Gruppen staatlich korrigiert werden; es findet eine Umverteilung (Distribution) statt. Instrumente solcher wirtschaftspolitischen Maßnahmen sind beispielsweise progressive Einkommens- und Vermögenssteuern, Sparprämien und lohnpolitische Maßnahmen. Gewerkschaften und Arbeitgeberverbände stellen dabei als Sozialpartner (Tarifpartner) eine wichtige Einflussgröße in den Strukturen der sozialen Marktwirtschaft dar. Sozial Schwächere werden durch ein soziales Netz (z. B. durch Arbeitslosenversicherung, Kinder- und Erziehungsgeld, Wohngeld, Sozialhilfe) abgesichert. Der Staat übernimmt Aufgaben, die über den Markt nicht oder nur sehr eingeschränkt angeboten werden können (Marktversagen), wie etwa struktur- und bildungspolitische Aufgaben.

> Die soziale Marktwirtschaft hält grundsätzlich am Ideengut des Individualprinzips fest. Die Handlungsfreiheit des Einzelnen sollte allerdings dort aufhören, wo fundamentale Rechte und Lebensinteressen anderer eingeschränkt werden. Das Grundziel dieser Wirtschaftsordnung heißt entsprechend: „So viel Freiheit wie möglich, so viel staatlicher Zwang wie notwendig." Die Aufgabe der sozialen Marktwirtschaft ist es, auf Grundlage der Marktwirtschaft das Prinzip der Freiheit mit dem des sozialen Ausgleichs und der sozialen Gerechtigkeit zu verknüpfen. Der Mensch wird also sowohl als Individual- als auch als Kollektivwesen betrachtet. Damit liegt die Wirtschaftsordnung der sozialen Marktwirtschaft zwischen den beiden Extremen der auf dem Individualprinzip aufgebauten Marktwirtschaft und der auf dem Kollektivprinzip aufgebauten Planwirtschaft.
> Soziale Sicherheit soll im Rahmen des Leitbilds auch dadurch herbeigeführt werden, dass Anpassungen an Änderungen der Wirtschaftsstruktur erleichtert werden. Staatliche Eingriffe sind hier allerdings oft umstritten. So wird etwa die Unterstützung des deutschen Steinkohlebergbaus durch Subventionen seit Langem kontrovers diskutiert. Grundsätzlich ist der Staat verpflichtet, seine Subventionsleistungen regelmäßig zu überdenken, damit sie sich nicht verstetigen, sondern lediglich Übergangshilfen bleiben.
>
> (Wie funktioniert das? Wirtschaft heute
> aus: Politik & Co. Sozialkunde für das Gymnasium. Rheinland-Pfalz)

Viele Texte im Fach Sozialkunde gleichen nach Art, Aufbau, Umfang und Sprache jenen aus den Fächern Erdkunde und Geschichte. Die Sachtexte enthalten Grafiken, Tabellen, Daten, Übersichten, Strukturdiagramme, Bilder, … Vorrangig kommt jedoch der reine Fließtext im Sozialkundeunterricht vor.

- Art: Der Text ist ein Musterbeispiel eines Sachtextes, in dem ein zentraler Begriff definiert, beschrieben und erläutert wird.
- Aufbau: Der Begriff wird systematisch und sachlogisch strukturiert von den beiden Begriffsbestandteilen her definiert. Die jeweilige Definition wird durch Beispiele konkretisiert. Die Definition wird durch weitere Bezüge erweitert.
- Umfang: Der Text ist umfangreich.
- Sprache: Der Text weist sehr viele Fachbegriffe des Sozialkundeunterrichts auf, die allerdings häufig in den Nachrichten und politischen Magazinen auftauchen. Die Syntax ist überwiegend parataktisch oder weist einfache Nebensätze auf.
- Einsatz: Der Text eignet sich zur Selbsterarbeitung des Begriffs der „sozialen Marktwirtschaft".

**2 Sachtexte mit Lesestrategien erschließen**

Das Lesen selbst ist eine einsame Tätigkeit. Der Leser ist dabei auf sich selbst gestellt und lernende Leser brauchen *Lesestrategien* zur eigenständigen Auseinandersetzung mit dem Text.

Eine Lesestrategie ist ein Handlungsplan, der hilft, einen Text gut zu verstehen. Lesestrategien zielen auf einen eigenständigen Umgang mit Texten. Die Lesehilfen und die Arbeitsaufträge leiten und führen den Schüler unterstützend durch die Texterschließung. Lesestrategien haben

Grundlagenteil

Werkzeugcharakter: Mit ihrer Hilfe kann der Leser den Text möglichst selbstständig erschließen. Es gibt eine Vielzahl von Lesestrategien, die sich in Umfang, Anspruchsniveau und Unterstützungsgrad unterscheiden.

Der Unterricht muss den Leser allerdings mit diesen Strategien vertraut machen. Dabei stellt sich auch die Frage: Welche Strategie nehme ich bei welchem Text? Und vor allem: Was bringt diese Strategie im Vergleich zu einer anderen? So wie das eine Werkzeug für die eine Arbeit geeignet ist, das andere für eine andere, so verhält es sich auch mit den Lesestrategien. Die Universalstrategie, die für alle Lesezwecke tauglich ist, gibt es nicht.

Zu jeder der zehn Strategien (vgl. S. 18 ff.) werden zunächst die Arbeitsaufträge für die Lernenden in der Originalfassung gezeigt. Anschließend werden mögliche Antworten, Lösungen, Bearbeitungen etc. skizziert. Es schließen sich didaktische und methodische Bemerkungen zu der jeweiligen Strategie an.

**Strategie 1:** Fragen zum Text beantworten
Die Fragen werden vom Lehrer vorgegeben; durch sie wird der Leser veranlasst, sich mit dem Text intensiver zu beschäftigen.

**Arbeitsaufträge zum Geschichtstext:**

Die folgenden Fragen leiten dich durch den Text und helfen dir, ihn besser zu verstehen. Gleichzeitig kannst du feststellen, was du bereits verstanden hast.
1. In wessen Auftrag unternahm Kolumbus seine Entdeckungsreisen?
2. Warum wurde Kolumbus schließlich in seinem Vorhaben unterstützt?
3. Wie oft reiste Kolumbus nach Amerika?
4. Warum wurde die Entdeckung des neuen Kontinents durch die Wikinger nicht bekannt?
5. Warum heißen die Ureinwohner Indianer, der neue Kontinent selbst aber Amerika?
6. Welche neuen Kenntnisse ermöglichen die Entdeckungsreisen?

Beispiele für Antworten:
2. Kolumbus wurde vom spanischen Königshaus unterstützt. Spanien konkurrierte mit seinem Nachbarland Portugal darum, wer als Erster den Seeweg nach Indien entdeckt. Dieser Seeweg war wichtig für den Handel zwischen Europa und Asien, vor allem seitdem der Landweg durch Türken und Araber kontrolliert wurde.
5. Kolumbus glaubte, auf dem Seeweg nach Westen einen Teil Indiens erreicht zu haben; deshalb benannte er die Ureinwohner irrtümlich nach diesem Land. Dass er einen neuen Kontinent entdeckt hatte, erfuhr er nicht mehr. Den Namen „Amerika" erhielt der Kontinent nach dem Vornamen eines späteren Entdeckungsreisenden, der wohl erkannt hatte, dass es sich um einen neuen Kontinent handelte.

6. Die Erkenntnis, dass die Erde eine Kugel ist, setzte sich im 16. Jahrhundert durch, auch Kolumbus ging von der Kugelgestalt der Erde aus. Zu den entdeckten Gebieten wurden Karten erstellt und Kolumbus besaß die erforderlichen Kenntnisse, um diese Karten nutzen zu können. Außerdem war er in der Technik der Navigation ausgebildet.

Bemerkungen:
- Es handelt sich um eine herkömmliche und oft eingesetzte Strategie. Diese Strategie ermöglicht eine angeleitete Beschäftigung mit dem Text.
- Die Fragen 1, 3 und 4 beziehen sich auf explizit im Text angegebene Informationen und haben ein geringes Anspruchsniveau.
- Die Fragen 2 und 6 beziehen sich zwar auf explizit angegebene Informationen, können aber aus dem Vorwissen inhaltlich konkretisiert und ergänzt werden.
- Die Frage 5 liegt auf einer höheren Kompetenzstufe, da zur Beantwortung ein zentraler Sachverhalt detailliert verstanden und selbstständig in seinem kausalen Zusammenhang dargestellt werden muss.

**Strategie 2:** Fragen an den Text stellen
Bei dieser Strategie stellt der Leser selbst Fragen an den Text und beantwortet sie auch selbst.

**Arbeitsaufträge zum Geschichtstext:**

Der Text informiert über die Entdeckung Amerikas. Um den Text zu verstehen, sollst du Fragen an den Text stellen. Gute Fragen helfen dir nämlich, den Text zu verstehen.
Stelle keine Fragen, auf die mit ja/nein geantwortet werden kann.
1. Formuliere mindestens fünf Fragen, auf die der Text eine Antwort gibt.
2. Stelle eine „anspruchsvolle" Frage.

Beispiele für Fragen, auf die der Text eine Antwort gibt:
1. In wessen Auftrag unternahm Kolumbus seine Entdeckungsreisen?
2. Warum wurde Kolumbus schließlich von Spanien in seinem Vorhaben unterstützt?
3. Wo ging Kolumbus auf seiner ersten Fahrt zum ersten Mal an Land?
4. Warum wollten seine Matrosen meutern?
5. Wie erklärt sich der Irrtum des Kolumbus?
6. Worin besteht die Bedeutung der Entdeckung des Christopher Kolumbus?

Bemerkungen:
- Im Vortext werden die Bedingungen an die Fragen formuliert. An einem Beispiel zeigt der Lehrer, was eine „anspruchsvolle" Frage ist.
- Die Mehrzahl der Fragen zielt erfahrungsgemäß direkt auf Informationen, die im Text gegeben sind. Die Fragen 1 bis 3 setzen eine ausdrücklich angegebene Information in eine Frage um.

- ▸ Die Fragen 4 bis 6 sind anspruchsvollere Fragen:
- ▸ Frage 4 erfordert eine kausale Verknüpfung zwischen den (falschen) Berechnungen des Kolumbus und der tatsächlichen Dauer der Seereise.
- ▸ Frage 5 verlangt eine selbstständige und bewertende Darstellung der geografischen Vorstellungen, von denen Kolumbus ausging.
- ▸ Frage 6 setzt eigenständig weitergedachte Überlegungen in eine Frage um.

**Strategie 3:** Den Text strukturieren
Ein wenig Verständnis fördernd gestalteter Text sollte strukturiert werden, indem der Leser den Text in Sinnabschnitte einteilt und diese durch Überschriften benennt.

**Arbeitsaufträge zum Religionstext:**
1. Teile den Text in Sinnabschnitte ein.
2. Formuliere für jeden Sinnabschnitt die Fragestellung, auf die der Lehrer eingeht.

Mögliche Antworten:

| | |
|---|---|
| bis Zeile 14 | Was ist Glückseligkeit? |
| bis Zeile 23 | Was meint die Würdigkeit der Glückseligkeit? |
| bis Zeile 37 | Was heißt Pflicht? |
| bis Zeile 45 | Ist ein pflichtbewusstes Leben ein glückseliges Leben? |
| bis Zeile 54 | Wie können wir der Glückseligkeit teilhaftig werden? |

Bemerkungen:
- ▸ Es fällt Lernern leichter, die Überschriften in kurzen Sätzen oder Fragen zu formulieren. Deshalb müssen die Überschriften nicht unbedingt im Nominalstil verfasst werden.
- ▸ Je nach Umfang und Anspruchsniveau des Textes und je nach Lerngruppe und Zeitrahmen ist es auch legitim, die Abschnittseinteilung vorzugeben.
- ▸ Man kann auch Überschriften vorgeben und dann den Abschnitten zuordnen lassen. Das ist selbstredend weniger anspruchsvoll.

**Strategie 4:** Den Text mit dem Bild lesen
Sachtexten sind häufig Bilder, Zeichnungen oder Tabellen und Grafiken (= nichtkontinuierliche Texte) beigefügt. Die vergleichende Text-Bild-Lektüre ist eine Strategie, die Lernenden immer wieder empfohlen werden muss, da sie sonst nicht hinreichend genutzt wird.

**Arbeitsaufträge zum Biologietext:**

**A** Warum verschwindet das Herbstlaub?

Der Text gibt dir eine Erklärung auf die Problemfrage. Im Text findest du Informationen, die nicht im Bild notiert sind, und umgekehrt hilft dir das Bild, den Text besser zu verstehen. Lies den Text zusammen mit dem Bild sehr genau.

1. Umrahme im Text die Begriffe, die im Bild eingetragen sind.
2. Unterstreiche im Text die Begriffe, die nicht im Bild eingetragen sind, und trage sie im Bild ein.
3. Erkläre deinem Partner, warum das Herbstlaub verschwindet. Benutze dein vervollständigtes Bild.

Mögliche Lösung:

### Der Kreislauf der Stoffe und der Weg der Energie

Die Organismen eines Ökosystems sind über Nahrungsketten und Nahrungsnetze miteinander verbunden. Sie nehmen Wasser, Sauerstoff, Kohlenstoffdioxid und in der Nahrung enthaltene Bestandteile auf. Andererseits stellen sie weiteren Mitgliedern des Ökosystems Stoffe zur Verfügung, indem sie selbst zur Nahrung werden oder indem sie Unverwertbares wieder ausscheiden. Bestimmte Stoffe werden immer wieder verwertet, sie sind Bestandteil von Kreisläufen.

Am Beginn dieses Stoffkreislaufes stehen immer die grünen Pflanzen. Sie betreiben als Produzenten (Erzeuger) Fotosynthese. Aus dem Kohlenstoffdioxid der Luft und Wasser wird mithilfe von Lichtenergie Traubenzucker gebildet. Durch die Fotosynthese werden also aus energiearmen, anorganischen Stoffen (Wasser und Kohlenstoffdioxid) energiereiche, organische Substanzen (Traubenzucker) aufgebaut. Gleichzeitig gibt die Pflanze als weiteres Produkt der Fotosynthese Sauerstoff ab. Dieser ist für die Atmung von Pflanzen, Tieren und Pilzen unentbehrlich. Die heutige Atmosphäre enthält ca. 21 % Sauerstoff und nur 0,035 % Kohlenstoffdioxid.

Der bei der Fotosynthese gebildete Traubenzucker ist der Ausgangsstoff für den Aufbau anderer lebenswichtiger organischer Substanzen, wie zum Beispiel von Stärke und Zellulose. Ein Teil des Traubenzuckers kann nicht für den Aufbau von eigener organischer Substanz verwendet werden, sondern wird als Energielieferant für die Zellatmung verbraucht. Grüne Pflanzen geben dabei Kohlenstoffdioxid wieder an die Atmosphäre ab. Gleichzeitig verbrauchen sie Sauerstoff. Insgesamt werden jedoch von allen grünen Pflanzen weitaus mehr Traubenzucker und Sauerstoff gebildet als verbraucht. So können Pflanzen an Masse zunehmen, d. h. sie können wachsen.

Die in der Nahrungskette folgenden Konsumenten (Verbraucher) benötigen die organischen Bestandteile des jeweils vorangegangenen Nahrungskettengliedes. Nur so können sie ihren Stoffwechsel ein-

# Grundlagenteil

schließlich der Zellatmung aufrechterhalten. Dabei verbrauchen sie Sauerstoff und setzen Kohlenstoffdioxid frei. Konsumenten können also energiereiche, organische Substanz nicht selbst herstellen, sie sind heterotroph. Grüne Pflanzen sind dagegen autotroph, da sie die organische Substanz, die sie benötigen, selbst herstellen können.

Die Ausscheidungen von Pflanzen und Tieren sowie tote Lebewesen werden von den Organismen der Abbaukette im Boden (Zersetzer oder Destruenten) unter Sauerstoffverbrauch zu Mineralstoffen, Wasser und Kohlenstoffdioxid umgesetzt. Der darin enthaltene Kohlenstoff befindet sich in einem ständigen Kreislauf zwischen Atmosphäre – als Kohlenstoffdioxid ($CO_2$) – und den Organismen, gebunden in der organischen Substanz Traubenzucker ($C_6H_{12}O_6$). Der Kohlenstoff geht also den Organismen nicht verloren. Das Element Kohlenstoff (C) kommt innerhalb des Stoffkreislaufes in verschiedenen Verbindungen vor. Man spricht auch vom Kohlenstoff-Kreislauf.

Auch andere Elemente durchwandern ähnliche Kreisläufe. So gibt es in einem Ökosystem einen Stickstoff-, einen Phosphor- und einen Schwefelkreislauf. Alle Stoffe werden also wiederverwertet.

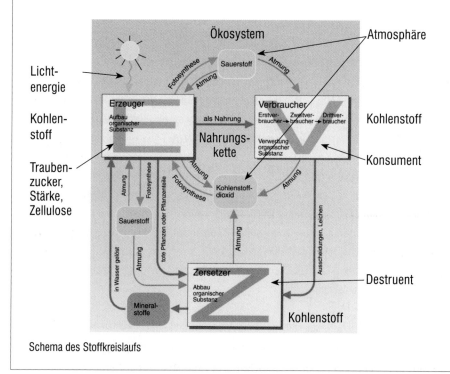

Schema des Stoffkreislaufs

Bemerkungen:
▶ Die Bearbeitung zeigt erst, welche Begriffe in das Bild eingetragen sind und welche nicht.
▶ Im Bild kommen Begriffe vor, die im Text nicht oder synonym benannt sind, z. B. Konsument, Leichen, Zweitverbraucher.
▶ Das vergleichende Lesen und das Eintragen der Begriffe festigt diese und verbindet sie mit bildhaften Vorstellungen.

**Strategie 5:** Farborientiert markieren

Sachtexte sind gekennzeichnet durch Fachbegriffe, Objekte, Personen, die in vielfältigen räumlichen oder zeitlichen Relationen zueinander stehen. Um Ordnung und Übersicht zu erhalten, kann eine effiziente Strategie darin bestehen, die verschiedenen Kategorien farblich differenzierend zu markieren. Dadurch entsteht ein übersichtliches Beziehungsgefüge im Text, das zur weiteren Arbeit einlädt.

> **Arbeitsaufträge zum Physiktext:**
>
> Die Aufgaben helfen dir, den Text zu verstehen und schließlich einen eigenen Text zu schreiben.
> 1. Markiere alle Fachnomen im Text blau.
> 2. Markiere alle Fachverben rot.
> 3. Markiere alle Adjektive und Adverbien grün.

Beispiel für die Bearbeitung:

> In Oszilloskopen und beim Fernsehen benutzt man braunsche Röhren. In ihren luftleeren Glaskolben ist nach Bild 287.1 eine Kathode K eingeschmolzen. Sie wird durch die Heizbatterie H zum Glühen erhitzt und sendet Elektronen aus. Die Anodenquelle U lädt die Anode A positiv, die Kathode K negativ auf. Die aus K abgedampften Elektronen werden zu A hin beschleunigt. Sie sollen aber nicht vom Anodenblech aufgefangen werden, sondern als Strahl durch ein Loch in der Mitte von A hindurchtreten. Hierzu lädt man den gestrichelt gezeichneten Metallzylinder W negativ auf. Dann stößt er die von K nach allen Seiten wegfliegenden Elektronen so zu seiner Mittelachse hin, dass sie die Anodenöffnung durchsetzen und anschließend geradlinig zum Leuchtschirm L weiterfliegen. Dieser Schirm trägt eine dünne Leuchtschicht. Sie sendet dort Licht aus, wo sie von den unsichtbaren Elektronen getroffen wird. Damit die Elektronen vom Schirm zur Anode zurückfließen können, ist der Glaskolben innen mit einem schwach leitenden Überzug versehen.

Bemerkungen:
- Diese Strategie wirkt zunächst sehr formal und ohne Bezug zum Inhalt. Der Zweck liegt darin, dass sie auf nachfolgende Strategien vorbereitet (hier durch die Erstellung eines Strukturdiagramms für die nachfolgende Strategie 6). Die Fachbegriffe sind Anker, um daran die inhaltliche Arbeit fortzusetzen. Diese Strategie darf kein Selbstzweck sein.
- Statt des farbigen Markierens kann auch durch Unterstreichen, Unterpfeilen oder Umrahmen markiert werden.

Grundlagenteil

**Strategie 6:** Den Text in eine andere Darstellungsform übertragen
Eine sehr effektive und oft einsetzbare Strategie besteht darin, den Text in eine andere Darstellungsform (Skizze, Bild, Tabelle, Strukturdiagramm, Prozessdiagramm, Mindmap, Graph, …) zu übersetzen. Dieser Auftrag fördert die aktive, eigenständige Auseinandersetzung des Lesers mit dem Text und unterstützt die (Re-)Konstruktion des Textverständnisses. Die Überführung in andere Darstellungsformen zwingt die Lernenden dazu, von einer anderen Seite an den Text heranzugehen.

**Arbeitsaufträge zum Physiktext:**

Die Aufgaben helfen dir, den Text zu verstehen und schließlich einen eigenen Text zu schreiben.
1. Vergleiche das Bild und das Begriffsnetz und entdecke den Aufbau.
2. Übertrage die Fachverben, Adjektive und Adverbien in das Strukturdiagramm.
3. Erstelle einen eigenen Text über die braunsche Röhre.

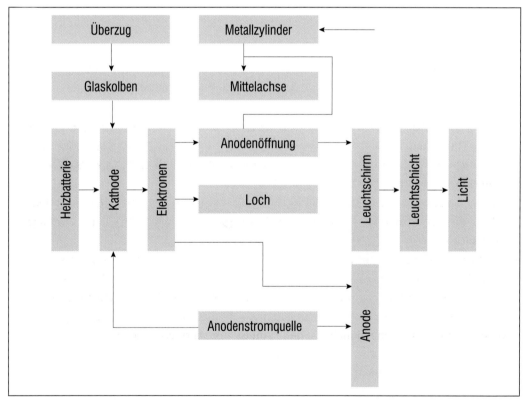

Strukturdiagramm

Beispiel für eine Lösung:

```
    Überzug                        Metallzylinder ←—(aufladen)
       │                                │
  (schwach leitend)              (negativ aufgeladen)
     tragen                            ↓
       ↓                           Mittelachse
   Glaskolben
       │
    (luftleer)
       ↓
                          durchsetzen
                         ┌──────────→  Anodenöffnung ──weiterfliegen→ Leuchtschicht ──aussenden→ Licht
                         │                                 ↗                         (dünn)
  Heizbatterie ─erhitzen→ Kathode ─erhitzen→ Elektronen ─hindurchtreten→ Loch      Leuchtschirm
       ↑                                 │
       │                                 └─beschleunigen→ 
                         (abgedampft)                      Anode
       │        (negativ)                                  (positiv)
       └──────── Anodenstromquelle ─────────────────────→
```

Strukturdiagramm mit Lösung

Bemerkungen:
▸ Die Schüler sollen den Text mithilfe des Bildes in ein vorgegebenes Begriffsnetz überführen. Der Begriffsapparat wird dabei erneut umgewälzt. Anhand des Begriffsnetzes sollen die Schüler einen eigenen Text erstellen. Sie müssen dazu mit Begriffsnetzen bereits vertraut sein.
▸ Das Begriffsnetz ist so aufgebaut, dass es von links nach rechts eine 1:1-Zuordnung zwischen dem Begriffsnetz und dem Bild gibt. Das Begriffsnetz gibt das Bild auf abstrakterer Ebene wieder.
▸ Es ist eine größere Herausforderung, wenn die Darstellungsform nicht wie im Beispiel vorgegeben, sondern lediglich angegeben oder gar offen gelassen wird. Man gibt den Schülern in Partnergruppen Begriffskärtchen zur braunschen Röhre mit der Aufgabe, ein Begriffsnetz zu erstellen. Dadurch sind sowohl der Form als auch der Ausführung nach verschiedene Lösungen möglich, die dann Anlass zum Austausch bieten.

Grundlagenteil

**Arbeitsaufträge zum Erdkundetext:**

Die Aufgaben helfen dir, den Text zu verstehen und einen Vortrag zum Thema zu halten.
1. Übertrage die im Text genannten Maßnahmen in eine übersichtliche Tabelle mit kurzen Erläuterungen.
2. Vergleiche die Tabelle mit der eines Partners. Optimiert sie gemeinsam.
3. Übt in der Partnergruppe einen Kurzvortrag.

Beispiel für eine Lösung:

| Maßnahmen zur Eindämmung der Bodenerosion ||| 
|---|---|---|
| Contour Ploughing<br>Es werden Furchen parallel zu den Höhenlinien gezogen. | Stripp Crossing<br>Unterschiedliche Feldfrüchte werden streifenförmig angebaut. | Terrassierung<br>Die Hangneigung wird durch Terrassen verringert. |

| Maßnahmen zur Bekämpfung der Winderosion ||||
|---|---|---|---|
| Dry Farming<br>zweijährige Rotation von Anbau und Brache, Pflügen und Walzen unterbrechen Kapillarsystem bei Brache | Mulchen<br>Es wird organisches Material auf die Felder gebracht. | Windschutzhecken<br>In W-O-Richtung werden Windschutzhecken oder Waldstreifen angebracht. | Minimum Tillage<br>Abgeerntetes Getreidefeld wird nicht gepflügt, nur geritzt und neuer Samen wird eingestreut. |

Bemerkungen:
▸ Die Detailrezeption erfolgt hier über eine tabellarische Synopse. Die Tabellenerstellung verlangsamt und intensiviert die Lektüre und gibt Anlass zum Austausch mit dem Partner.

**Strategie 7:** Den Text expandieren
Der Text wird durch Beispiele und Erläuterungen verständlich gemacht.

**Arbeitsaufträge:**

Der Text ist für Experten geschrieben.
1. Mache ihn für Laien leserfreundlicher, indem du ihn zunächst in physikalisch sinnvolle Abschnitte mit Überschrift einteilst.
2. Mache ihn verständlicher, indem du dann die einzelnen Sätze durch Erläuterungen und Informationen anreicherst.

Beispielhaftes zum Leseverstehen

Beispiel eines expandierten Lehrbuchtextes zur braunschen Röhre

**Die braunsche Röhre – Das Herzstück früherer Fernsehgeräte**

Hast du dir schon einmal die Frage gestellt, warum Fernsehgeräte und Computerbildschirme immer so groß waren und erst in den letzten Jahren so flach sind? Die Antwort lautet: Die Bildröhre in den älteren Geräten muss lang sein. Das verstehst du, wenn du weißt, wie sie aufgebaut ist und wie sie funktioniert. Die Bildröhre wird auch braunsche Röhre genannt, weil Ferdinand Braun (1850–1918) sie erfunden hat. Das Bild auf dem Schirm (Bildschirm) wird mit einem Elektronenstrahl „geschrieben". Im vorliegenden Text mit Bild wird detailliert erklärt, wie der Elektronenstrahl erzeugt wird, wie er abgelenkt wird und wie er Lichtpunkte erzeugt.

Die Kathode K ist ein dünner Draht wie in einer Glühbirne. Die Batterie H erhitzt den Draht und sendet Elektronen aus. Wie erzeugt man damit einen Elektronenstrahl? Die Kathode befindet sich in einer Metalldose W, die negativ aufgeladen ist. Wenn die Elektronen aus der Kathode K kommen, werden sie alle von der negativ geladenen Metalldose W in die Mitte der Dose gedrängt. Vorne hat die Metalldose ein Loch und dahinter befindet sich die Anode A. Sie ist ein Metallblech mit einem Loch in der Mitte und sie ist positiv aufgeladen. Sie zieht die Elektronen wie ein „Elektronenstaubsauger" an und beschleunigt sie. Damit hat man einen Elektronenstrahl erzeugt, der anschließend durch waagerechte und senkrechte Platten (Plattenkondensator) nach oben und unten bzw. nach rechts und links abgelenkt werden kann. Der Elektronenstrahl wird von den negativ geladenen Platten abgestoßen und von den positiv geladenen Platten angezogen. Anschließend fliegen die Elektronen geradlinig weiter und treffen auf die Leuchtschicht L. Wenn Elektronen mit großer Geschwindigkeit auf die Leuchtschicht treffen, sendet sie an dieser Stelle Licht aus, das wir sehen. Elektronen selbst sind nämlich unsichtbar.

Damit die Röhre funktioniert, müssen noch einige Details beachtet werden: Elektronen können nur im Vakuum ungehindert fliegen. In der Luft würden sie immer an die Luftmoleküle stoßen. Deshalb ist die ganze Apparatur in einer Glasröhre mit einem Vakuum. Wenn immer mehr Elektronen auf die Leuchtschicht treffen, würden sie dort mit der Zeit eine große „Elektronenwolke" bilden. Die Glasröhre hat man innen mit einer sehr dünnen und durchsichtigen Metallschicht besprüht, damit die Elektronen zur Kathode zurückfließen können.

Man kann die Bildröhren nicht ganz kurz bauen, weil man für die Beschleunigung und die Ablenkung der Elektronen eine Strecke von ungefähr 40 cm braucht.

Bemerkungen:
▸ Der vorliegende Text bietet sich für die Strategie an, weil er hoch verdichtet ist und Zusätze, Erläuterungen, Beispiele, Erklärungen oder weitere Informationen die Verständlichkeit erhöhen.
▸ Meist ist ein Adressatenbezug (z. B.: Schreibe für deinen jüngeren Bruder.) sinnvoll.
▸ Die Strategie ist sehr anspruchsvoll und erfordert hohe Kompetenzen im Bereich des Wissens und der Darstellung. Ggf. sind weitere Hinweise und Hilfen sinnvoll.
▸ Hilfreich wäre es, hier eine Gliederung anzubieten:
Behandle in deinem lesefreundlichen und verständlichen Text die folgenden Fragen:
Wo wird die braunsche Röhre verwendet?

Wie ist sie aufgebaut?
Wie wird der Strahl erzeugt?
Wie wird der Strahl gebündelt?
Wie wird der Strahl nachgewiesen?
Baue in den Text Verständnisfragen ein, die sich der Leser womöglich stellen würde und die du dann selbst beantwortest.

**Strategie 8:** Verschiedene Texte zum Thema vergleichen

Zu den gängigen Themen finden sich entsprechende Texte in verschiedenen Lehrbüchern, die sich hinsichtlich des inhaltlichen Schwierigkeitsgrades, des Sprachniveaus, des Umfangs, der Gestaltung, der Textverständlichkeit und der Zielrichtung unterscheiden. Folglich kann es ausgesprochen lernfördernd sein, verschiedene Texte vergleichend zu bearbeiten.

**Arbeitsaufträge:**

**A**  Drei Texte – ein Thema
Du findest nachfolgend drei Texte zur braunschen Röhre aus drei Büchern. Was du in dem einen Text besser verstehst, nützt dir bei der Lektüre des anderen.
1. Überfliege die drei Texte.
2. Beurteile die drei Texte ganz kurz mit Zeichen (+ +, +, 0, –, – –) oder Worten.

| Text | viele Infos | ist verständlich | ist präzise | Bild ist | hat Niveau |
|---|---|---|---|---|---|
| 1 | | | | | |
| 2 | | | | | |
| 3 | | | | | |

(Text 1: Physiktext, siehe S. 35)

Text 2:

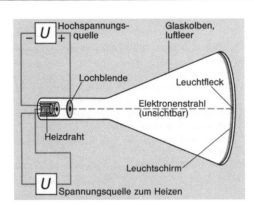

**Braunsche Röhre**

Der Heizdraht ist mit dem negativen Pol einer Hochspannungsquelle verbunden, die Lochblende mit dem positiven.

Aus dem glühenden Heizdraht treten Elektronen aus. Durch die Spannung werden die freigesetzten Elektronen in Richtung Lochblende beschleunigt und die meisten fliegen geradlinig durch das Loch zum Leuchtschirm. Dort erzeugen sie einen Leuchtfleck.

Braunsche Röhre

(aus: Physik für Gymnasien. Band 2)

Text 3:

**Die braunsche Röhre**

Die braunsche Röhre heißt so nach ihrem Erfinder, dem deutschen Physiker **Karl Ferdinand Braun** (1850–1918). Im Prinzip handelt es sich um eine Diode, deren Metallplatte in der Mitte ein Loch hat. Die Metallplatte bezeichnet man als **Anode,** den Glühdraht wegen seiner gegenüber der Anode negativen Ladung als **Glühkathode** (Abb. 1).

Die aus der Kathode austretenden Elektronen werden auf die Anode zu beschleunigt. In dem negativ geladenen Zylinder werden sie mehr oder weniger stark zu einem Strahl gebündelt. Durch ein Loch in der Anode hindurch gelangen die Elektronen als feiner Elektronenstrahl auf einen Leuchtschirm, wo sie die entsprechende Stelle zum Leuchten bringen. Mithilfe von zwei um 90° gegeneinander versetzten Plattenpaaren mit entgegengesetzter Ladung kann dieser Elektronenstrahl sowohl vertikal als auch horizontal abgelenkt werden. Die braunsche Röhre wird in Oszilloskopen für Messzwecke verwendet.

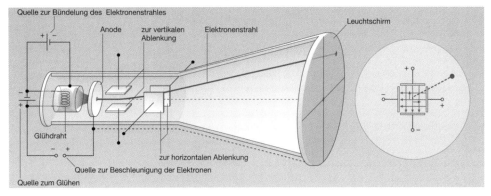

Braunsche Röhre mit zwei Paar Ablenkplatten zur Steuerung des Elektronenstrahls auf dem Leuchtschirm

(aus: Bredthauer, W. et al., Impulse Physik Mittelstufe, Ernst Klett Verlag 2002)

Grundlagenteil

Bemerkungen:
- Text 2 ist zwar sehr kurz, hat aber den Mangel, dass das Herzstück der braunschen Röhre, nämlich die Strahlablenkung fehlt. Damit verhält sich die Röhre wie ein Auto ohne Räder. Text 3 ist einfacher als Text 1. Dieser ist der „physikalischste" von allen. Mängel des einen Textes werden durch Qualitäten des anderen Textes u. U. ausgeglichen.
- Die Schüler entwickeln durch diese Methode eine textkritische Haltung und geben erfahrungsgemäß sehr zutreffende Urteile ab.
- Eine Variante der Strategie ist der Arbeitsauftrag nach der Koch-Eckstein-Methode:
  Gehe Text 1 Satz für Satz durch und trage den passenden Buchstaben in die Tabelle ein.
  A: Die Informationen in dem Satz sind auch in dem Text 2 bzw. 3 enthalten.
  B: Die Informationen in dem Satz sind nicht in dem Text 2 bzw. 3 enthalten.
  C: Die Informationen in dem Satz sind nicht ausdrücklich in dem Text 2 bzw. 3 enthalten, sind aber mit dem Text verträglich.

| Text 1 | Text 2 | Text 3 |
|---|---|---|
| In Oszilloskopen und beim Fernsehen benutzt man braunsche Röhren. | | |
| In ihren luftleeren Glaskolben ist nach Bild 287.1 eine Kathode K eingeschmolzen. | | |
| Sie wird durch die Heizbatterie H zum Glühen erhitzt und sendet Elektronen aus. | | |
| Die Anodenquelle U lädt die Anode A positiv, die Kathode K negativ auf. | | |
| Die aus K abgedampften Elektronen werden zu A hin beschleunigt. | | |
| Sie sollen aber nicht vom Anodenblech aufgefangen werden, sondern als Strahl durch ein Loch in der Mitte von A hindurchtreten. | | |
| Hierzu lädt man den gestrichelt gezeichneten Metallzylinder W negativ auf. | | |
| Dann stößt er die von K nach allen Seiten wegfliegenden Elektronen so zu seiner Mittelachse hin, dass sie die Anodenöffnung durchsetzen und anschließend geradlinig zum Leuchtschirm L weiterfliegen. | | |
| Dieser Schirm trägt eine dünne Leuchtschicht. | | |
| Sie sendet dort Licht aus, wo sie von den unsichtbaren Elektronen getroffen wird. | | |
| Damit die Elektronen vom Schirm zur Anode zurückfließen können, ist der Glaskolben innen mit einem schwach leitenden Überzug versehen. | | |

Textvergleich

**Strategie 9:** Schlüsselwörter suchen und den Text zusammenfassen

Die nachfolgende Strategie ist zwar fester Bestandteil im Repertoire vieler Lehrkräfte, ist aber in einigen Punkten bedenklich und deshalb mit Bedacht anzugehen. Das ist am Beispiel des Physiktextes offensichtlich. Am Beispiel des Sozialkundetextes wird gezeigt, unter welchen Bedingungen diese Strategie sinnvoll und zielführend ist.

> **A**
>
> **Arbeitsaufträge zum Physiktext:**
> 1. Unterstreiche mit Bleistift die Begriffe, die du nicht verstehst.
> 2. Unterstreiche die Schlüsselwörter rot.
> 3. Fasse den Text zusammen.
> 4. Erläutere die braunsche Röhre mit eigenen Worten.

Bemerkungen:
- Hier kommen schwierige Aufträge gehäuft zusammen, die den Lernenden in der Regel überfordern. Deshalb ist die Strategie zum vorliegenden Physiktext ungeeignet.
- Arbeitsauftrag 1 ist ungeschickt, fragt er doch zunächst nach dem, was nicht verstanden wird. Damit wird einem Prinzip zum Leseverstehen widersprochen, weil die Gedanken negativ auf Verstehensprobleme und nicht positiv auf Fortschritte gelenkt werden. Der natürliche Leseprozess geht von dem Verstandenen aus, um daraus das Nichtverstandene zu erschließen, und geht nicht umgekehrt vor.
- Arbeitsauftrag 2 fragt nach den Schlüsselwörtern. Schlüsselwörter sollen den Text aufschließen. Wie kann der Leser deren Schlüsselbedeutung erkennen, wenn er den Text nicht oder nur teilweise versteht? Er kann allenfalls „interessante" oder „verdächtige" Wörter als vermeintliche Schlüsselwörter markieren. Erst wenn man den Inhalt verstanden hat, ist man fähig, Schlüsselwörter zu entdecken und zu nutzen.
- Arbeitsauftrag 3 überfordert Schüler und sogar Experten. Der vorliegende Physiktext ist hoch verdichtet. Einen derart hoch komprimierten Text kann man nicht weiter komprimieren. Eine weitere Verdichtung erfordert eine hohe Expertise oder sie verändert die Zielrichtung des Textes gravierend.
- Auch Arbeitsauftrag 4 ist ohne weitere Unterstützung überfordernd. Der Schüler hat kaum Möglichkeiten, sich vom Text zu lösen und eigenständig einen neuen Text zu schreiben.
- Diese Strategie ist bei hoch verdichteten Sachtexten weder sinnvoll noch zielführend. Der Einsatz der Strategie bietet sich an bei expandierten Texten, die auf einen Kern reduziert werden können.

Grundlagenteil

**Arbeitsaufträge zum Sozialkundetext:**

1. Überfliege den Text.
2. Unterstreiche mit Bleistift sparsam zentrale Begriffe oder Satzteile, die dir besonders wichtig erscheinen.
3. Formuliere für jeden Abschnitt eine Überschrift. Korrigiere ggf. deine Unterstreichungen.
4. Übe anhand der Überschriften und Unterstreichungen einen Kurzvortrag über die soziale Marktwirtschaft.

Beispiel für eine Lösung:

**Das Leitbild der sozialen Marktwirtschaft**

*Der Begriff der sozialen Marktwirtschaft und ihre Entstehung*
Das Leitbild der sozialen Marktwirtschaft entstand gegen Ende des Zweiten Weltkriegs und griff Elemente des Neoliberalismus und der christlichen Soziallehre auf. Geistige Väter des Konzepts waren Walter Eucken (1891–1950), Professor für Volkswirtschaftslehre, und Alfred Müller-Armack (1901–1978), späterer Abteilungsleiter im Bundesministerium für Wirtschaft. Diese Wirtschaftsordnung wurde in der Bundesrepublik Deutschland insbesondere durch den Bundeswirtschaftsminister und späteren Bundeskanzler Ludwig Erhard (1897–1977) politisch durchgesetzt. In ihr kommt dem Staat die Aufgabe zu, die sozial unerwünschten Auswirkungen der Marktwirtschaft zu verhindern oder wenigstens abzumildern. „Sozial" steht für soziale Gerechtigkeit und Sicherheit, „Marktwirtschaft" steht für wirtschaftliche Freiheit.

*Der Freiheitsbegriff in der sozialen Marktwirtschaft*
Wirtschaftliche Freiheit bedeutet, dass Verbraucher frei entscheiden können, welche Güter sie kaufen (Konsumfreiheit). Der Eigentümer an Produktionsmitteln kann frei wählen, ob er seine Arbeitskraft, Sachgüter oder unternehmerischen Fähigkeiten zur Verfügung stellt (Gewerbefreiheit, Berufsfreiheit und Freiheit der Eigentumsnutzung). Unternehmer haben die Freiheit, Güter nach ihrer Wahl zu produzieren und abzusetzen. Käufer und Verkäufer von Gütern oder Dienstleistungen besitzen die Freiheit, sich neben anderen um das gleiche Ziel zu bemühen (Wettbewerbsfreiheit). Nur mittels eines funktionsfähigen Wettbewerbs werden über Angebot und Nachfrage die Wirtschaftspläne so aufeinander abgestimmt, dass die Wirtschaft quasi wie von selbst ihren bestmöglichen Zustand erreicht. Zu diesem Zweck setzte Erhard das Gesetz gegen Wettbewerbsbeschränkungen (1957) durch.

*Wirtschaftspolitische Maßnahmen und Aufgaben des Staates in der sozialen Marktwirtschaft*
Die Marktfreiheit soll durch den Staat dort beschränkt werden, wo sie die soziale Gerechtigkeit und die soziale Sicherheit gefährdet. Der Wirtschaftspolitik kommt z. B. die Aufgabe zu, die negativen Folgen von Konjunkturschwankungen (Arbeitslosigkeit, Inflation) zu dämpfen. Die Einkommens- und Vermögensverteilung soll vor allem im Interesse der nicht am Wirtschaftsprozess beteiligten Gruppen staatlich korrigiert werden; es findet eine Umverteilung (Distribution) statt. Instrumente solcher wirtschaftspolitischen Maßnahmen sind beispielsweise progressive Einkommens- und Vermögenssteuern, Sparprämien und lohn-

politische Maßnahmen. Gewerkschaften und Arbeitgeberverbände stellen dabei als Sozialpartner (Tarifpartner) eine wichtige Einflussgröße in den Strukturen der sozialen Marktwirtschaft dar. Sozial Schwächere werden durch ein <u>soziales Netz</u> (z. B. durch Arbeitslosenversicherung, Kinder- und Erziehungsgeld, Wohngeld, Sozialhilfe) abgesichert. Der <u>Staat übernimmt Aufgaben</u>, die über den Markt nicht oder nur sehr eingeschränkt angeboten werden können (Marktversagen), wie etwa struktur- und bildungspolitische Aufgaben.

*Ziel und Aufgabe der sozialen Marktwirtschaft*
Die soziale Marktwirtschaft hält grundsätzlich am Ideengut des Individualprinzips fest. Die Handlungsfreiheit des Einzelnen sollte allerdings dort aufhören, wo fundamentale Rechte und Lebensinteressen anderer eingeschränkt werden. Das <u>Grundziel dieser Wirtschaftsordnung</u> heißt entsprechend: „So viel Freiheit wie möglich, so viel staatlicher Zwang wie notwendig." <u>Die Aufgabe der sozialen Marktwirtschaft ist es, auf Grundlage der Marktwirtschaft das Prinzip der Freiheit mit dem des sozialen Ausgleichs und der sozialen Gerechtigkeit zu verknüpfen.</u> Der Mensch wird also sowohl als Individual- als auch als Kollektivwesen betrachtet. Damit liegt die Wirtschaftsordnung der sozialen Marktwirtschaft zwischen den beiden Extremen der auf dem Individualprinzip aufgebauten Marktwirtschaft und der auf dem Kollektivprinzip aufgebauten Planwirtschaft.

*Ambivalenz staatlicher Eingriffe bei Marktveränderungen*
Soziale Sicherheit soll im Rahmen des Leitbilds auch dadurch herbeigeführt werden, dass <u>Anpassungen an Änderungen der Wirtschaftsstruktur</u> erleichtert werden. <u>Staatliche Eingriffe</u> sind hier allerdings oft umstritten. So wird etwa die Unterstützung des deutschen Steinkohlebergbaus durch Subventionen seit Langem kontrovers diskutiert. Grundsätzlich ist der Staat verpflichtet, seine <u>Subventionsleistungen</u> regelmäßig zu überdenken, damit sie sich nicht verstetigen, sondern lediglich Übergangshilfen bleiben.

Bemerkungen:
- Hier liegt ein Text vor, bei dem typischerweise die Suche nach Schlüsselwörtern angebracht ist, da er zum Behalten zu umfangreich ist und entsprechend reduziert werden muss.
- Bevor die Lernenden mit dem Unterstreichen beginnen, sollten sie angehalten werden, den Text mindestens einmal zu überfliegen. Andernfalls laufen sie Gefahr, Unwichtiges zu unterstreichen, was dann später korrigiert werden muss.
- Empfehlenswert ist es, die Unterstreichungen zunächst sparsam vornehmen zu lassen und ggf. in einem zweiten oder dritten Durchlauf zu ergänzen bzw. zu korrigieren.
- Die Verbindung mit anderen Strategien, z. B. Strategie 3 (Den Text strukturieren), ist sinnvoll, weil damit das Unterstreichen kategorisiert und zielgerichtet vorgenommen wird. Das erfordert jedoch ein mehrfaches Lesen und Bearbeiten.

Grundlagenteil

**Strategie 10:** Das Fünf-Phasen-Schema anwenden

Das Fünf-Phasen-Schema nutzt viele der vorangehenden Strategien als Teilstrategien. Nach der vorbereitenden Orientierung (orientierendes Lesen – Skimming) werden Verstehensinseln gesucht (extensives Lesen und selektives Lesen). Dann folgt die genaue Detailerschließung (intensives Lesen) und anschließend eine Reflexion und Einbindung in das Wissensnetz. Abschließend wird das Verstandene überprüft.

**Arbeitsaufträge zum Physiktext:**

1. Orientiere dich im Text.
    a) Suche das Thema und die zugehörigen Abbildungen.
    b) Überfliege den ganzen Text.
    c) Trenne alle Sätze mit einem Strich /.

2. Suche Verstehensinseln im Text.
    a) Der Text enthält vier Abschnitte, die man erst finden muss.
       Markiere am Rand jeden Abschnitt mit einer Klammer und notiere jeweils die passende Überschrift daneben: Verwendung, Aufbau, Strahlerzeugung, Strahlbündelung, Strahlnachweis.
    b) Markiere alle Fachnomen im Text blau.
    c) Markiere alle Fachverben rot .
    d) Markiere alle Adjektive und Adverbien grün

3. Erschließe den Text abschnittsweise Satz für Satz.
    a) Vergleiche das Bild und das Strukturdiagramm und entdecke den Aufbau.
    b) Übertrage die Fachverben, Adjektive und Adverbien in das Strukturdiagramm.
    c) alternativ: Erstellt in Partnerarbeit mit den Begriffskärtchen (vgl. Bemerkung zur Strategie 6, S. 47) ein Strukturdiagramm zur braunschen Röhre.

4. Suche den roten Faden.
    a) Lies den Text noch einmal und schreibe einen Satz hinter jede der folgenden Überschriften: Verwendung, Aufbau, Strahlbündelung, Strahlablenkung, Strahlnachweis.

5. a) Beantworte folgende Fragen:
       Wo benutzt man braunsche Röhren?
       Wo und wie werden die Elektronen erzeugt?
       Wie wird der Elektronenstrahl erzeugt?
       Warum prallen die Elektronen nicht auf die Anode?
       Wie werden die unsichtbaren Elektronen „sichtbar" gemacht?
       Warum sollen die Elektronen zur Anode zurückfließen?
    b) Erstelle anhand des Begriffsnetzes einen eigenen Text über die braunsche Röhre.

**3 Sachtexte in den Unterricht integrieren**

Oft werden Sachtexte aus dem Lehrbuch oder aus anderen Quellen in den laufenden Unterricht integriert, indem der Lehrer einen Text aus dem Lehrbuch in Einzelarbeit lesen lässt und anschließend im Plenum bespricht. Dieses Vorgehen hat, wie die Praxis zeigt, seine Tücken. Der Unterricht läuft Gefahr abzudriften und der Text erzeugt Probleme, die es ohne ihn nicht gäbe. Ein Sachtext kann nicht so ohne Weiteres „ganz nebenbei" eingesetzt werden. Der Leseprozess im Unterricht muss vom Lehrer sorgfältig vorbereitet und in mehreren Schritten gesteuert werden. Nachfolgend wird eine Möglichkeit skizziert, einen Sachtext im Unterricht zu erschließen, die den Erkenntnissen zum Leseverstehen (vgl. Kapitel III) Rechnung trägt.

Die Integration des Sachtextes in den laufenden Unterricht geschieht in den folgenden Beispielen gestuft in sieben Phasen, die sich an der Lesedidaktik der Sprachfächer orientieren.
1. Einführung
2. Vorwissensaktivierung
3. Erstrezeption
4. Wirkungsgespräch
5. Detailrezeption
6. Verständnisüberprüfung
7. Textproduktion

Selbstredend müssen nicht immer wie in den nachfolgenden Beispielen alle Phasen durchlaufen werden und es gibt durchaus andere Möglichkeiten, den Text in den Unterricht einzubinden. Unter lesedidaktischen Gesichtspunkten empfiehlt sich jedoch die schrittweise und gestufte Vorgehensweise: Die Textlektüre wird als ein Dialog des Lesers mit sich selbst bzw. mit dem Text verstanden. In der vorliegenden Einbindung des Textes in den Unterricht wird der Dialog ein Stück weit in das Plenum verlagert. Dadurch entstehen neue Anregungen und Gelegenheiten zur erneuten Auseinandersetzung mit dem Text.

Der Aufbau der Lesekompetenz ist ein gestufter Prozess, der den Erkenntnissen zum Leseverstehen Rechnung tragen und bewährten Prinzipien folgen sollte.
Der hier vorgestellten Vorgehensweise liegen folgende Prinzipien zugrunde:
▸ den Textinhalt sinnstiftend in den Unterrichtskontext einbinden,
▸ das Vorwissen durch Vorübungen und Wiederholungsphasen aktivieren,
▸ die Erstrezeption durch Verbalisierung dessen, was schon verstanden wurde, einleiten,
▸ zur Detailrezeption durch gezielte Leseaufträge anleiten,
▸ das Verständnis durch Fragen oder Austausch in der Gruppe überprüfen,
▸ einen eigenen Text, ggf. mit Hilfestellung, erstellen.

Die Integration des Sachtextes in den Unterricht hat gegenüber dem „einsamen" Lesen den Vorteil einer Anschluss- und Begleitkommunikation. Diese fördert den Austausch über das Gelesene, die Integration des eigenen und fremden Vorwissens, die Verbalisierung des Verstandenen und des Unverstandenen. Durch die Integration des Textes in den Unterricht beschäftigen sich die Lesenden länger und intensiver mit dem Text. Die Anschluss- und Begleitkommunikation fördert damit das Verstehen des Textes in hohem Maße.

Integration des Physiktextes in den Physikunterricht

1. Einführung:

   Lehrer: *„In den vergangenen Stunden haben wir die Kräfte auf elektrische Ladungen kennengelernt. In dem Text, den ihr gleich im Buch lesen werdet, lernt ihr eine Anwendung dieser physikalischen Gesetzmäßigkeit kennen. In mehreren Schritten werdet ihr euch immer eingehender mit dem Text auseinandersetzen."*

   Die Lerner werden über den Leseprozess vorinformiert.

2. Vorwissensaktivierung:

   Lehrer: *„Bevor ihr den Text lest, klärt bitte im Partnergespräch vorab, was ihr über das Thema wisst, und entwickelt eigene Ideen zu folgenden Fragen."*

   Wie wirken die Kräfte auf elektrische Ladungen?

   Was ist eine Anode und was ist eine Kathode?

   Wie bekommt man Elektronen aus einem Metall heraus?

   Wie kann man aus einer „Wolke von Elektronen" einen Elektronenstrahl machen?

   Die Lerner haben bereits Vorwissen zu dem Thema, das beim Leseprozess eingebunden werden muss. Der Austausch im Partnergespräch, das Nachlesen in den Unterlagen, die Hypothesenbildung zu anstehenden Problemen und Fragen fördern den anschließenden Leseprozess.

3. Erstrezeption:

   Lehrer: *„Jeder liest für sich auf Seite 287 den Text über die braunsche Röhre. Auf mein Signal hin schließt ihr dann die Bücher und wir vergleichen, was ihr alles schon verstanden habt. Anschließend tauchen wir tiefer in den Text ein. Ihr habt nun 5 Minuten Zeit zum Lesen."*

   Die Erstrezeption dient dem Überblick und der Vorbereitung der Detailrezeption. Eine Zeitbegrenzung ist sinnvoll. Die Lerner werden an einen gestuften Leseprozess gewöhnt.

4. Wirkungsgespräch:

   Lehrer: *„Wir schließen nun die Bücher und hören reihum, was jeder im Text schon verstanden hat und was er jedem von euch bislang bringt. Wer fängt an?"*

   Die Lerner äußern sich reihum zum Text. Dies geschieht zunächst, ohne dass der Lehrer eingreift und auf Strukturen verweist. Er erfährt dabei Näheres über den Verstehensgrad und kann das weitere Vorgehen darauf abstimmen. Durch das assoziative Zusammentragen setzen sich die Lerner ein weiteres Mal mit dem Text auseinander. Das Schließen der Bücher bezweckt, dass die Lerner nicht Passagen aus dem Buch vorlesen, sondern sich aktiv an Inhalte erinnern. Zur Erleichterung kann eine Wortliste mit Begriffen aus dem Text, ggf. auch eine Rohskizze an der Tafel oder auf Folie gegeben werden. Der Blick sollte dabei auf das Verstandene und nicht auf das Nichtverstandene gerichtet werden.

5. Detailrezeption: Die Detailrezeption erfolgt in zwei Phasen.

   Lehrer: *„Im Text sind Informationen, die nicht im Bild notiert sind, und umgekehrt. Das Bild hilft dir, den Text besser zu verstehen. Im Folgenden liest du den Text, wobei du sehr genau auf das Bild schaust. Unterstreiche im Text die Begriffe, die im Bild eingetragen sind. Ergänze im Bild Begriffe, die im Text stehen. Überlege dir anschließend, was dir am Text weiterhin nicht klar ist."*

Die Lerner arbeiten in Einzelarbeit.

Danach fordert der Lehrer zur Partnerarbeit auf: *„Lass dir von deinem Partner die Fragen beantworten, die du noch an den Text hast, und umgekehrt. Überlegt euch zusammen, was ihr danach in der Klasse fragen wollt, um mehr bzw. alles zu verstehen."*

Die Detailrezeption erfolgt hier über einen detaillierten Text-Bild-Vergleich. Die Unterstreichungen verlangsamen und intensivieren die Lektüre und geben Anlass zum Austausch mit dem Partner. Erst in der Detailrezeption wird das noch nicht Verstandene angesprochen. Die Vorarbeiten lassen auf eine weitgehende Selbsterschließung hoffen.

6. Verständnisüberprüfung:

Lehrer: *„Wir hören nun Fragen, die noch offen sind. Zunächst werden sie von Mitschülern beantwortet und im Notfall stehe ich zur Verfügung."*

Die offenen Fragen werden gestellt und so weit wie möglich von den Mitschülern beantwortet, ggf. greift der Lehrer ein.

Lehrer: *„Auf dieser Folie (diesem Arbeitsblatt, an der Tafel) findet ihr Fragen, mit denen jeder überprüfen kann, was er verstanden hat."*

Fragen zum Verständnis:

Wo benutzt man braunsche Röhren?

Wo und wie werden die Elektronen erzeugt?

Wie wird der Elektronenstrahl erzeugt?

Warum prallen die Elektronen nicht auf die Anode?

Wie werden die unsichtbaren Elektronen „sichtbar" gemacht?

Warum sollen die Elektronen zur Anode zurückfließen?

7. Textproduktion:

Lehrkräfte wissen, dass die Textproduktion den Lernern noch erheblich schwerer fällt als die Textrezeption. Die Textproduktion ist evtl. als weiterer (letzter) Schritt der Textarbeit möglich, ihr Einsatz muss aber bereits bekannt sein oder schrittweise eingeübt werden.

Lehrer: *„Auf dem Arbeitsblatt bekommt ihr ein Strukturdiagramm, das euch hilft, als Hausaufgabe einen eigenen Text zur braunschen Röhre zu verfassen bzw. einen Vortrag zu halten."*

Mit den Arbeitsaufträgen auf Seite 46 werden die Lerner in die Lage versetzt, nach der Textrezeption eine Textproduktion durchzuführen.

# Grundlagenteil

**4 Lesestrategien und Lesekompetenzen üben**

So wie in jedem Fach Inhalte und Methoden geübt werden müssen, so müssen auch Lesestrategien und Lesekompetenzen mit Leseübungen geübt werden. Was ist der Unterschied zwischen einer Lesestrategie und einer Leseübung?

- Eine *Lesestrategie* ist ein Handlungsplan, der hilft, einen Text gut zu verstehen. Lesestrategien zielen auf einen eigenständigen Umgang mit Texten.
- Eine *Leseübung* ist eine Übung, in der Lesestrategien oder Lesekompetenzen im Sinne eines Methoden- oder Kompetenztrainings geübt werden.

Wenn Lesestrategien geübt werden, dann ist die Strategie selbst und nicht das Verstehen des vorliegenden Textes der eigentliche Lerngegenstand. Diese Übungen dienen oft auch der Vorentlastung des Lesetextes.

Lesestrategien können auch zu Übungszwecken eingesetzt werden. Aber nicht jede Leseübung ist auch eine Lesestrategie. Eine Leseübung wird zur Lesestrategie, wenn sie selbstständig eingesetzt der Texterschließung dient.

Diese **zehn einfachen Leseübungen** (vgl. S. 25) sind an fast allen Texten durchführbar und trainieren das Detail- und Sprachverstehen.

In allen Übungen geht in erster Linie darum, Lernern im Umgang mit Texten Erfolgserlebnisse zu ermöglichen. Leseübungen können das, vorausgesetzt sie treffen das passende Anspruchsniveau. Die Übungen sind für Lerner mit rudimentären oder schwachen Deutschkenntnissen – z.B. Schüler mit Migrationshintergrund – geeignet.

**Leseübung 1:** Wörter suchen
Wörter einer vorgegebenen Wortliste im Text wiederfinden und unterstreichen

**Arbeitsauftrag zum Biologietext:**

Unterstreiche folgende Wörter im Text:
Sauerstoff, Zellatmung, Kohlenstoffdioxid, autotroph, Produzenten, Traubenzucker, Konsumenten, Destruenten, Ökosystem, energiereich, heterotroph, Fotosynthese, anorganisch

Bemerkungen:
- Diese Übung erscheint zunächst als reine Suchübung, schafft aber erste Kontakte mit dem Text.
- Der Schwierigkeitsgrad kann erhöht werden, indem die Abfolge in der Liste nicht mit der im Text übereinstimmt.
- Nomen zu finden ist am einfachsten. Verben zu finden ist weitaus schwieriger, zumal wenn diese im Infinitiv angegeben werden und konjugierte Formen gesucht sind. Vor allem Passivkonstruktionen bereiten große Probleme.
- Zum besseren Sprachlernen für Schüler mit Migrationshintergrund ist es angebracht, auch die Artikel und Pluralendungen mit anzugeben, z.B.: das Ökosystem (-e), der Sauerstoff (-),

der Überzug (Überzüge), ... Hier sollte man sich an die in dem DaF-Unterricht (Deutsch als Fremdsprache) eingeführten Verfahren halten.

**Leseübung 2:** Textlücken ausfüllen

Im Text vorgegebene Lücken ausfüllen

**Arbeitsauftrag zum Physiktext:**

Fülle die Lücken im Text aus. Als Hilfe sind unten die Wörter in der Wortliste angegeben. Versuche es zunächst ohne diese Hilfe.

In _____ und beim _____ benutzt man _____.
In ihren luftleeren _____ ist nach Bild 287.1 eine _____ K eingeschmolzen. Sie wird durch die _____ H zum Glühen erhitzt und sendet _____ aus. Die _____ U lädt die _____ A positiv, die Kathode K negativ auf. Die aus K abgedampften Elektronen werden zu A hin beschleunigt. Sie sollen aber nicht vom _____ aufgefangen werden, sondern als _____ durch ein Loch in der Mitte von A hindurchtreten. Hierzu lädt man den gestrichelt gezeichneten _____ W negativ auf. Dann stößt er die von K nach allen Seiten wegfliegenden Elektronen so zu seiner Mittelachse hin, dass sie die _____ durchsetzen und anschließend geradlinig zum _____ L weiterfliegen. Dieser Schirm trägt eine dünne _____. Sie sendet dort _____ aus, wo sie von den unsichtbaren Elektronen getroffen wird. Damit die Elektronen vom Schirm zur Anode zurückfließen können, ist der Glaskolben innen mit einem schwach leitenden _____ versehen.

Wortliste:
das Elektron (-en), die braunsche Röhre (-n), der Leuchtschirm (-e), der Metallzylinder (-),
die Kathode (-en), die Heizbatterie (-n), die Anodenquelle (-n), das Oszilloskop (-e),
das Anodenblech (-e), der Glaskolben (-), die Anodenöffnung (-en), die Leuchtschicht (-en),
der Überzug (Überzüge), das Fernsehen, die Anode (-n), der Strahl (-en), das Licht (-)

Bemerkungen:
- Diese Übung ist der „klassische" Lückentext. Der Schwierigkeitsgrad wird erhöht, wenn die Abfolge in der Liste nicht mit der im Text übereinstimmt. Er kann weiter erhöht werden, indem kein Begriff oder nicht alle Begriffe in einer Wortliste genannt werden.
- Es müssen die deklinierten Formen eingetragen werden, was für Schüler mit Migrationshintergrund eine Herausforderung darstellt. Aus diesem Grunde ist es sinnvoll, auch den Artikel und die Pluralendung in der Wortliste anzugeben.
- Richtig ausgefüllte Lücken sind kein Indiz für inhaltliches Verständnis. Das muss bei Lückentexten beachtet werden. Die Auseinandersetzung mit dem Text darf deshalb nicht mit dem Ausfüllen von Lücken enden.

Grundlagenteil

**Leseübung 3:** Textänderungen vergleichen
Zwei fast wortgleiche Texte miteinander vergleichen und Unterschiede erkennen

**Arbeitsauftrag zum Erdkundetext:**
Vergleiche den Textauszug mit dem Originaltext, suche die Unterschiede und unterstreiche die abweichenden Formulierungen im vorliegenden Text.

Lösung:

> Die wichtigsten <u>Folgen</u> zur Eindämmung der Soil Erosion durch <u>Wind</u> sind das <u>Strip</u> Ploughing, das <u>Contour</u> Cropping, die Terrassierung, ein geeigneter Fruchtwechsel und die Umwandlung besonders <u>geeigneter</u> Parzellen in Grasland oder Wald. Beim Contour Ploughing werden die <u>Rillen</u> höhenlinienparallel gezogen, sodass das <u>hangaufwärts</u> fließende Wasser gebremst wird und damit auch besser in den Boden einsickern kann. Strip Cropping ist eine <u>Maßnahme</u>, bei der unterschiedliche <u>Früchte</u> auf streifenförmigen <u>Feldern</u> angebaut werden. Dadurch liegen nicht mehr alle Parzellen zur selben Zeit brach und außerdem wird durch eine höhenlinienparallele Anlage der <u>Streifen</u> der Effekt des Contour Ploughing verstärkt. Durch geeignete <u>Fruchtwechsel</u> (z. B. Getreide – Hackfrüchte – Brache) wird die Bodenfeuchtigkeit erhöht und somit der <u>Bodenerosion</u> entgegengewirkt.

Bemerkungen:
▸ In dieser Übung wird der Blick vergleichend auf Sprachmuster gerichtet. Durch inhaltliche Änderungen, hier die gelegentliche Vertauschung von Contour Ploughing und Strip Cropping, kann die Aufmerksamkeit auf fachliche Sachverhalte gelenkt und so auch inhaltliches Verständnis angebahnt werden. Durch Synonyme, hier Felder statt Parzellen, können sprachliche Varianten eingeführt werden.
▸ Diese Übung wälzt den Text im Vergleich zu den vorangegangenen auch inhaltlich um und lenkt den Blick von einzelnen Wörtern auf Sinnzusammenhänge, hier z. B. auf den Unterschied zwischen Folgen und Maßnahmen, zwischen Fruchtfolgen und Fruchtwechsel.

Beispielhaftes zum Leseverstehen

**Leseübung 4:** Zeichnungen und Bilder beschriften

Zeichnungen und Bilder mit den Begriffen aus dem Text beschriften und ergänzen

**Arbeitsauftrag zum Physiktext:**

A  Schreibe möglichst viele Begriffe aus dem Text an die richtigen Stellen im Bild.
Decke das Bild im Text ab.

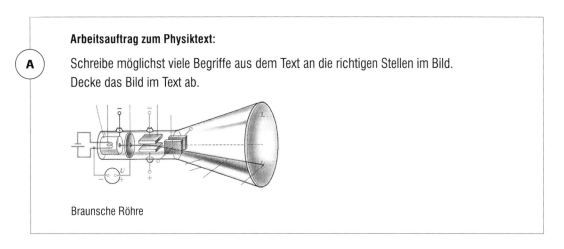

Braunsche Röhre

Lösung:

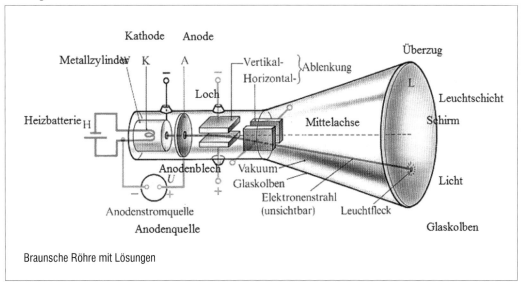

Braunsche Röhre mit Lösungen

Bemerkungen:
- Wenn viele oder gar alle Begriffe des Textes im Bild angegeben sind, dann ist diese Übung nicht sehr anspruchsvoll. Die Begriffe müssen dann im Wesentlichen erinnert werden. Das dient der Festigung. Im vorliegenden Text sind jedoch nur wenige Begriffe im Bild eingetragen. Damit ist das Anspruchsniveau sehr hoch.
- Der Schüler kann sich durch Vergleich mit dem Bild selbst überprüfen.

Grundlagenteil

**Leseübung 5:** Textpuzzle bearbeiten
Den Text wieder herstellen

**Arbeitsauftrag zum Geschichtstext:**

(A) Der Text hat 19 Sätze. Auf jedem Streifen ist ein Satz notiert. Bringe die Sätze in die richtige Reihenfolge, aber schaue nicht auf den Originaltext.

Am 6. September segelten die „Santa Maria", die „Nina" und die „Pinta" von den Kanarischen Inseln in Richtung Westen.

Kolumbus war nicht der erste Europäer auf dem amerikanischen Kontinent.

Bereits die Wikinger, so ist heute bekannt, erreichten um 1000 n. Chr. über Island und die Südspitze Grönlands Nordamerika.

Dieser hatte allerdings die Entfernung zwischen der Westküste Europas und der Ostküste Asiens auf etwa 4400 km veranschlagt.

Kolumbus, 1451 als Sohn einer Handwerkerfamilie in Genua geboren, war ausgebildeter Kapitän und Navigationsexperte.

Ausgehend von der Überzeugung, die Welt sei eine Kugel, glaubte er Indien zu erreichen, wenn er von Europa aus immer in Richtung Westen segelte.

Die Ureinwohner, die er antraf, nannte er deswegen auch Indianer.

Am 12. Oktober, die Mannschaft stand wegen der scheinbar aussichtslosen Lage kurz vor einer Meuterei, kam endlich Land in Sicht: die kleine, südwestlich von Florida gelegene Insel Guanahani, die Kolumbus San Salvador, das heißt „Heiliger Retter", nannte.

Kolumbus nutzte dabei die Karten des Geografen Toscanelli.

▼

Beispielhaftes zum Leseverstehen

---

Kolumbus blieb bis 1493 in der Inselwelt der Karibik, die er für einen Teil Indiens hielt.

Der aus Florenz stammende Amerigo Vespucci, der selbst einige Fahrten zum neuen Kontinent unternahm, erkannte wohl als einer der Ersten, dass es sich um eine „neue Welt" handelte.

Sein Vorname bürgerte sich allmählich als Bezeichnung für den neuen Kontinent ein: Amerika.

Tatsächlich beträgt sie weit mehr als 18 000 km.

Noch dreimal wagte Kolumbus die Fahrt von Spanien nach Westen, bevor er 1506 starb.

Aber es war den Wikingern weder bewusst, dass sie einen „neuen" Kontinent entdeckt hatten, noch nahm man in Europa von ihren Fahrten Notiz.

Da man in Konkurrenz zu den benachbarten Portugiesen treten wollte, konnte Kolumbus eine kleine Flotte ausstatten.

Die Entdeckung Amerikas 1492

Nachdem Kolumbus' Plan von verschiedenen europäischen Königshäusern immer wieder abgelehnt worden war, erhielt er 1492 schließlich Unterstützung von Spanien.

Dass er einen völlig neuen Kontinent entdeckt hatte, war ihm zeitlebens nicht bewusst.

Bemerkungen:
▸ Diese Übung fördert das Globalverstehen und das Erkennen der Textstruktur. Es werden Sinnzusammenhänge hergestellt.
▸ Es muss darauf geachtet werden, dass die Textrekonstruktion nicht anhand der Schnittlinien vorgenommen werden kann.

Grundlagenteil

**Leseübung 6:** Informationen suchen

Explizit im Text angegebene Informationen suchen und herausschreiben

**Arbeitsauftrag zum Geschichtstext:**

Suche alle Zeitangaben im Text und schreibe sie heraus.
Ergänze, was jeweils geschehen ist.

Lösung:

um 1000: Die Wikinger erreichen Grönland.

1451: Kolumbus wird geboren.

1492: Kolumbus stattet eine Flotte aus.

6.9.1492: Kolumbus beginnt seine Reise auf den Kanarischen Inseln.

12.10.1492: Kolumbus erreicht San Salvador.

1493: Kolumbus bleibt bis 1493 in der Karibik.

1506: Kolumbus stirbt.

**Arbeitsauftrag zum Physiktext:**

Suche die Begriffe (Leucht-) Schirm und Glaskolben im Text, schreibe sie heraus und
ergänze, was der Text darüber sagt.

Lösung:

Leuchtschirm: Er trägt eine dünne Leuchtschicht. Sie sendet Licht aus.

Glaskolben: Er ist luftleer. Er hat innen einen schwach leitenden Überzug.

Bemerkungen:
- Durch diese Übung wird der Blick gezielt auf Teilinformationen gelenkt.
- Durch das Herausschreiben findet eine Konzentration statt und die Teilinformationen werden gefestigt.
- Die explizit angegebenen Informationen können fast wortgleich übernommen werden. Dadurch wird eine spätere Textproduktion vorbereitet.
- Mit dieser Übung wird das selektive Lesen geübt.

Beispielhaftes zum Leseverstehen

**Leseübung 7:** Satzhälften zusammenfügen
Vorgegebene Satzhälften zusammenfügen

**Arbeitsauftrag zum Physiktext:**

A  Verbinde die passenden Satzhälften miteinander.

| Erste Satzhälfte | Zweite Satzhälfte |
| --- | --- |
| 1. Hierzu lädt man den | a) sondern als Strahl durch ein Loch in der Mitte von A hindurchtreten. |
| 2. Die aus K abgedampften Elektronen | b) die Kathode K negativ auf. |
| 3. In ihren luftleeren Glaskolben ist | c) und sendet Elektronen aus. |
| 4. Dann stößt er die von K nach allen Seiten wegfliegenden Elektronen so zu seiner Mittelachse hin, | d) dass sie durch die Anodenöffnung hindurchfliegen und anschließend geradlinig zum Leuchtschirm L weiterfliegen. |
| 5. Sie sendet dort Licht aus, | e) ist der Glaskolben außen mit einem schwach leitenden Überzug versehen. |
| 6. Sie sollen aber nicht vom Anodenblech aufgefangen werden, | f) gestrichelt gezeichneten Metallzylinder W negativ auf. |
| 7. Die Anodenquelle U lädt die Anode A positiv, | g) eine dünne Leuchtschicht. |
| 8. In Oszilloskopen und beim Fernsehen benutzt | h) werden zu A hin beschleunigt. |
| 9. Damit die Elektronen vom Schirm zur Anode zurückfließen können, | i) wo sie von den sichtbaren Elektronen getroffen wird. |
| 10. Sie wird durch die Heizbatterie H zum Glühen erhitzt | j) man braunsche Röhren. |
| 11. Dieser Schirm trägt | k) nach Bild 287.1 eine Kathode K eingeschmolzen. |

Lösung:

8j, 3k, 10c, 7b, 2h, 6a, 1f, 4d, 11g, 5i, 9e

Bemerkungen:
▸ Diese Übung fördert das Globalverstehen und das Erkennen der Textstruktur.

Grundlagenteil

**Leseübung 8:** Richtigkeit überprüfen

Aussagen oder vorgegebene Informationen mithilfe des Textes überprüfen

**Arbeitsauftrag zum Biologietext:**

**A** Überprüfe die Richtigkeit folgender Aussagen (wahr oder falsch).

| Aussagen | w | f |
|---|---|---|
| Die Organismen der Abbaukette im Boden (Zersetzer oder Destruenten) setzen die Ausscheidungen von Pflanzen und Tieren zu Mineralstoffen, Wasser und Kohlenstoffdioxid um und verbrauchen dabei Sauerstoff. | (X) | |
| Das Element Kohlenstoff kommt innerhalb des Stoffkreislaufes immer in denselben Verbindungen vor. | | (X) |
| Traubenzucker, den die Pflanze nicht selbst braucht, wird als Energielieferant für die Zellatmung verbraucht. | (X) | |
| Konsumenten können auch selbst energiereiche, organische Substanz herstellen, sie sind autotroph. | | (X) |
| Die Konsumenten (Verbraucher) verbrauchen beim Stoffwechsel und der Zellatmung Sauerstoff und setzen Kohlenstoffdioxid frei. | (X) | |
| Grüne Pflanzen erzeugen durch Fotosynthese mithilfe von Lichtenergie Traubenzucker aus dem Kohlenstoffdioxid der Luft und aus Wasser. | (X) | |
| Bei der Zellatmung geben grüne Pflanzen Kohlenstoffdioxid an die Atmosphäre ab und verbrauchen Sauerstoff. | (X) | |
| Durch die Fotosynthese werden Traubenzucker, Stärke und Zellulose gebildet. | | (X) |
| Die Organismen eines Ökosystems können selbst zur Nahrung für andere werden. | (X) | |
| In einem Ökosystem gibt es auch einen Stickstoff-, einen Phosphor- und einen Schwefelkreislauf. | (X) | |
| Alle Stoffe werden in Kreisläufen immer wieder recycelt und wiederverwertet. | | (X) |
| Die Fotosynthese macht aus energiearmen, anorganischen Stoffen energiereiche, organische Substanzen. | (X) | |
| Die Atmosphäre enthält heute ca. 21 % Sauerstoff und nur 0,035 % Kohlenstoffdioxid. | | (X) |
| Die Organismen eines Ökosystems nehmen Wasser, Sauerstoff, Kohlenstoffdioxid auf. | | (X) |
| Die grünen Pflanzen stehen am Beginn und am Ende des Stoffkreislaufes. | | (X) |
| Alle grünen Pflanzen bilden mehr Traubenzucker und Sauerstoff, als sie verbrauchen. | | (X) |
| Pflanzen, Tiere und Pilze gewinnen den Sauerstoff, den sie zur Atmung brauchen, aus der Fotosynthese der Pflanzen. | | (X) |

Beispielhaftes zum Leseverstehen

Bemerkungen:
- Die Übung kann als Multiple-Choice-Aufgabe konzipiert werden, vergleichbar den Aufgaben in der PISA-Studie. Sie fördert das Detailverstehen. Das Anspruchsniveau kann von der Lehrkraft gut gesteuert werden.
- Wenn die Aussagen nicht in der Textreihenfolge aufgelistet werden, muss der Text lernwirksam öfter gelesen werden.
- Eine anspruchsvollere Variante kann auffordern zu erklären, was an den falschen Sätzen falsch ist.

**Leseübung 9:** Sätze aussuchen

Aus einer Auswahl von Sätzen einen inhaltlich passenden heraussuchen und einfügen

**Arbeitsauftrag zum Physiktext:**

In dem Text ist ein Satz herausgenommen. Du findest unten vier Sätze. Suche die Sätze, die passen.

In Oszilloskopen und beim Fernsehen benutzt man braunsche Röhren. In ihren luftleeren Glaskolben ist nach Bild 287.1 eine Kathode K eingeschmolzen. Sie wird durch die Heizbatterie H zum Glühen erhitzt und sendet Elektronen aus. Die Anodenquelle U lädt die Anode A positiv, die Kathode K negativ auf. Die aus K abgedampften Elektronen werden zu A hin beschleunigt. _____
_____ Hierzu lädt man den gestrichelt gezeichneten Metallzylinder W negativ auf. Dann stößt er die von K nach allen Seiten wegfliegenden Elektronen so zu seiner Mittelachse hin, dass sie die Anodenöffnung durchsetzen und anschließend geradlinig zum Leuchtschirm L weiterfliegen. Dieser Schirm trägt eine dünne Leuchtschicht. Sie sendet dort Licht aus, wo sie von den unsichtbaren Elektronen getroffen wird. Damit die Elektronen vom Schirm zur Anode zurückfließen können, ist der Glaskolben innen mit einem schwach leitenden Überzug versehen.

Welche Sätze passen?
1. Das Loch in der Mitte erzeugt einen Strahl und die Elektronen treffen nicht auf das Anodenblech auf.
2. Sie sollen aber nicht auf das Anodenblech auftreffen, sondern einen Strahl bilden und durch ein Loch in der Mitte von A hindurchtreten.
3. Man will, dass sie als Strahl durch ein Loch in der Mitte von A hindurchtreten und nicht auf das Anodenblech treffen.
4. Wenn kein Loch in der Mitte der Anode A wäre, dann würden die Elektronen auf das Anodenblech auftreffen. So treten sie hindurch und bilden einen Strahl.

Lösung:
Satz 2 oder Satz 3

Grundlagenteil

Bemerkungen:
- Diese Übung fördert das Verstehen inhaltlicher Details, zusätzlich zum Globalverstehen und dem Erkennen der Textstruktur.
- Der Schwierigkeitsgrad wird maßgeblich durch die angebotenen Alternativen bestimmt.

**Leseübung 10:** Überschriften zuordnen
Vorgegebene Zwischenüberschriften Textpassagen zuordnen

> **A**
>
> **Arbeitsauftrag zum Sozialkundetext:**
>
> Der Text ist ohne Abschnitte und Überschriften geschrieben. Hier hast du fünf Überschriften. Schreibe die Nummer an den Rand des Textes.
>
> 1. Ziel und Aufgabe der sozialen Marktwirtschaft
> 2. Der Freiheitsbegriff in der sozialen Marktwirtschaft
> 3. Ambivalenz staatlicher Eingriffe bei Marktveränderungen
> 4. Wirtschaftspolitische Maßnahmen und Aufgaben des Staates in der sozialen Marktwirtschaft
> 5. Der Begriff der sozialen Marktwirtschaft und ihre Entstehung

Lösung: vgl. S. 54 f.

Bemerkungen:
- Diese Übung fördert das Globalverstehen.
- Den Schwierigkeitsgrad kann man erhöhen, indem man nicht alle Überschriften angibt oder überzählige einfügt.
- Die Übung ist besonders anspruchsvoll, wenn die Überschriften selbst formuliert werden müssen.

Die folgenden **zehn anspruchsvollen Leseübungen** sind nicht an allen Texten durchführbar. Die ersten fünf Übungen trainieren das textbezogene Interpretieren, die folgenden Übungen trainieren das Reflektieren und Bewerten.

In allen Übungen geht es in erster Linie darum, Lernern im Umgang mit Texten Erfolgserlebnisse zu ermöglichen. Dazu sind Leseübungen geeignet, vorausgesetzt sie treffen das passende Anspruchsniveau. Nachfolgend werden Leseübungen unterschiedlichen Schwierigkeitsgrades demonstriert.

Beispielhaftes zum Leseverstehen

**Leseübung 11:** Bildunterschriften formulieren

Zu selbst erstellten oder vorgegebenen Bildern Begriffe nennen

**Arbeitsauftrag zum Physiktext:**

A  Schreibe unter die Bilder einen passenden Begriff.

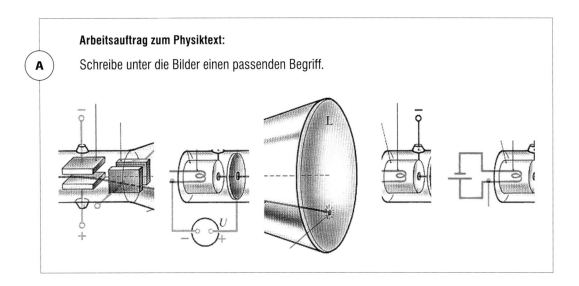

Lösungen:

| horizontale und vertikale Ablenkung | Beschleunigung | Der Elektronenstrahl trifft auf die Leuchtschicht. | Die Elektronen treten aus der Kathode aus. | Heizbatterie |

Bemerkungen:
- Diese Übung fördert das Globalverstehen.
- Die Bilder können vorgegeben sein oder selbst erstellt werden.
- Die Beschriftungen können in einzelnen Begriffen oder kurzen Sätzen formuliert werden.

**Leseübung 12:** Darstellungsformen ausfüllen

Vorgegebene Darstellungsformen (Tabelle, Diagramm, Bild, …) mit Textinformationen füllen

**Arbeitsaufträge zum Physiktext:**

A  1. Trage die Begriffe in die passende Spalte der Tabelle ein.
Glaskolben, Kathode, Leuchtschicht, Anodenquelle, Heizbatterie, Anode, Anodenblech, Leuchtschirm, Schirm

| Strahlerzeugung | Strahlnachweis | Strahlbündelung |
|---|---|---|
|  |  |  |
|  |  |  |
|  |  |  |

Grundlagenteil

2. Trage in das Strukturdiagramm die fehlenden Begriffe ein. Beschrifte die Pfeile mit Verben. Du findest sie im Text.

Lösungen zu Auftrag 1:

| Strahlerzeugung | Strahlnachweis | Strahlbündelung |
| --- | --- | --- |
| Kathode | Leuchtschicht | Anodenblech |
| Heizbatterie | Leuchtschirm | Anode |
|  | Schirm |  |

zu Auftrag 2: vgl. S. 47

Bemerkungen :
▶ Die Übung fördert das Detailverstehen und die Fachbegriffe werden eingeübt.
▶ Die Übung fördert das Kategorisieren in Begriffen.
▶ Die Übung mit der Tabelle kann anspruchsvoller gestaltet werden, indem nicht alle Begriffe angegeben werden oder indem überzählige Begriffe (hier: z.B. Glaskolben) angegeben werden.

▸ Die Übung mit dem Strukturdiagramm kann anspruchsvoller gestaltet werden, indem nicht alle Kästchen ausgefüllt werden oder indem das Strukturdiagramm unvollständig mitgeliefert wird.

**Leseübung 13:** Fragen beantworten

Fragen zu Informationen im Text beantworten

**Arbeitsauftrag zum Physiktext:**

Markiere die richtigen Antworten.

1. Welche Aussagen über den Glaskolben sind richtig?
   a) Er ist mit Gas gefüllt.
   b) Er ist evakuiert.
   c) Er enthält wenig Luft.
2. Welche Aussagen über den Metallzylinder W sind richtig?
   a) Er besteht aus Strichen.
   b) Er ist positiv geladen.
   c) Er fokussiert die Elektronen.
3. Welche Aussagen über die Leuchtschicht sind richtig?
   a) Sie leuchtet überall, wenn Elektronen auftreffen.
   b) Sie ist nicht dick.
   c) Sie ist unsichtbar.
4. Welche Aussagen über die Elektronen sind richtig?
   a) Man kann sie sehen.
   b) Sie leuchten, wenn sie auf die Leuchtschicht treffen.
   c) Die Leuchtschirm leuchtet, wenn sie auftreffen.
5. Welche Aussagen über die Elektronen sind richtig?
   a) Sie treten aus der Kathode aus.
   b) Sie treffen auf die Anode.
   c) Sie werden vom Metallzylinder W beschleunigt.

Lösungen:

1b), 2c), 3c), 4c), 5a)

Grundlagenteil

**Arbeitsauftrag zum Geschichtstext:**

Beantworte folgende Fragen.

Welche Kenntnisse und Fähigkeiten ermöglichten Kolumbus seine Entdeckungsreisen?
Warum wollten die Matrosen meutern? (Betrachte Entfernung und Dauer der Seereise.)
Wer hat Amerika entdeckt?

Lösungen:
Kolumbus war ausgebildeter Kapitän und Navigationsexperte, er kannte geografische Karten und wusste von der Kugelgestalt der Erde.
Die Fahrt dauerte viel länger (vom 6.9. bis zum 12.10.), als die von Toscanelli errechnete Entfernung von ca. 4400 km erwarten ließ: In Wirklichkeit beträgt diese ca. 18000 km.
Christoph Kolumbus gilt als Entdecker Amerikas, allerdings wusste er bis zu seinem Tode nicht, dass er einen neuen Kontinent entdeckt hatte. Aber vor ihm hatten bereits die Wikinger Nordamerika erreicht. Auch der Italiener Amerigo Vespucci kann als Entdecker Amerikas bezeichnet werden, da er als Erster auf die Idee kam, dass es sich bei dem entdeckten Land um einen eigenen Kontinent handeln müsse.

Bemerkungen:
▶ Der Arbeitsauftrag zum Physiktext ist als Multiple-Choice-Test konzipiert. Diese Übung ist bei jedem Sachtext gut einsetzbar und kann schnell und leicht entworfen werden. Das inhaltliche und sprachliche Anspruchsniveau kann gut variiert werden.
▶ Im Arbeitsauftrag zum Geschichtstext bezieht sich Frage 1 auf explizit im Text angegebene Informationen, die Fragen 2 und 3 veranlassen den Leser, Textinformationen kausal zu verknüpfen und zu interpretieren.
▶ Mittels der gestellten Fragen können der Kompetenzbereich und das Anspruchsniveau auf die Lerngruppe passend und binnendifferenziert eingestellt werden.

**Leseübung 14:** Fragen stellen
Selbst Fragen zu Textinformationen stellen

**Arbeitsaufträge:**

Du sollst Fragen an den Text stellen. Gute Fragen helfen dir nämlich, den Text zu verstehen. Stelle keine Fragen, auf die mit ja/nein geantwortet werden kann.
1. Formuliere mindestens fünf Fragen, auf die der Text eine Antwort gibt.
2. Stelle eine „anspruchsvolle" Frage, z. B.: Warum ist die Leuchtschicht dünn?

Lösungsbeispiele für Fragen, auf die der Physiktext eine Antwort gibt:
- Wie ist die braunsche Röhre aufgebaut?
- Wo und wie werden die Elektronen erzeugt?
- Wie werden die unsichtbaren Elektronen nachgewiesen?

anspruchsvolle Fragen:
- Warum prallen die Elektronen nicht auf die Anode?
- Warum sollen die Elektronen zur Anode zurückfließen?

Bemerkungen:
- Im Vortext werden die Bedingungen an die Fragen formuliert. An einem Beispiel zeigt der Lehrer, was eine „anspruchsvolle" Frage ist.
- Diese Leseübung ist gleichzeitig eine Lesestrategie und lässt sich auf fast alle Sachtexte anwenden.

**Leseübung 15:** Sätze berichtigen
Leicht veränderte Sätze textbasiert berichtigen

**Arbeitsauftrag zum Physiktext:**

Im Text sind einige Sätze etwas verändert. Manche sagen dadurch falsche Dinge, andere bleiben richtig. Suche die falschen Sätze und verbessere sie.

In Oszilloskopen und beim Fernsehen benutzt man braunsche Röhren. In ihren luftleeren Glaskolben ist nach Bild 287.1 eine Kathode K eingeschmolzen. Sie wird durch die Heizbatterie H zum Glühen erhitzt und sendet Elektronen aus. Die Anodenquelle U lädt die Anode A positiv, die Kathode K negativ auf. Die aus K abgedampften Elektronen werden zu A hin beschleunigt. Sie sollen aber nicht auf das Anodenblech auftreffen, sondern einen Strahl bilden und durch ein Loch in der Mitte von A hindurchtreten. Um das zu erreichen, wird der gestrichelt gezeichnete Metallzylinder W negativ aufgeladen. Wenn die Elektronen aus K austreten, fliegen sie in alle Richtungen. Der negativ geladene Metallzylinder stößt sie zurück zur Kathode. Dann fliegen sie durch die Anodenöffnung und geradlinig zum Leuchtschirm L weiter. Dieser Schirm trägt eine dünne Leuchtschicht. Sie sendet dort Licht aus, wo sie von den unsichtbaren Elektronen getroffen wird. Damit die Elektronen vom Schirm zur Anode zurückfließen können, ist der Glaskolben innen mit einem schwach leitenden Überzug versehen.

Lösung:
Falsch ist: Der negativ geladene Metallzylinder stößt sie zurück zur Kathode.
Verbesserung: Der negativ geladene Metallzylinder stößt sie zur Mittelachse.

# Grundlagenteil

Bemerkungen:
- Diese Übung fördert das Detailverstehen. Es ist eine anspruchsvollere Variante der Übungen 6 und 8.
- Die Änderungen können den Sinn mehr oder weniger stark verfälschen.
- Eine Anschlussübung kann darin bestehen, die Korrekturen zu begründen.

**Leseübung 16:** Verschiedene Texte vergleichen
Informationen im Text Satz für Satz mit denen in einem anderen Text vergleichen

**Arbeitsauftrag zum Physiktext:**

Gehe den Text 1 Satz für Satz durch und trage den passenden Buchstaben in die Tabelle ein.
A: Die Informationen in dem Satz sind auch in Text 2 enthalten.
B: Die Informationen in dem Satz sind nicht in Text 2 enthalten.
C: Die Informationen in dem Satz sind nicht ausdrücklich in Text 2 enthalten, sind aber mit dem Text verträglich.

| Text 1 | Text 2 |
|---|---|
| In Oszilloskopen und beim Fernsehen benutzt man braunsche Röhren. | |
| In ihren luftleeren Glaskolben ist nach Bild 287.1 eine Kathode K eingeschmolzen. | |
| Sie wird durch die Heizbatterie H zum Glühen erhitzt und sendet Elektronen aus. | |
| Die Anodenquelle U lädt die Anode A positiv, die Kathode K negativ auf. | |
| Die aus K abgedampften Elektronen werden zu A hin beschleunigt. | |
| Sie sollen aber nicht vom Anodenblech aufgefangen werden, sondern als Strahl durch ein Loch in der Mitte von A hindurchtreten. | |
| Hierzu lädt man den gestrichelt gezeichneten Metallzylinder W negativ auf. | |
| Dann stößt er die von K nach allen Seiten wegfliegenden Elektronen so zu seiner Mittelachse hin, dass sie die Anodenöffnung durchsetzen und anschließend geradlinig zum Leuchtschirm L weiterfliegen. | |
| Dieser Schirm trägt eine dünne Leuchtschicht. | |
| Sie sendet dort Licht aus, wo sie von den unsichtbaren Elektronen getroffen wird. | |
| Damit die Elektronen vom Schirm zur Anode zurückfließen können, ist der Glaskolben innen mit einem schwach leitenden Überzug versehen. | |

Beispielhaftes zum Leseverstehen

Text 2

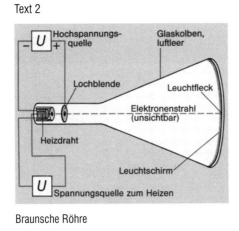

Braunsche Röhre

### Braunsche Röhre
Der Heizdraht ist mit dem negativen Pol einer Hochspannungsquelle verbunden, die Lochblende mit dem positiven.

Aus dem glühenden Heizdraht treten Elektronen aus. Durch die Spannung werden die freigesetzten Elektronen in Richtung Lochblende beschleunigt und die meisten fliegen geradlinig durch das Loch zum Leuchtschirm. Dort erzeugen sie einen Leuchtfleck.

(aus: Physik für Gymnasien. Band 2)

Lösung in der Reihenfolge der Sätze: B, B, A, A, A, B, B, B, C, B, A

Bemerkungen:
- Diese Übung zwingt die Schüler, den Text sehr genau zu lesen und ihn auf inhaltliche Verträglichkeit mit dem Vergleichstext hin abzugleichen.
- Die Übung ist eine Variante der Leseübung 8 (Richtigkeit überprüfen).

Grundlagenteil

**Leseübung 17:** Text-Bild-Informationen vergleichen
Informationen im Text und in den Bildern vergleichen und markieren

**Arbeitsauftrag zum Biologietext:**

**A** Zeichne die Stoffkreisläufe im Schema nach, so wie es der folgende Textabschnitt sagt.

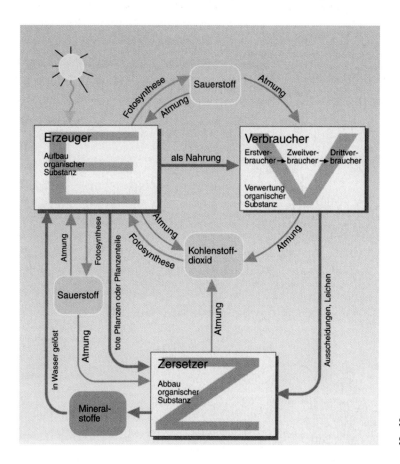

Schema des Stoffkreislaufs

Die Ausscheidungen von Pflanzen und Tieren sowie tote Lebewesen werden von den Organismen der Abbaukette im Boden (Zersetzer oder Destruenten) unter Sauerstoffverbrauch zu Mineralstoffen, Wasser und Kohlenstoffdioxid umgesetzt. Der darin enthaltene Kohlenstoff befindet sich in einem ständigen Kreislauf zwischen Atmosphäre – als Kohlenstoffdioxid ($CO_2$) – und den Organismen, gebunden in der organischen Substanz Traubenzucker ($C_6H_{12}O_6$). Der Kohlenstoff geht also den Organismen nicht verloren. Das Element Kohlenstoff (C) kommt innerhalb des Stoffkreislaufes in verschiedenen Verbindungen vor. Man spricht auch vom Kohlenstoff-Kreislauf.

Auch andere Elemente durchwandern ähnliche Kreisläufe. So gibt es in einem Ökosystem einen Stickstoff-, einen Phosphor- und einen Schwefelkreislauf. Alle Stoffe werden also wiederverwertet.

Beispielhaftes zum Leseverstehen

**Arbeitsauftrag zum Physiktext:**

A  Zeichne für drei verschiedene Elektronen mögliche Wege, so wie es der folgende Textabschnitt sagt.

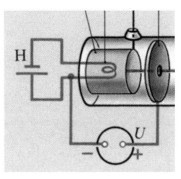

Die aus K abgedampften Elektronen werden zu A hin beschleunigt. Sie sollen aber nicht vom Anodenblech aufgefangen werden, sondern als Strahl durch ein Loch in der Mitte von A hindurchtreten. Hierzu lädt man den gestrichelt gezeichneten Metallzylinder W negativ auf. Dann stößt er die von K nach allen Seiten wegfliegenden Elektronen so zu seiner Mittelachse hin, dass sie die Anodenöffnung durchsetzen und anschließend geradlinig zum Leuchtschirm L weiterfliegen.

Wege der Elektronen

Bemerkungen:
- Diese Übung zwingt die Schüler, den Text sehr genau zu lesen und ihn auf inhaltliche Verträglichkeit mit dem Bild hin abzugleichen.
- Die Übung ist eine anspruchsvolle Variante der Leseübung 4 (Zeichnungen und Bilder beschriften).

**Leseübung 18:** Begriffe zuordnen

Vorgegebene synonyme oder ergänzende Begriffe, die nicht im Text enthalten sind, den Textteilen zuordnen

**Arbeitsauftrag zum Physiktext:**

A  Ordne die synonymen Begriffe den Sätzen zu.

| Text | Begriffe |
|---|---|
| 1. In Oszilloskopen und beim Fernsehen benutzt man braunsche Röhren. | a) Lichtemission |
| 2. In ihren luftleeren Glaskolben ist nach Bild 287.1 eine Kathode K eingeschmolzen. | b) Glühemission |
| 3. Sie wird durch die Heizbatterie H zum Glühen erhitzt und sendet Elektronen aus. | c) Aufladung |

Grundlagenteil

| Text | Begriffe |
|---|---|
| 4. Die Anodenquelle U lädt die Anode A positiv, die Kathode K negativ auf. | d) Strahlfokussierung |
| 5. Die aus K abgedampften Elektronen werden zu A hin beschleunigt. | e) Elektronennachweis |
| 6. Sie sollen aber nicht vom Anodenblech aufgefangen werden, sondern als Strahl durch ein Loch in der Mitte von A hindurchtreten. | f) Beschichtung |
| 7. Hierzu lädt man den gestrichelt gezeichneten Metallzylinder W negativ auf. | g) Vakuum |
| 8. Dann stößt er die von K nach allen Seiten wegfliegenden Elektronen so zu seiner Mittelachse hin, dass sie die Anodenöffnung durchsetzen und anschließend geradlinig zum Leuchtschirm L weiterfliegen. | h) Beschleunigungsfeld |
| 9. Dieser Schirm trägt eine dünne Leuchtschicht. | i) Rückleitung |
| 10. Sie sendet dort Licht aus, wo sie von den unsichtbaren Elektronen getroffen wird. | j) Strahlbündelung |
| 11. Damit die Elektronen vom Schirm zur Anode zurückfließen können, ist der Glaskolben innen mit einem schwach leitenden Überzug versehen. | k) Elektronenbeschleunigung |

Lösung:
1e), 2g), 3b), 4h), 5k), 6j), 7c), 8d), 9f), 10a), 11i)

Bemerkungen:
▸ Diese Übung ergänzt den Sprachschatz um synonyme Begriffe, die nicht im Text enthalten sind, und erweitert die Fachsprache.
▸ Das Anspruchsniveau kann erhöht werden, indem nicht passende Begriffe angegeben werden oder indem die Schüler leere Kästchen mit Begriffen füllen müssen.

**Leseübung 19:** Schlüsse ziehen

Aus einer Tabelle, Grafik, einem Bild, ... Informationen entnehmen und eine Schlussfolgerung formulieren

Beispielhaftes zum Leseverstehen

**Arbeitsauftrag zum Geschichtstext:**

A  Im Bild sind die verschiedenen Entdeckungsreisen zu sehen. Ziehe Schlüsse aus den Jahreszahlen, den Reiserouten und den Ländern.

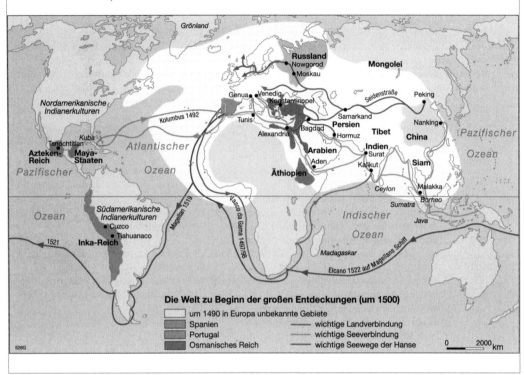

Lösung:

Die Entdeckungsreisen auf dem Seeweg erfolgten schnell hintereinander. Die erste Erdumreisung fand 1519–1522 durch Magellan statt, nachdem Kolumbus 1492 in Richtung Westen nach Amerika und da Gama 1497 in Richtung Osten über die Südspitze Afrikas nach Indien gefahren waren. Die Seemächte waren Spanien, Portugal, italienische Städte und die Hansestädte in Nordeuropa. Die Landwege führten von Russland und dem Osmanischen Reich aus über die Seidenstraße nach China.

Bemerkungen:
- Übung 19 führt die Leseübungen 4, 12, 17 fort. Wird in jenen die Text-Bild-Lektüre geübt, so werden nun Schlüsse gezogen und weitergehende Überlegungen angestellt.
- Diese Übung kann ausgesprochen anspruchsvoll sein.

Grundlagenteil

**Leseübung 20:** Situationsbezogen interpretieren
Vorgegebene Situationen mit Textaussagen reflektieren und zuordnen

---

**Arbeitsauftrag zum Erdkundetext:**

(A) Begründe, ob die folgenden Situationen mit dem Text verträglich sind.

Situation (A): Das abfließende Oberflächenwasser wird in Becken gesammelt und zur Bewässerung auf die Felder zurückgepumpt.

Situation (B): Es werden tief wurzelnde Pflanzen und solche mit einem großen Blattwerk angebaut.

---

Lösungen:

(A) ist nicht verträglich,

weil das Kernproblem, Maßnahmen gegen Bodenerosion, so nicht gelöst wird,

weil gerade der Abfluss von Oberflächenwasser als schädigende Folge der bisherigen Bodenbearbeitung verhindert werden soll,

weil das „Zurückpumpen" weitere Schäden verursachen kann.

(B) ist nur bedingt verträglich,

weil tief wurzelnde Pflanzen zwar Wasser aus tieferen Bodenschichten nutzen können, aber der wirtschaftliche Ertrag in semiariden Zonen im Vergleich zur bisherigen Nutzung (Getreide, Baumwolle, Soja) fraglich ist,

weil großes Blattwerk zwar vor Sonneneinstrahlung und Wind schützt, aber in semiariden Zonen zu hoher Verdunstung bei der Pflanze selbst führt.

Bemerkungen:
▸ Diese Übung kann ausgesprochen anspruchsvoll sein.
▸ Sie bietet sich an, wenn es etliche inhaltliche Varianten gibt, die mit dem Text verträglich sind.

## III Vertiefendes zum Leseverstehen

### 1 Lesekompetenz und Leseverstehen

*„Unter Lesekompetenz versteht PISA die Fähigkeit, geschriebene Texte unterschiedlicher Art in ihren Aussagen, ihren Absichten und ihrer formalen Struktur zu verstehen und sie in einen größeren sinnstiftenden Zusammenhang einzuordnen sowie in der Lage zu sein, Texte für verschiedene Zwecke sachgerecht zu nutzen. In der Entfaltung dieser Definition unterscheidet PISA unterschiedliche Textsorten, typische Anwendungssituationen und eine Reihe von Leseaufgaben, die verschiedene Aspekte des Textverständnisses erfassen."*
(Deutsches PISA-Konsortium 2001, S. 23)

Lesekompetenz ist nach diesem Verständnis eine Disposition, die Personen befähigt, bestimmte Arten von text- und lesebezogenen Anforderungen erfolgreich zu bewältigen.

Der der PISA-Studie zugrunde liegende Ansatz einer „Reading Literacy" fasst Lesekompetenz als eine grundlegende Form kommunikativen Umgangs mit der Welt auf. Damit geht die PISA-Studie von einem fächerübergreifenden Lesebegriff aus und unterstreicht damit das Lesen als Aufgabe aller Fächer. Lesen meint hier nicht lediglich den technischen Vorgang des Lesenkönnens, sondern bezeichnet die Fähigkeit, dem Text Informationen zu entnehmen und diese zu deuten. Zum Textverständnis gehört auch die Fähigkeit, Texte funktional zu nutzen und über sie zu reflektieren, um eigene Ziele zu erreichen, um eigene Potenziale weiterzuentwickeln und um am gesellschaftlichen Leben teilzunehmen.

Die Kompetenzen des Lesenden (z.B. dessen Lern- und Verarbeitungsstrategien) sind eine wichtige Größe für die Effizienz der Verarbeitung. Die PISA-Studie hat die Lesekompetenz in der Breite (Kompetenzbereiche) und in der Tiefe (Kompetenzstufen) untersucht.

Die PISA-Studie unterscheidet drei Kompetenzbereiche, die verschiedene Aspekte des Lesens beschreiben:
- *A: Informationen ermitteln* (= eine oder mehrere Informationen bzw. Teilinformationen im Text lokalisieren)
- *B: Textbezogenes Interpretieren* (= Bedeutung konstruieren und Schlussfolgerungen aus einem oder mehreren Teilen des Textes ziehen)
- *C: Reflektieren und Bewerten* (= den Text mit eigenen Erfahrungen, Wissensbeständen und Ideen in Beziehung setzen, sich mit dem Gelesenen kritisch auseinandersetzen)

Die Kompetenzstufen beschreiben die Fähigkeit, Texte und Aufgaben unterschiedlicher Schwierigkeitsgrade lesen bzw. bearbeiten zu können. Der Schwierigkeitsgrad einer Aufgabe ist abhängig von
- der Komplexität des Textes,
- der Vertrautheit des Lesers mit dem Thema des Textes,
- der Deutlichkeit von Hinweisen auf die relevanten Informationen sowie
- der Anzahl und Auffälligkeit von Elementen, die von den relevanten Informationen ablenken könnten.

In der PISA-Studie (Deutsches PISA-Konsortium 2001, S. 89) werden fünf Kompetenzstufen unterschieden. Aus praktischen Gründen ist eine Reduktion auf drei Kompetenzstufen sinnvoll. Insgesamt erhält man damit die folgende Lesekompetenzmatrix:

|  |  | Kompetenzbereiche | | |
|---|---|---|---|---|
|  |  | A: Informationen ermitteln | B: Textbezogenes Interpretieren | C: Reflektieren und Bewerten |
| Kompetenzstufen | I | unabhängige, aber ausdrücklich angegebene Informationen lokalisieren | den Hauptgedanken des Textes oder die Intention des Autors erkennen, wenn das Thema bekannt ist | eine einfache Verbindung zwischen Textinformation und Alltagswissen herstellen |
| | II | Einzelinformationen heraussuchen und Beziehungen beachten | Aussagen in verschiedenen Textteilen berücksichtigen und integrieren | Vergleiche ziehen und Verbindungen herstellen, Erklärungen geben und Merkmale bewerten |
| | III | tief eingebettete Informationen lokalisieren und geordnet wiedergeben | einen unbekannten Text in den Details verstehen | einen Text kritisch bewerten und Hypothesen formulieren unter Nutzung von speziellem Wissen |

Lesekompetenzmatrix angelehnt an die PISA-Studie

Die Lesekompetenzmatrix ist ein geeignetes Instrument, um den Schwierigkeitsgrad eines Sachtextes zu ermitteln und um festzustellen, welche Lesekompetenzen zur Bewältigung des vorliegenden Textes erforderlich sind.

Lesekompetenz ist von vielen Faktoren abhängig, die mit dem Text, seinem Inhalt, der Sprache, textexternen Kenntnissen u. a. m. zu tun haben. Vor allem ist Lesekompetenz eng mit der Fachkompetenz verbunden. Fachkompetenz und Lesekompetenz entwickeln sich parallel. Es geht darum, kognitive Prozesse durch Lesen zu fördern. Diese kognitiven Prozesse sind an Fachinhalten festgemacht.

### 2 Die Modellierung des Leseprozesses

Der Prozess des Leseverstehens ist ein vielschrittiger mentaler Prozess, vergleichbar der Echternacher Springprozession: drei Schritte vor und zwei zurück.

Schon beim Herangehen an den Text und beim ersten Sichtkontakt bauen sich Erwartungshaltungen und Verstehensvermutungen auf, werden Hypothesen gebildet und Assoziationen zum Vorwissen hergestellt. Anschließend findet ein Wechselspiel von „Herauslesen" und „Hineinlesen" statt. Der Text wird vom Leser benutzt, um Vorstellungen aufzubauen (Herauslesen). Damit und mit seinem Vorwissen baut der Leser Erwartungen (im Sinne von Verstehenshypothesen) an den Text auf und prüft sie am Text (Hineinlesen). Erst im Zusammenspiel beider Verarbeitungsprozesse konstruiert der Leser sein Textverständnis im Sinne einer Sinnkonstruktion. So tritt er gewissermaßen mit dem Text in einen dialogischen Prozess des Aushandelns. Lesen wird als doppelt zyklischer Prozess modelliert:

▸ Herauslesen als Bottom-up-Prozess: Textgeleitet und aufsteigend konstruiert der Leser Vorstellungen aus den Textinformationen, anknüpfend an sein Vorwissen.
▸ Hineinlesen als Top-down-Prozess: Schemageleitet und absteigend überprüft der Leser die Stimmigkeit seiner Vorstellungen am Text und passt sie ggf. an.

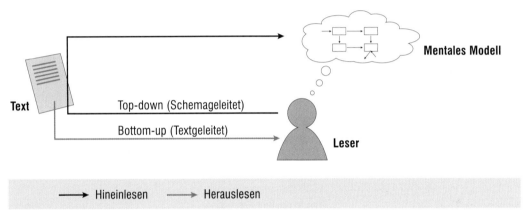

Hineinlesen und Herauslesen

Lesen ist keine passive Rezeption dessen, was im jeweiligen Text an Information enthalten ist, also keine bloße Bedeutungsentnahme, sondern aktive (Re-) Konstruktion der Textbedeutung, also Sinnkonstruktion.

Aus dieser Modellierung folgt die unterrichtliche Konsequenz, dass sich der Leser mit dem Text – angeleitet durch sinnvolle Arbeitsaufträge – mehrfach beschäftigt und somit in einen zyklischen Bearbeitungsprozess zwecks Konstruktion von Bedeutung gelangt.

Welche Rolle kommt dem Autor hierbei zu? Der Autor legt zwar aus seiner Sicht Informationen und Bedeutungen in den Text, aber es bleibt dem Leser überlassen, was er daraus macht. So gesehen ist der Text des Autors lediglich eine Grundlage für die Konstruktionen des Lesers. Erfahrungen mit der Textrezeption und der Lesesozialisation machen es wahrscheinlich, dass die Sinnkonstruktionen von Autor und Leser ähnlich sind. Der Text bindet Autor und Leser auf imaginäre Weise. Ein „guter Autor" erreicht diese Bindung. Die Themen, die Inhalte, der Stil, das Anspruchsniveau, die Gestaltung, die Beispiele, ... sprechen den Leser an und er nimmt den Dialog auf.

Grundlagenteil

**3 Einflussfaktoren im Leseprozess**

Nach der obigen Modellierung ist Lesen sowohl ein vom Text gesteuerter Konstruktionsprozess (Hineinlesen) als auch ein vom Wissen gesteuerter Integrationsprozess (Herauslesen). Der Leseprozess wird maßgeblich durch vier Faktoren beeinflusst (vgl. Bundesministerium für Bildung und Forschung 2007, S. 12 ff).

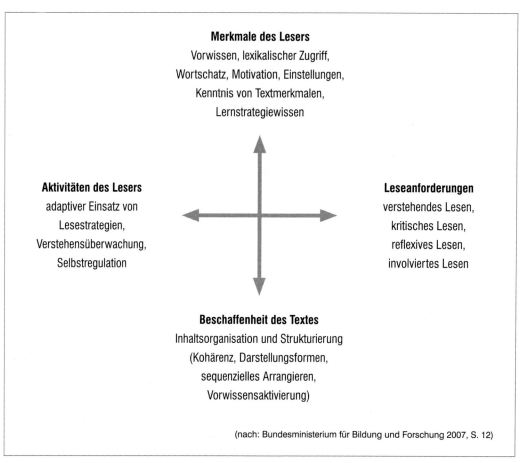

Determinanten der Lesekompetenz

Die Merkmale des Lesers (Vorwissen, Wortschatz, lexikalischer Zugriff, Motivation, Einstellungen, Kenntnis von Textmerkmalen, Lernstrategiewissen) sind wichtige Einflussfaktoren für das Leseverstehen.

Leser, die über ein inhaltlich relevantes Vorwissen zu dem Sachtextthema verfügen, haben beste Chancen, ein Textverständnis aufzubauen. Ein großes Vorwissen, eine hohe Expertise des Lesers in dem Inhaltsbereich kann sogar schlechte Lesefähigkeiten teilweise kompensieren. Im Unterricht ist deshalb die Aktivierung bereits vorhandenen Vorwissens und die Auffrischung bzw. systematische Vermittlung inhaltlich relevanten Hintergrundwissens zum Textthema geboten.

Konzeptionell ist es einleuchtend, dass ein umfangreicher Wortschatz das Leseverstehen erhöht. Daher wird der Fokus auf die Wortbedeutungen gelegt und gefolgert, dass die Kenntnis aller Wortbedeutungen eine notwendige Bedingung für das Textverstehen sei. Unterrichtlich werden nach der Erstlektüre erst einmal alle unbekannten Wortbedeutungen geklärt. Die Kenntnis aller Wortbedeutungen im Text ist aber weder eine notwendige noch eine hinreichende Bedingung für das Textverstehen, weil sich im hermeneutischen Sinne viele Wortbedeutungen eigentlich erst im Verlaufe der weiteren Lektüre erschließen. Der Zusammenhang von Wortschatz und Lesefähigkeit geht also in beide Richtungen. Gute Lesefähigkeiten tragen auch zu einem umfangreichen Wortschatz bei, da die meisten neuen Wörter nicht durch explizite Bedeutungserklärung gelernt, sondern implizit aus dem Kontext heraus verstanden werden. In Untersuchungen konnte jedoch nicht geklärt werden, wie stark der Kausalzusammenhang zwischen Wortschatz und Lesefähigkeiten ist.

Leser, die Kenntnisse über Struktur und Aufbau der verschiedenen Arten von Sachtexten haben, erleichtern sich die Rezeption im Sinne einer Vorstrukturierung des Textinhaltes. Die Erwartungen, die der Leser durch eine geeignete Gliederung, durch Untertitel und durch Wissen über das Anliegen, die Textsorte usw. hat, erhöhen sein Verständnis. Vorhandenes Vorwissen wird bereits aktiviert und mit dessen Hilfe können Kohärenzlücken im Text geschlossen werden.

Unter dem lexikalischen Zugriff versteht man die Zuordnung von Bedeutungen zu visuell wahrgenommenen Buchstabenfolgen (Wörtern). Es ist davon auszugehen, dass die Worterkennung nicht auf der seriellen Verarbeitung einzelner konkreter Buchstaben basiert, sondern dass abstrakte Buchstabeneinheiten, die parallel verarbeitet werden, die Basis für den visuellen Identifizierungsprozess sind. So können Leser Buchstabendreher problemlos im Text überlesen und merken es nicht einmal. Buchstaben, die in Wörter eingebunden sind, werden schneller identifiziert, weil sie sowohl auf der Buchstaben- als auch auf der Wortebene eine Aktivierung erfahren, während isolierte Buchstaben nur auf der Buchstabenebene aktiviert werden.

Im Zusammenhang mit der PISA-Studie wurde ein Modell zur Vorhersage der Lesekompetenz entwickelt (vgl. Deutsches PISA-Konsortium 2001, S. 129). Die Analysen haben vier statistisch bedeutsame Prädiktoren der Lesekompetenz in folgender Reihenfolge ergeben: kognitive Grundfähigkeiten (.52), Lernstrategiewissen (.23), Decodierfähigkeit (lexikalischer Zugriff) (.22) und Leseinteresse (.11). Der Lesemotivation kommt damit eine zwar wichtige Funktion zu, die aber in ihrer Effektstärke nicht überschätzt werden darf. Im Unterricht eingesetzte Sachtexte sind aus Lesersicht in der Regel „Zwangstexte", die Schüler nicht aus eigenem Interesse heraus privat lesen.

Die Leseanforderungen (verstehendes Lesen, kritisches Lesen, reflexives Lesen, involviertes Lesen) sind weitere wichtige Einflussfaktoren für das Leseverstehen.
- Das verstehende Lesen umfasst die sinnorientierte Informationsverarbeitung, bei der leserseitiges Vorwissen (Hineinlesen) und textseitige Informationen (Herauslesen) integriert werden. Beim verstehenden Lesen geht es um den Aufbau eines mentalen Modells, in dem leserseitiges Vorwissen und textseitige Informationen zu einer kognitiven Konstruktion

gebracht werden. Deshalb werden beim verstehenden Lesen alle kognitiven sowie metakognitiven Strategien gebraucht.
- Das kritische Lesen umfasst eine Reihe von Teilfertigkeiten: Konzentration auf die Fragestellung, Analyse von Argumenten, Formulierung klärender Fragen an den Text, Beurteilungen zur Glaubwürdigkeit der Quelle, Beurteilung von Beobachtungsberichten, Definitionen, Deduktionen, Induktionen, Handlungen, Interaktionen und das eigene Fällen von Werturteilen. Das kritische Lesen bezieht sich im Wesentlichen auf den Kompetenzbereich C (Reflektieren und Bewerten) der PISA-Studie.
- Das reflexive Lesen geht über die kognitiven Aspekte der Lesekompetenz hinaus, weil dabei auch Bezüge zu eigenen Welterfahrungen, Handlungskompetenzen und Aspekten der Persönlichkeitsentwicklung hergestellt werden.
- Das involvierte Lesen bezieht darüber hinaus auch emotionale und motivationale Aspekte ein, z. B. positive Gefühlserlebnisse mit dem Gelesenen zu verbinden, die Lesesituation zu genießen, Könnensbewusstsein aufzubauen.

Die Beschaffenheit des Textes (Inhaltsorganisation und Strukturierung, Kohärenz, Darstellungsformen, hierarchisch sequenzielles Arrangieren von Textinhalten, Vorwissens- und Erwartungsstrukturen des Lesers) ist ein weiterer wichtiger Einflussfaktor auf das Leseverstehen. Weitere Ausführungen finden sich in den Abschnitten 7 bis 9 (siehe S. 94 ff.).

Die Aktivitäten des Lesers (adaptiver Einsatz von Lesestrategien, Verstehensüberwachung, Selbstregulation) sind weitere wichtige Einflussfaktoren für das Leseverstehen. In der Leseforschung geht man davon aus, dass Lesestrategien konkrete Techniken darstellen, die das Verstehen und Behalten von Textinhalten erleichtern und dabei zielführend und flexibel vom Leser eingesetzt werden können, zunehmend automatisiert ablaufen, aber dennoch als Technik bewusst bleiben. Wenn sich dem Leser Widersprüche auftun oder wenn er bei lokaler und globaler Kohärenzbildung (Sinnstiftung) scheitert, wird er zur aktiven Steuerung des Lesens herausgefordert (adaptiver Einsatz von Lesestrategien, Verstehensüberwachung, Selbstregulation). Die außerordentlich umfangreiche Forschung hat belegt, dass Lesestrategien gut und effektiv trainierbar sind (vgl. Bundesministerium für Bildung und Forschung 2007, S. 32). Weitere Ausführungen finden sich im Abschnitt 6 über die Förderung der Lesekompetenz durch metakognitives Training.

### 4 Aufbau einer Lesekompetenz

Lesekompetenz ist eine Disposition, die Personen befähigt, text- und lesebezogene Anforderungen erfolgreich zu bewältigen und kann auf fünf Ebenen gefördert werden:
- auf der Wort-, Satz- und Textebene,
- auf der Strategieebene,
- auf der Ebene der Metakognition und Verstehensüberwachung,
- auf der Ebene der Anschluss- und Begleitkommunikation,
- auf der motivationalen Ebene.

Die Überlegungen zum Kompetenzaufbau auf der Wort-, Satz- und Textebene gehen davon aus, dass Lesen auf der untersten Ebene aus dem Erkennen von Buchstaben und Wörtern sowie aus dem Erfassen von Wortbedeutungen besteht. Auf der nächsthöheren Ebene werden semantische und syntaktische Relationen zwischen Sätzen hergestellt. Auf der Textebene muss die Integration von Sätzen zu Bedeutungseinheiten sowie der Aufbau einer kohärenten mentalen Repräsentation der Textbedeutung geleistet werden. Nach diesem Modell wird ein Textverstehen auf verschiedenen Ebenen innerhalb mehrerer Zyklen aufgebaut, die miteinander interagieren. Das gilt insbesondere für die hierarchiehöheren aktiv-konstruktiven Prozesse auf der Satz- und Textebene.

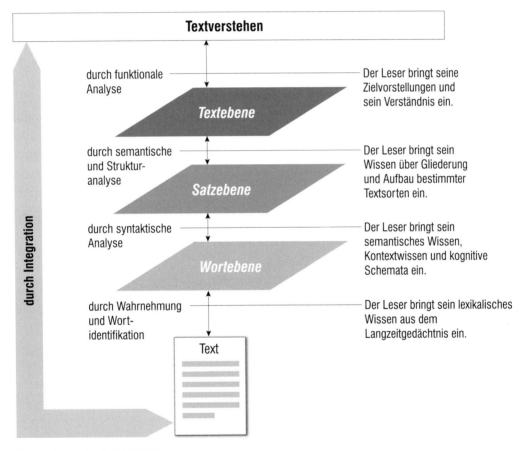

Prozessebenen des Textverstehens

Der Kompetenzaufbau bei den Teilprozessen auf der Wort-, Satz- und Textebene kann im schulischen Unterricht, abgesehen vom Lesenlernen in der Grundschule auf der Wortebene, nicht isoliert vorgenommen werden, sondern entwickelt sich integrativ über lange Zeiträume hinweg.

Dem Kompetenzaufbau auf der Strategieebene kommt im schulischen Unterricht die größte Bedeutung zu. Untersuchungen (vgl. Bundesministerium für Bildung und Forschung 2007,

S. 38) zeigen, dass zuerst ein spezifisches und erst dann ein allgemeines Strategiewissen gebildet wird. Die Strategien werden erst dann allgemeiner und flexibler genutzt, wenn sie wiederholt auch in anderen Kontexten angewendet wurden. Die Effektivität und der Transfer von Lesestrategien können durch spezifische Anleitung erheblich unterstützt werden. Die Bedeutung des schulischen Strategielernens wird durch verschiedene Studien untermauert. Dabei muss betont werden, dass es nicht reicht, bereits bestehende suboptimale Strategien als ungeeignet zu kennzeichnen, sondern diese müssen durch bessere ersetzt werden, die dann auch nachhaltig geübt werden. Der Kompetenzaufbau auf der Strategieebene ist nur mit einem entsprechenden Übungsaufwand zu erreichen (vgl. Leseübungen).

Dem Kompetenzaufbau auf der Ebene der Metakognition und Verstehensüberwachung wird zunehmend Bedeutung beigemessen, zumal festgestellt wurde, dass sich schwache und gute Leser gerade in ihren Gedanken und Vorgehensweisen vor, während und nach dem Lesen sehr unterscheiden. Das (lesespezifische) deklarative Metagedächtnis umfasst das bewusste, verbalisierbare Wissen über angemessene Vorgehensweisen beim Lesen und Verarbeiten von Texten. Das (lesespezifische) prozedurale Metagedächtnis umfasst das Überwachen und die Steuerung des Leseprozesses bei einer aktuellen Leseaufgabe. Untersuchungen (vgl. oben) zeigen, dass sich beide erst im Laufe der späten Kindheit und im frühen Jugendalter deutlich verbessern. Diese Verbesserung wird auf die spezifischen Anforderungen der Schule zurückgeführt, bei denen der Gedächtnisaktivität und besonders dem genauen Erinnern eine besondere Bedeutung zukommt. Ausführungen zur Förderung der Lesekompetenz durch metakognitives Training folgen an späterer Stelle (siehe S. 92).

Der Kompetenzaufbau auf der Ebene der Anschluss- und Begleitkommunikation ist die ureigenste Domäne des Fachunterrichts, wenn die Lektüre des Sachtextes in den Unterricht passend integriert wird. Gerade hier wird im Fachunterricht noch viel Potenzial verschenkt, da diese Integration noch nicht optimal erfolgt (vgl. Abschnitt 5).

Der Kompetenzaufbau auf der motivationalen Ebene ist dadurch geprägt, dass mit den Aufgabenanforderungen in der Schule Erfolgs- bzw. Misserfolgserlebnisse verbundenen sind. Es ist eine vordringliche Aufgabe des Unterrichts, das Könnensbewusstsein der Leser beim Lesen von Sachtexten positiv zu entwickeln. Die Stärkung des Könnensbewusstseins wird nicht durch Misserfolge, sondern ausschließlich durch Erfolge beim verstehenden Lesen erreicht. Lesen von Sachtexten muss vom Leser mit Gewinn und Kompetenzzuwachs verbunden werden. Dazu bedarf es Leseaufgaben auf passendem Anforderungsniveau, die Interesse wecken und ein passendes Problempotenzial entfalten.

**5 Bedeutung der Anschluss- und Begleitkommunikation für das Leseverstehen**
Unter Anschluss- und Begleitkommunikation zu einem Text wird die geplante oder ungeplante, die formelle oder informelle Kommunikation im Zusammenhang mit einer Textlektüre verstanden.

Im Kindesalter sind es beispielsweise die begleitenden Gespräche mit den Eltern beim Betrachten oder Vorlesen eines Bilder- oder Kinderbuches. Der informelle Austausch von jugendlichen Lesern über ein Buch in der Gruppe Gleichaltriger ist genauso ein Beispiel wie das formelle von der Lehrkraft geleitete Unterrichtsgespräch über den Text. Die Anschlusskommunikation kann der Unterhaltung und dem Genusserlebnis dienen und trägt damit zur Steigerung und Stabilisierung der Leseintensität und -motivation bei. Dies gilt insbesondere für literarische Texte und solche, die im Interessensbereich der Leser liegen. Die informelle Anschlusskommunikation zu Sachtexten findet in der Regel in einer Gruppe thematisch interessierter Leser statt, die ein gemeinsames Thema oder Hobby haben, z.B. Computer, Sport, Fotografie, ... Diese Kommunikation bewegt sich innerhalb eines kleinen, abgeschlossenen Kreises auf einem oft sehr hohen Expertiseniveau.

Die Anschluss- und Begleitkommunikation zu einem Sachtext im Unterricht richtet sich an alle lesenden Schüler der Klasse und hat die Funktion, den Verstehensprozess zu unterstützen und zu vertiefen. Zwar dominiert das Unterrichtsgespräch, wie internationale Studien belegen, vergleichsweise den Unterricht in deutschen Schulen. Doch es wird unter hohem Zeitverbrauch vornehmlich zur Erarbeitung im Stil des fragend-erarbeitenden Unterrichtsgesprächs eingesetzt. Untersuchungen zeigen, dass sich meistens nur die leistungsstarken Lerner oder solche, die gerne kommunizieren, daran beteiligen und dann auch in besonderem Maße davon profitieren. Diese vorherrschende Form des Unterrichtsgesprächs schafft häufig zu wenig Verbindlichkeit und die Erträge werden zu wenig kontrolliert. Bei der Bearbeitung von Sachtexten wird zu frühzeitig und vorschnell im Plenum über den Text bzw. über dessen Inhalte gesprochen, bevor sich die Leser hinreichend mit dem Sachtext selbstständig auseinandergesetzt haben. Um das Unterrichtsgespräch als wertvolles Instrument nutzen zu können, sollte es erst im Anschluss an eine intensive Eigenlektüre erfolgen.

Die Integration des Sachtextes in den laufenden Unterricht sollte gestuft in verschiedenen Phasen geschehen, die sich an der Lesedidaktik der Sprachfächer orientieren (vgl. Beispiel S. 57).
1. Einführung: Die Schüler werden über den Leseprozess vorinformiert.
2. Vorwissensaktivierung: Das Vorwissen zu dem Thema, das beim Leseprozess eingebunden werden muss, wird aktiviert.
3. Erstrezeption: Die Erstrezeption dient dem Überblick und der Vorbereitung der späteren Detailrezeption.
4. Wirkungsgespräch: Die Schüler äußern sich reihum zum Text. Dabei erfährt der Lehrer Näheres über den Verstehensgrad und kann das weitere Vorgehen darauf abstimmen.
5. Detailrezeption: Die Detailrezeption erfolgt über eine zum Text passende Lesestrategie.
6. Verständnisüberprüfung: Die offenen Fragen werden gestellt und soweit möglich von den Mitschülern beantwortet, ggf. greift der Lehrer ein.
7. Anschlusskommunikation: Der Text wird in Bezug zu Eigenerfahrungen und Fremderfahrungen und in weitere Kontexte gesetzt.
8. evtl. Textproduktion: Die Textproduktion fällt den Schülern bekanntlich erheblich schwerer als die Textrezeption.

Dieser Vorgehensweise liegen folgende Prinzipien zugrunde:
- den Textinhalt sinnstiftend in den Unterrichtskontext einbinden,
- das Vorwissen durch Vorübungen und Wiederholungsphasen aktivieren,
- die Erstrezeption durch Verbalisierung dessen, was schon verstanden wurde, einleiten,
- zur Detailrezeption durch gezielte Leseaufträge anleiten,
- das Verständnis durch Fragen oder Austausch in der Gruppe überprüfen,
- den Text in relevante Kontexte setzen,
- einen eigenen Text, ggf. mit Hilfestellung, erstellen.

Alle Empfehlungen gehen in die Richtung, die Anschluss- und Begleitkommunikation nicht zu früh in das Plenum zu bringen. Die Methode des reziproken Lehrens und Lernens verlangsamt den Prozess und führt die Leser nach und nach zur metakognitiven Überwachung ihres Leseprozesses.

Das reziproke Lehren und Lernen basiert auf einem diskursiven Dialog zwischen Lernenden und Lehrenden. Die Prozesse des Textverstehens werden zunächst in der sozialen Interaktion mit anderen angeleitet ausgeführt und dabei zunehmend internalisiert und selbstständig ausgeführt, sodass auch selbstständiges Textverständnis, verbunden mit eigener metakognitiver Überwachung des Lese- und Verstehensprozesses möglich wird.

Beim reziproken Lehren und Lernen führt der Lehrer die Textbearbeitung und den Einsatz der vier Schritte vor. Dann übernehmen die Lerner in Kleingruppen abwechselnd die Rolle des „Lehrers" und bearbeiten einzelne Textpassagen mit den jeweiligen „Schülern".
1. Fragen an den Text stellen (Strategie 2)
2. Den Text zusammenfassen (Strategie 9) – (Nicht bei hoch verdichteten Texten!)
3. Klärung von noch Unverstandenem
4. Vorhersagen, wie der Text weitergehen wird.

Die Methode des reziproken Lehrens und Lernens hat sich bei Personen unterschiedlichster Altersstufen und sowohl bei „schlechten" als auch bei „guten" Lesern als sehr erfolgreich erwiesen (vgl. Bundesministerium für Bildung und Forschung 2007, S. 59). Da Sachtexte in der Regel kurz und in sich abgeschlossen verfasst sind, ist der vierte Schritt nicht immer anwendbar. Durch Weglassen des Schlussteils lässt sich manchmal eine Leerstelle erzeugen, die für den vierten Schritt genutzt werden kann. Daraus ergibt sich dann eine geeignete Situation für eine Anschlusskommunikation.

Die Anschluss- und Begleitkommunikationen dienen vorrangig der Kontrolle und Überwachung des eigenen Textverständnisses, dem im Unterricht immer noch nicht die angemessene Bedeutung zukommt.

## 6 Förderung der Lesekompetenz durch metakognitives Training

Im metakognitiven Training werden Leser durch bestimmte Instruktionen gezielt zur Reflexion ihrer eigenen Leseprozesse angeleitet, damit sie ihre Lesefortschritte selbst kontrollieren, Verstehensillusionen aufdecken und somit auf die Organisation ihres Wissens beim Lesen Einfluss nehmen (vgl. Schumacher 2008).

Das (lesespezifische) deklarative Metagedächtnis umfasst das bewusste, verbalisierbare Wissen über angemessene Vorgehensweisen beim Lesen und Verarbeiten von Texten. Das (lesespezifische) prozedurale Metagedächtnis umfasst das Überwachen und die Steuerung des Leseprozesses bei einer aktuellen Leseaufgabe. Beide verbessern sich erst deutlich im Laufe der späten Kindheit und des frühen Jugendalters. Die Schulzeit ist demnach ein günstiges Zeitfenster zur Förderung des Strategielernens und der Verstehensüberwachung. Ob metakognitives Wissen aktiviert wird, hängt jedoch sehr vom bereichsspezifischen Vorwissen ab. So entsteht zuerst das spezifische Strategiewissen und erst allmählich ein allgemeines Strategiewissen. So konnten beispielsweise zu Fußballthemen Fußballexperten der dritten Klassenstufe lesestrategisch gut mit Fußballnovizen der siebten Klassenstufe mithalten, vermochten dieses Strategiewissen aber nicht bei anderen Themen zu nutzen. Der Entwicklungs- und Transferprozess kann jedoch durch spezifische Anleitung im Unterricht erheblich unterstützt werden (vgl. Bundesministerium für Bildung und Forschung 2007, S. 37 f.).

Die folgenden Fragen fordern den Leser auf, seine Aufmerksamkeit im Sinne einer Verstehensüberwachung auf den eigenen Leseprozess zu richten:
- Verständnisfragen: Habe ich die zentralen Begriffe und die Aufgabenstellung verstanden?
- Verknüpfungsfragen: Habe ich Ähnliches schon in anderen Texten gelesen, mit welchem Wissen kann ich das Gelesene verknüpfen?
- Strategiefragen: Welches ist die beste Lesestrategie für diesen Text und warum ist sie die beste Strategie?
- Reflexionsfragen: Ist mein Verständnis des Textes tatsächlich plausibel? Welche Bedeutung besitzt dieser Text in einem größeren Zusammenhang?

Die positiven Wirkungen des metakognitiven Trainings lassen sich folgendermaßen begründen:
- Das metakognitive Training lenkt die Aufmerksamkeit auf die eigenen Lernprozesse. Durch die metakognitive Überwachung vergewissert sich der Leser ständig darüber, ob er den Text auch wirklich verstanden hat. Illusionen über vermeintliches Verstehen werden durch Verständnisfragen reduziert.
- Das metakognitive Training leitet den Leser zur Konstruktion von Selbsterklärungen und regt dazu an, neue Informationen in das bereits bestehende Vorwissen zu integrieren. Die Bildung von Analogien fördert die Konstruktion und Organisation des Wissens durch Verknüpfungsfragen.
- Nach der konstruktivistischen Auffassung ist der Erwerb von Wissen stets die aktive Konstruktion einer intelligenten Wissensorganisation durch den Lernenden.

Das metakognitive Training muss stets in einen spezifischen inhaltlichen Zusammenhang eingebettet sein. Die Kombination von metakognitiven und inhaltsbezogenen Aufgaben hat sich als besonders wirksam herausgestellt, nämlich wenn sich Lesende in Verbindung mit metakognitiven Fragen auch mit konkreten inhaltlichen Fragen auseinandersetzen müssen.

## 7 Text und Sachtext

Texte: Dem alltagssprachlichen Verständnis zufolge sind Texte (lat. textum – Gewebe, Geflecht, Zusammenfügung) schriftlich fixierte (also literale), fließende (kontinuierliche) Zusammenfügungen von Sätzen, die einen inneren (inhaltlichen) Zusammenhang und somit einen Sinn vermitteln.

In der Textlinguistik werden diese Alltagsvorstellungen präzisiert. Danach sind Texte begrenzte Folgen schriftlich oder mündlich mitgeteilter sprachlicher Zeichen, die in sich kohärent sind und als Textganzes eine erkennbare kommunikative Funktion symbolisieren.

Sachtexte (vgl. Brinker 1985): Als Sach-/Gebrauchstext bezeichnet man eine offene Klasse von nichtfiktionalen, nichtliterarischen Texten. Sach-/Gebrauchstexte werden oft auch als pragmatische Texte ausgewiesen, in einigen Veröffentlichungen auch als expositorische Texte.
Im Gegensatz zu fiktionalen, literarästhetischen Texten weisen Sach-/Gebrauchstexte einen (vergleichsweise) unmittelbaren, nachprüfbaren Wirklichkeits- und Faktenbezug auf. Sie sind

- funktionsabhängig aufgebaut,
- eindeutig (nicht ästhetisch kodiert, nicht unbestimmt),
- zweckhaft (adressatenorientiert) und
- situationsabhängig.

Die kommunikative Funktion eines Textes lässt sich auf der Grundlage des Organon-Modells von Bühler (Darstellungs-, Ausdrucks-, Appellfunktion) oder der (in der Sprechakttheorie etwa von Searle festgestellten) Sprachhandlungstypen bestimmen.

Danach lassen sich Sachtexte – analog zu den fünf kommunikativen Grundfunktionen – in fünf Texttypen unterteilen (vgl. Brinker 1985):

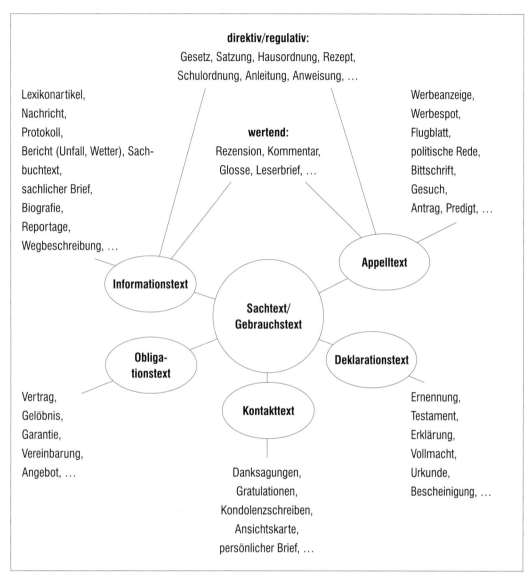

Textsortentypologie der Sachtexte

**8 Sprache in den Lehrbüchern**

Aus Untersuchungen an Physiklehrbüchern ist bekannt:
- In einer Unterrichtsstunde treten etwa neun neue Fachbegriffe auf.
- (Ältere) Physikbücher enthalten etwa 1500 bis 2000 verschiedene Fachbegriffe.
- In einem üblichen Schulbuchtext ist etwa jedes sechste Wort ein Fachbegriff und jedes 25. Wort ein neuer Fachbegriff.
- Rund die Hälfte der Fachbegriffe wird im Buch nur einmal benutzt.
- In einer naturwissenschaftlichen Unterrichtsstunde begegnen dem Lerner mehr neue Begriffe als im Fremdsprachenunterricht neue Vokabeln.

Grundlagenteil

Ähnliches gilt auch für andere Fächer. Lehrbuchautoren orientieren sich an der Fachsprache, berücksichtigen aber nicht hinreichend das Sprach- und Lesevermögen der Lernenden.

Ein Blick in ein Fachlehrbuch – hier am Beispiel eines Physikbuches – zeigt, dass in den Lehrbüchern verschiedene „Sprachen" im Sinne von Darstellungen benutzt werden

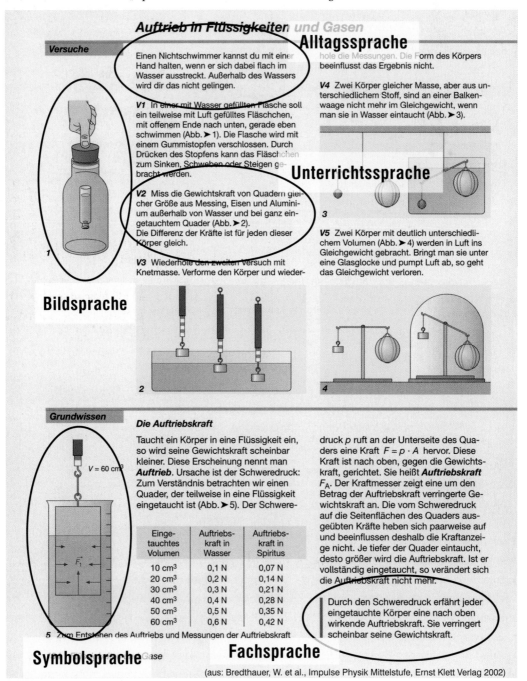

(aus: Bredthauer, W. et al., Impulse Physik Mittelstufe, Ernst Klett Verlag 2002)

Auftrieb

## Vertiefendes zum Leseverstehen

**Grundwissen**

### Das archimedische Gesetz

Der Schweredruck nimmt mit der Tiefe zu. Ist ein Quader vollständig in eine Flüssigkeit eingetaucht, so ist der Schweredruck $p_2$ an der unteren Fläche des Quaders größer als der Druck $p_1$ an der oberen Fläche. Für die Kräfte gilt (Abb. 1):

$F_1 = p_1 \cdot A = \varrho_{Fl} \cdot h_1 \cdot g \cdot A$ und
$F_2 = p_2 \cdot A = \varrho_{Fl} \cdot h_1 \cdot g \cdot A$

Die Differenz $F_2 - F_1$ ergibt die Auftriebskraft $F_A$:

$F_A = \varrho_{Fl} \cdot (h_2 - h_1) \cdot g \cdot A$
$= \varrho_{Fl} \cdot h \cdot A \cdot g$
$= \varrho_{Fl} \cdot V_{Kö} \cdot g$

Das Volumen $V_{Kö}$ des Körpers und das Volumen $V_{verdrängt}$ der durch den Körper verdrängten Flüssigkeit sind gleich. Die Auftriebskraft beträgt also:

$F_A = \varrho_{Fl} \cdot V_{verdrängt} \cdot g$

Der Faktor $\varrho_{Fl} \cdot V_{verdrängt}$ gibt die Masse $m$ der verdrängten Flüssigkeit an. Das Produkt $m \cdot g$ ist die Gewichtskraft dieser verdrängten Flüssigkeit. Damit folgt das **archimedische Gesetz**:

> Die Auftriebskraft hat den gleichen Betrag wie die Gewichtskraft der durch den Körper verdrängten Flüssigkeit.

Das archimedische Gesetz gilt für beliebig geformte Körper. So erfährt ein vollständig eingetauchter Klumpen Knetmasse unabhängig von seiner Form und seiner Lage in der Flüssigkeit immer die gleiche Auftriebskraft.

Auch in der Lufthülle der Erde treten Auftriebskräfte auf. Sie sind wegen der geringen Dichte der Luft wesentlich kleiner als in Flüssigkeiten.

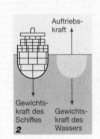

1 Bei ganz eingetauchtem Körper ist $V_{verdrängt} = V_{Kö}$

**Symbolsprache**

**Fachsprache**

### Sinken, Schweben, Steigen, Schwimmen

Ob ein Körper in einer Flüssigkeit sinkt, schwebt oder steigt, hängt davon ab, ob die Auftriebskraft kleiner, gleich oder größer als die Gewichtskraft des Körpers ist. Bei vollständig eingetauchten Körpern ergibt sich der Unterschied zwischen

$F_G = \varrho_{Kö} \cdot V_{Kö} \cdot g$ und $F_A = \varrho_{Fl} \cdot V_{verdrängt} \cdot g$

aus dem Unterschied zwischen $\varrho_{Kö}$ und $\varrho_{Fl}$. Sind die Dichten von Körper und Flüssigkeit gleich, so sind die Kräfte $F_G$ und $F_A$ gleich. Solche Körper schweben in der Flüssigkeit.
Ist die Dichte des Körpers größer als die der Flüssigkeit, so sinkt er.
Hat der Körper eine kleinere Dichte als die Flüssigkeit, so steigt er auf, weil die Auftriebskraft größer als die Gewichtskraft ist. Wenn er auf der Oberfläche schwimmt, dann taucht er so tief ein, bis die Auftriebskraft gerade der Gewichtskraft das Gleichgewicht hält.

**Mathematische Sprache**

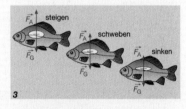

Weshalb kann aber ein **Schiff** aus Eisen schwimmen, obwohl die Dichte von Eisen fast 8-mal so groß wie die von Wasser ist? Der Schiffskörper besteht nicht völlig aus Eisen, sondern enthält überwiegend mit Luft gefüllte Hohlräume (Abb. ► 2). Dadurch wird das Volumen sehr groß. Die mittlere Dichte des Schiffes ist kleiner als die Dichte des Wassers.

Einige Meerestiere können mit Hilfe einer **Schwimmblase** ihr Volumen und damit ihre mittlere Dichte ändern. Sie können dadurch in beliebiger Tiefe schweben, sinken oder steigen (Abb. ► 3).

Entsprechende Unterschiede in der Dichte bestimmen auch das Verhalten von Körpern in Gasen. Heiße Luft hat eine kleinere Dichte als kühlere. Bestimmte Gase, wie Wasserstoff oder Helium, haben auch eine kleinere Dichte als Luft. Dieser Umstand wird bei **Ballons** und **Luftschiffen** genutzt. Die mittlere Dichte des Ballons oder des Luftschiffes (mit Ballast und Gas) ist beim Steigen geringer als die Dichte der umgebenden Luft.

**?** Weshalb ist die Auftriebskraft unabhängig von der Tauchtiefe?

(aus: Bredthauer, W. et al., Impulse Physik Mittelstufe, Ernst Klett Verlag 2002)   *Flüssigkeiten und Gase* 135

Auftrieb

An den Beispielen erkennt man die Merkmale der verschiedenen Darstellungsebenen.

▸ *Alltagssprache:* Einführende Texte beschreiben oft Alltagserfahrungen und führen auf fachliche Fragestellungen hin. Sie sind im Wesentlichen in der Alltagssprache abgefasst.

▸ *Fachsprache:* Merksätze, Definitionen und Zusammenfassungen sind gekennzeichnet durch eine hohe Dichte an (vorkommenden) Fachbegriffen (z. B. Auftriebskraft, Schweredruck, eine Kraft erfahren, …) und durch komplexe Satz- und Textkonstruktionen (Taucht ein …, so wird …), die in der Alltagssprache selten vorkommen. Diese Textteile können vom Lerner erst verstanden werden, wenn er bereits viel über das Thema weiß.

▸ *Symbolische und mathematische Darstellung:* Tabellen, Diagramme, Symbole, Fachzeichen, Fachskizzen (z. B. Schaltpläne, Konstruktionszeichnungen), Formeln, mathematische Terme und mathematische Darstellungen sind Bestandteil vieler Fachtexte. Diese zu lesen und auszuwerten muss gezielt geübt werden.

▸ *Bildliche Darstellung:* Zur Veranschaulichung und zur Erklärung der Sachverhalte bedient sich der Fachunterricht der Bildsprache in Form von Fotografien, Skizzen, Zeichnungen, Grafiken, Diagrammen etc., aber auch gleichnishafter Darstellungen und Analogien.

▸ *Unterrichtssprache:* Hinführende, erläuternde und erklärende Passagen in Fachtexten bemühen sich anschaulich und an Beispiele gebunden um eine allmähliche Hinführung zum Fachlichen. Diese Textpassagen wollen dem Unterrichtsgespräch recht nahekommen. Sie stellen so etwas wie eine gereinigte, sprachlich verdichtete Unterrichtssprache dar. Es ist aber kaum möglich und wenig sinnvoll, die im Unterricht verwendete Sprache auch im Lehrbuch zu dokumentieren; denn was im Lehrbuch auf zwei Textseiten erscheint, verteilt sich im Unterrichtsgeschehen oft auf mehrere Stunden.

Die folgende Abbildung zeigt, dass sich die verschiedenen Darstellungen auf unterschiedlichen Abstraktionsniveaus befinden. Daraus resultieren z. T. Verstehens- und Sprachprobleme und es gilt situativ die passende Darstellungsebene und die passende Darstellungsform zu nutzen.

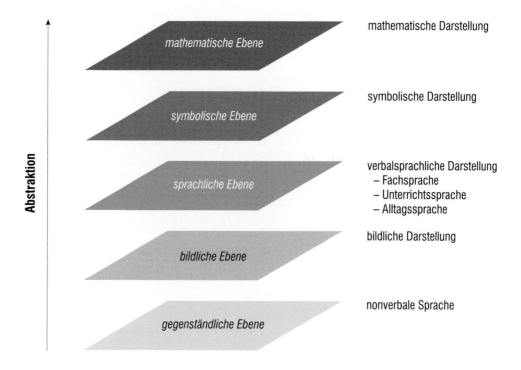

Darstellungsebenen

Die Erfahrungen zeigen überzeugend, dass es für die Lernenden ausgesprochen lernerleichternd ist, wenn sie sich der verschiedenen Sprachebenen im Lehrbuch bewusst sind und wenn ihnen die Besonderheiten der „Sprachen" und Darstellungsformen erläutert werden. Lesestrategien setzen genau hier an und nutzen den Wechsel der Darstellungsformen als ein wichtiges Prinzip der Texterschließung.

Die nachfolgende Abbildung zeigt die in Sachtexten vorkommenden Darstellungsformen auf den jeweiligen Abstraktionsebenen liegend.

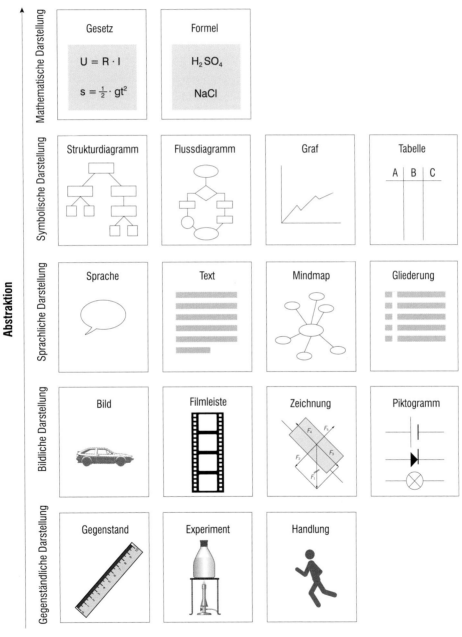

Grundlagenteil

**9 Merkmale der Sprache in Sachtexten**

Was macht das Lesen von Fachtexten für Lerner so schwer? Es kann der Inhalt sein, der die Texte schwer verständlich macht. Häufig ist es jedoch nicht der Inhalt, sondern es sind die komplizierte Ausdrucksweise und der Aufbau dieser Texte.

Fachtexte verwenden zwar dieselben sprachlichen Strukturen, wie sie auch in der Alltagssprache vorkommen, allerdings werden sie im alltäglichen Sprachgebrauch viel seltener verwendet und sind den Lernern damit weniger vertraut.

Im Gegensatz zu Erzähltexten haben Sach- und Fachtexte einen deskriptiven und analytischen Charakter und dienen in erster Linie der Informationsvermittlung. Fachtexte sind nicht vorrangig ästhetisch oder stilistisch strukturiert, sondern genügen fachlichen und fachsprachlichen Anforderungen. Die spezifischen Schwierigkeiten liegen auf verschiedenen sprachlichen Ebenen: der Wort-, der Satz- und der Textebene. Der folgende Text zeigt einige der sprachlichen Besonderheiten, wie sie für Fachtexte typisch sind.

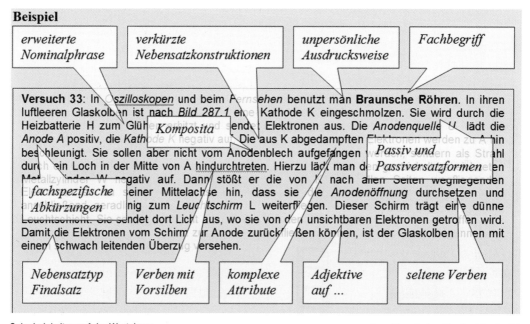

Schwierigkeiten auf der Wortebene (aus: Dorn-Bader: Physik – Mittelstufe)

Schwierigkeiten auf der Wortebene:

Fachtermini gelten als wesentlicher Bestandteil einer Fachsprache und Lerner werden häufig damit konfrontiert. Fachbegriffe, die auch im Alltag vorkommen (z. B. Spannung, Kraft, Markt, Verfassung, ...), dort aber eine andere Bedeutung haben, schaffen besondere Probleme. Der passende Sprachgebrauch widersetzt sich erfahrungsgemäß vielen Bemühungen im Unterricht. Daneben gibt es auch solche Fachbegriffe, die den Lernern noch unbekannt sind und wie eine Vokabel oder ein Fremdwort gelernt werden müssen (z. B. Induktion, Push- und Pull-

Faktoren, ...). Je mehr unbekannte Begriffe in einem Text vorkommen, desto schlechter wird dieser von Lernern verstanden.

Die deutsche Sprache erlaubt Komposita, die dann oftmals als Wortungetüme wahrgenommen werden (z. B. Gleichspannungsquelle, Magnetfeldänderungen, Marktstrategien, ...).

| schwierige Wörter | Beispiele |
| --- | --- |
| viele Fachbegriffe | Oszilloskop, Pull- und Push-Faktoren, Subsidiarität, Cortisol |
| die Verwendung von Adjektiven auf -bar, -los, -arm, -reich usw. und mit dem Präfix nicht, stark, schwach, ... | steuerbar, unsichtbar nicht leitend, schwach leitend |
| viele Komposita | luftleer, Rahmengesetzgebung, Anodenquelle, Braunkohletagebau, Kohlenstoffdioxidkonzentration, ... |
| viele Verben mit Vorsilben | weiterfliegen, zurückfließen, hindurchtreten, beschließen, abdampfen, einschmelzen |
| viele substantivierte Infinitive | das Verschieben |
| fachspezifische Abkürzungen | 60-W-Lampe, ACTH (adreno-cortico-tropes Hormon), DNA |

Beispiele für Schwierigkeiten mit Lehrbuchtexten auf der Wortebene

Schwierigkeiten auf der Satzebene:
Auf der Ebene des Satzgefüges erschweren lange und verschachtelte Sätze, Bevorzugung bestimmter Nebensatztypen, viele und komplexe Attribute (z. B. induzierte Spannung) und Funktionsverbgefüge (z. B. in Betrieb nehmen) das Lesen und Verstehen eines Fachtextes. Die genannten Merkmale führen dazu, dass die Komplexität des Satzes erhöht wird und damit die Informationsdichte in einem Satz ansteigt. Damit wird der Text hoch verdichtet und schwerer verständlich.

## Grundlagenteil

| schwierige Sätze | Beispiele |
|---|---|
| bevorzugte Nebensatztypen sind Konditionalsätze, Finalsätze, Konsekutivsätze und Relativsätze | Der Lichtstrahl wird zum Lot hin gebrochen, wenn er schräg von einem optisch dünneren in ein optisch dichteres Medium eintritt. <br> Damit die Elektronen vom Schirm zur Anode zurückfließen können, ist der Glaskolben innen mit einem schwach leitenden Überzug versehen. |
| viele verkürzte Nebensatzkonstruktionen | Tritt ein Lichtbündel von Luft in Wasser ein, so … <br> Taucht ein Körper in eine Flüssigkeit ein, dann … <br> Die aus K abgedampften Elektronen werden … |
| viele unpersönliche Ausdrucksweisen | In Oszilloskopen und beim Fernsehen benutzt man braunsche Röhren. |
| Verwendung komplexer Attribute anstelle von Attributsätzen | Die aus K abgedampften Elektronen werden zu A hin beschleunigt. <br> … eine nach oben wirkende Auftriebskraft <br> … die auf der optischen Bank befestigten Linsen |
| erweiterte Nominalphrasen | Beim Übergang vom optisch dichteren in den optisch dünneren Stoff … |
| unvermeidliche Verwendung von Passiv und Passiversatzformen | Sie wird durch die Heizbatterie H zum Glühen erhitzt. <br> Die aus K abgedampften Elektronen werden zu A hin beschleunigt. <br> Die Flamme lässt sich regulieren. |

Beispiele für Schwierigkeiten mit Lehrbuchtexten auf der Satzebene

Schwierigkeiten auf der Textebene:
Der logisch-inhaltliche Zusammenhang in einem Text wird gut erschlossen, wenn die Sätze sinnvoll miteinander verbunden sind und sich folgerichtig aufeinander beziehen. Fehlt dieser innere Zusammenhang (Kohärenz), dann gilt der Text als unverständlich. Hier sind sprachliche Mittel wichtig, die diesen logisch-inhaltlichen Zusammenhang erzeugen (z. B. Konjunktionen, Wiederaufnahme desselben Wortes, Pronomen, bestimmter und unbestimmter Artikel).

| schwierige Texte | Beispiele |
| --- | --- |
| Erzeugen von Kohärenz durch anaphorische (zurückweisende) Verwendung eines Pronomens. | In Ozilloskopen und beim Fernsehen benutzt man braunsche Röhren. In ihren luftleeren Glaskolben […] ist eine Kathode eingeschmolzen. |
| Erzeugen von Kohärenz durch anaphorische Verwendung eines Pronomens. An dieser Stelle können jedoch Verstehensprobleme auftreten, da sich das Pronomen „sie" grammatisch sowohl auf „Stromstärke" als auch auf „Gleichspannung" beziehen kann. Für einen Lerner, der über geringes physikalisches Wissen verfügt, kann der richtige Bezug zur Stromstärke nicht immer eindeutig sein. | Die Stromstärke ist schon ohne Eisenkern geringer als bei Gleichspannung. Schiebt man einen Eisenkern in die Spule, nimmt sie weiter ab. |

Beispiele für Schwierigkeiten mit Lehrbuchtexten auf der Textebene

Es sind vor allem die textuellen Merkmale, die entscheidend dazu beitragen, ob ein Text als verständlich eingestuft wird. Beim Lesen und Verstehen eines Fachtextes müssen die dargebotenen Informationen erfasst und in vorhandene Wissensstrukturen eingeordnet werden. Dieser Prozess wird vor allem dadurch unterstützt, dass der Leser nicht auf Verstehenswiderstände stößt (vgl. Beispiel 2). Wenn Texte zu Lernzwecken eingesetzt werden, dann haben Lerner in der Regel nur ein geringes Vorwissen zu dem Thema, sodass gerade Texte für diese Adressatengruppe eindeutig, schlüssig und leicht nachvollziehbar sein müssen. Eine logisch-inhaltliche Abfolge in einem Text kann aber nur dann erreicht werden, wenn Kohäsionsmittel für Lerner eindeutig und nachvollziehbar verwendet werden. Ist ein Ausdruck allzu unbekannt, stolpern Lerner und brechen den Dialog mit dem Text häufig ab.

Vor dem Einsatz eines Fachtextes im Unterricht muss dieser auf seine sprachlichen Schwierigkeiten hin durchgesehen werden. Die Analyse bezieht sich zum einen auf den Einsatz des Textes im Unterricht (didaktische Analyse) und zum anderen auf die Verständlichkeit des Textes (Textverständlichkeitsanalyse).

Jeder Text muss vom Lehrer auf seine Verständlichkeit hin untersucht werden, bevor dieser im Unterricht eingesetzt wird. Zielrichtung des Unterrichts sollte es sein, Strategien zu vermitteln, mit deren Hilfe der Lerner lernt, sich auch komplexe und schwer verständliche Texte zu erschließen, aber auf jeden Fall den Text versteht.

## 10 Vereinfachung und Optimierung von Sachtexten

Manche Texte sind für Lerner so schwer, dass sie selbst mit Lesestrategien und beigefügten Hilfen nicht zu bewältigen sind. Dann müssen diese Texte vereinfacht werden oder es muss ein ganz neuer Text geschrieben werden.

Wie bereits an anderer Stelle dargestellt wurde, gibt es im Umgang mit Texten im Unterricht grundsätzlich zwei Möglichkeiten (vgl. Leisen 2007):
▸ Anpassung des Lesers an den Text: Der Leser wird in der Lesekompetenz durch ein Training in den Strategien zur Verbesserung des Textverstehens geschult.
▸ Anpassung des Textes an den Leser: Der Text wird vereinfacht und an die Fähigkeiten des Lesers angepasst.

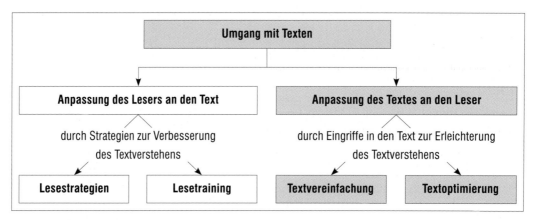

Umgang mit Texten

Nachfolgend wird die zweite Möglichkeit beschrieben.

Zwei Wege tun sich auf, um den Text an den Leser anzupassen:
▸ Textvereinfachung: Der Text wird im Wesentlichen beibehalten. Er wird ggf. gekürzt, zerschnitten und neu zusammengesetzt, retuschiert, ergänzt oder teilweise ersetzt.
▸ Textoptimierung: Der vorliegende Text wird verworfen und ein eigener neuer wird nach Kriterien der Textoptimierung entworfen. Dieser Text ist auf die Lerngruppe zugeschnitten und somit angemessen und verständlich.

Ob eine Textvereinfachung vorgenommen werden soll, hängt entscheidend von der Zielsetzung ab. Es kann durchaus zum Lernziel gehören, sich durch einen nicht vereinfachten Text durchzubeißen, weil die Erschließung authentischer Texte ein Lernziel ist.
Hingegen steht eine Textvereinfachung dann an, wenn die Lektüre z.B. eines erklärenden Sachtextes als Ziel das fachliche Verstehen bewirken soll, dieses aber an Textschwierigkeiten scheitern würde.
 Des Weiteren entfernt man sich durch Textvereinfachungen in der Regel weiter von der Fachsprache im engeren Sinne, baut vielleicht sogar neue Textschwierigkeiten ein und erhöht

den Sprachaufwand bzw. den Textumfang. Den vereinfachten Text an sich, ohne Bezug auf den Leser und ohne Bezug auf die didaktische Absicht, gibt es nicht.

Das abwägende Urteil muss immer im Einzelfall und immer im Hinblick auf die Zielsetzung, die didaktische Absicht und den methodischen Aufwand gefällt werden.

Nicht jeder Lehrbuchtext ist geeignet, u. U. muss er vereinfacht werden oder der Zugang wird dadurch erleichtert, dass er auf das Sprachvermögen der Leser zugeschnitten wird, so wie es bei dem folgenden Text zum Thema der Oszillografenröhre für einen Neuntklässler der Fall ist.

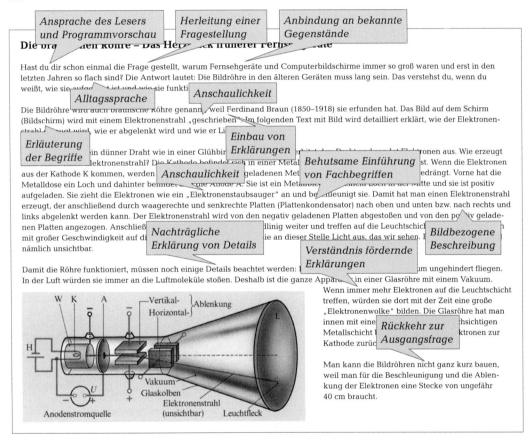

Vereinfachter Text mit Kommentaren

Der Vergleich der beiden Texte zur Oszillographenröhre zeigt deutlich die Möglichkeiten einer Textvereinfachung und einer Textentlastung, ohne inhaltliche Abstriche zu machen. Bei der Konstruktion und Anlage eines vereinfachten Textes haben sich folgende Empfehlungen bewährt und sind in der Textvereinfachung des Beispiels berücksichtigt:

▸ den Leser unmittelbar ansprechen und eine Fragehaltung erzeugen;
▸ eine Programmvorschau geben;
▸ Erklärungen einschieben, mit „d. h." oder „z. B.";
▸ kurze Sätze bilden;

- Ausdrucksformen, die der gesprochenen Sprache nahekommen, einsetzen;
- bei denselben Begriffen bleiben und einen unnötigen Ausdruckswechsel vermeiden;
- schwierige Wörter und Gedankengänge und Aussagen in den nachfolgenden Sätzen wiederholen;
- Beispiele aus dem Erfahrungsbereich des Lesers einbringen;
- ergänzende Details an den Schluss stellen;
- anschaulich argumentieren durch Anbindung an bekannte Gegenstände, Vorgänge, Ereignisse, …;
- durch Bilder unterstützen;
- rhetorische Fragen zum Mitdenken stellen;
- den Text klar gliedern und zur Ausgangsfrage zurückkehren.

Die Eingriffe in den Text zur Erleichterung des Textverständnisses reichen von Lesehinweisen über Ergänzungen hin bis zur adressatenorientierten Neufassung des Textes. Alle diese Eingriffe sind nicht Selbstzweck, sondern dienen einzig und allein dazu, den Lese- und Lernprozesses beim Lesenden zu optimieren. Ein einfacher Text ist nicht zwingend ein guter Text. Einfachheit ist ein Merkmal, aber kein Qualitätsurteil und sagt noch nichts über den Wert des Textes aus. Je nach Lesesituation und Lesekompetenz des Lesers kann die Kompliziertheit des Textes eine wertvolle Lerngelegenheit darstellen. Kompetente Leser wachsen an sprachlich wie inhaltlich anspruchsvollen Texten, Leser mit unzureichender Kompetenz verzweifeln daran. Es ist somit ein vordringliches Ziel, alle Leser zu einer möglichst hohen Lesekompetenz im eigenständigen Umgang mit nicht vereinfachten Texten zu bringen, so unterschiedlich diese Lesekompetenz individuell am Ende auch sein mag.

Welche Konsequenzen müssen daraus für das Leseverstehen gezogen werden? Es sei noch einmal darauf hingewiesen, dass es den vereinfachten Text an sich, ohne Bezug auf den Leser und die didaktische Absicht, nicht gibt. Jede Textvereinfachung wird, weil sie eine defensive Strategie darstellt, mit didaktischen Nachteilen erkauft. Ihr Einsatz, anstelle eines Originaltextes, bedarf im Einzelfall abwägender Überlegungen.

Es kann nicht Aufgabe des Lehrers sein, Texte für seine Lerner umzuschreiben oder gar neu zu schreiben; dies muss die Ausnahme sein. Ziel muss es sein, die Lerner im Umgang mit Texten zu trainieren, sodass sie lernen, sich auch schwierige Texte zu erschließen. Dies kann nur gelingen, wenn ihnen auch sprachlich und fachlich anspruchsvolle Texte zugemutet werden.

Allgemein werden Lehrbuchtexte aber allzu selten im Unterricht eingesetzt, obwohl sie durchaus geeignet sind, selbst wenn die Lesekompetenz der Lerner nicht ausreicht, den Text auf Anhieb zu verstehen. Denn Verstehensprobleme sind auch Lerngelegenheiten, die den Lerner herausfordern. Der Lehrer sollte sie nutzen, um die Schüler anzuregen, sich mit den Inhalten auseinanderzusetzen. Dazu ist es nötig, dass der Lehrende den Lernenden hilft und Verstehenshilfen bereithält. Ganz nebenbei werden die Lerner so mit der Fachsprache vertraut und benutzen sie zunehmend auch selbst. Förderlich ist auch, dass der Text im Lehrbuch eine Struktur hat, das Wissen geordnet darbietet und jederzeit zugänglich ist.

Dagegen ist es eine Tatsache, dass Lehrkräfte im Unterricht oft überzeugt sind, dass die Lernenden mit dem Text nicht zurechtkommen, dass sie die Inhalte selbst besser vermitteln können und schlussendlich doch einen Lehrbuchtext wieder erklären müssen.

Die Lerner entwickeln damit kein Vertrauen in ihre Fähigkeit, sich Sachtexte eigenständig zu erschließen. Wie aber soll der Schüler dies lernen, wenn ihm die Gelegenheiten dazu vorenthalten werden?

Nun gibt es in der Tat auch Texte, die derart ungeeignet sind, dass weder eine Texterschließung noch eine Textvereinfachung angebracht ist. Der Lehrer wird dann einen geeigneten Text entwerfen, der auf die Lesergruppe passt. Dabei helfen folgende Kriterien.

Exkurs: Kriterien zur Textbeurteilung und Textvereinfachung
Die folgenden Kriterien zur Textbeurteilung gehen auf die Hamburger Forschungsgruppe Langer/Schulz/Tausch zurück. Die Reihenfolge der Handlungsanweisungen basiert auf der Gewichtung der Verständlichkeitsdimensionen bei der Textbeurteilung.

Kognitive Gliederung/Ordnung ist ein zentrales Element und herzustellen durch:
- Vorstrukturierungen (Advance Organizer), die das übergeordnete, kognitive Konzept darstellen, in das die Lerninformationen eingeordnet werden können.
- Die Angabe von Lernzielen, z. B. in Form von Fragen, orientiert den Blick des Lesers; dies empfiehlt sich für sehr lange Textpassagen.
- Sequentielles Arrangieren bedeutet, die Informationen in einer sinnorientierten Abfolge darzustellen; diese sind auf die Lernziele sowie das Leser-Vorwissen auszurichten.
- Überschriften sind in Verbindung mit dem entsprechenden Inhaltsverzeichnis die wichtigste Manifestation der intendierten Konzeptstruktur in der formalen Textorganisation; Hervorhebungen und Unterstreichungen sollten dagegen nur sehr sparsam eingesetzt werden, um den Lernern Freiraum für eigene Verarbeitungsstrategien zu lassen.
- Zusammenfassungen in Form von Prüfungsfragen leiten die Lerner an, das bisher Erlernte zu überprüfen und ggf. zu wiederholen.

Sprachliche Einfachheit sowie semantische Kürze bzw. Redundanz sind besonders Verständnis fördernd; dies ist wichtig bei inhaltlich schwierigen wissenschaftlichen Textpassagen oder wenn Fehlvorstellungen aus der Alltagswelt dem Verstehen im Wege stehen. Diese Einfachheit ist herzustellen durch:
- kurze, geläufige, konkrete, anschauliche und persönliche Worte: Diese Merkmale der Wortwahl erleichtern einzeln und in Kombination die Entcodierung der semantischen Informationen.
- Beispiele, Bilder, Abbildungen: Sie veranschaulichen die Inhalte und helfen dem Leser, eigene Vorstellungen zu entwickeln und das Erlernte mit dem Vorwissen zu verknüpfen.
- kurze und grammatisch einfache (Haupt-) Sätze: Dies ist zu erreichen, indem Nebensätze aufgelöst und zu eigenständigen Hauptsätzen umformuliert werden; diese werden dadurch zu aktiv-deklarativen „Kern"sätzen. Komplizierte grammatische Konstruktionen (wie Negativ-Passiv-Sätze, Passiv-Frage-Sätze, Negativ-Passiv-Frage-Sätze etc.) sind zu vermeiden.

- grammatisch einfache Satzkombinationen: D. h. parataktische Satzkonstruktionen sind hypotaktischen vorzuziehen. Außerdem sind z. B. auch eingebettete Relativsätze zu vermeiden, es sei denn, dadurch würden gehäuft Verständnis erschwerende Nominalisierungen auftreten.
- semantische Redundanz: Sie ist innerhalb des einzelnen Satzes vor allem bei Subjekt, Prädikat und Objekt Verständnis fördernd; im textuellen Fortschreiten sollte man sich auf das Thema, d. h. das konzeptuell Neue des Gedankengangs, konzentrieren.

Ein kognitiver Konflikt kann sehr stimulierend sein, darf aber nicht die kognitive Gliederung/Ordnung stören. Er kann entstehen durch:
- konfliktgenerierende Fragen: Das sind Fragen, die eine oder mehrere der folgenden „kollativen" Variablen realisieren und diese durch die Frageform quasi intensivieren.
- inkongruenter Rückbezug auf Bekanntes: Akzentuierung einer Information, die im Widerspruch zum Alltagswissen des Lesers steht.
- inkongruente, widersprüchliche Alternativen: Man baut die Inkongruenz in der übermittelten Information selbst auf, indem möglichst gleich wahrscheinliche, sinnvolle Alternativen entwickelt werden.
- Neuheit und Überraschung: Informationen, die vor dem Hintergrund des Vorwissens unerwartet sind.
- Inkohärenz und Komplexität: Sie sind geeignet, zu weiteren Leseanstrengungen zu motivieren, vorausgesetzt, die Lerner fühlen sich nicht überfordert. Ein Beispiel: unverbundene, nicht dazugehörige Informationen.

# Praxisteil

## Sachtexte lesen im Fach Biologie
Waltraud Suwelack

### 1 Didaktische Überlegungen zu Sachtexten im Biologieunterricht

1.1 Fachdidaktische Besonderheiten der Sachtexte im Fach Biologie

Im naturwissenschaftlichen Unterricht lernen Schülerinnen und Schüler, Phänomene zu beschreiben und daraus Fachfragen zu entwickeln, Hypothesen zu bilden, diese zu überprüfen und schließlich Theorien und Modelle zu entwickeln. Dies gilt für alle drei Naturwissenschaften.

Ziel des Biologieunterrichts ist das Verständnis komplexer (lebender) Systeme. Dazu befasst sich die Biologie in besonderem Maße mit der Vielfalt biologischer Einzelerscheinungen und Wechselwirkungen, d.h. mit den Auswirkungen naturwissenschaftlicher Grundgesetze, und weniger mit diesen Gesetzen selbst, wie es die Fächer Physik und Chemie tun. Deskriptive Elemente sind demnach wesentlicher Bestandteil des Biologieunterrichts. Während im Physik- und Chemieunterricht das (Real-) Experiment in den verschiedenen Phasen des Erkenntnisganges eingesetzt wird, werden Erkenntnisse im Biologieunterricht häufig durch Textarbeit vermittelt. Dabei werden die Lerner mit einer großen Zahl von Fachbegriffen konfrontiert, welche sie erschließen und verwalten müssen, um zu einem nachhaltigen Verständnis biologischer Konzepte zu gelangen. Beim Lesen von Sachtexten im Biologie-Unterricht wird bereits im Anfangsunterricht ein hohes Maß an Strukturierung verlangt.

Die Biologie weist viele Bezüge zu Kulturbereichen außerhalb der Naturwissenschaften auf. Dementsprechend sind viele Sachtexte zu biologischen Phänomenen fachfremde Texte. Biologische Themen werden aus einer anderen Perspektive beschrieben und oft auch anders erklärt. Lerner wechseln in diesen Fällen zwischen Alltagssprache und Fachsprache und zwischen Alltagsvorstellungen und Fachvorstellungen. Die Auseinandersetzung mit fachfremden Texten bietet die Chance des Perspektivenwechsels.

1.2 Leseziele, Lehrplanbezug, Bildungsstandards und Kompetenzentwicklung

Im Biologieunterricht kommen folgende Sachtexte besonders oft vor:
- Lehrbuchtexte,
- Lexikonartikel,
- argumentierende und narrative Texte (journalistische Texte).

Die Kategorien unterscheiden sich durch
- den spezifischen Einsatz im Unterricht und die didaktische Zielsetzung,
- texttypische Verstehenshindernisse,
- ihr Potential für die Kompetenzentwicklung: Das Verständnis eines Sachtextes erfordert mehr oder weniger Fachwissen, Strategien zur Erkenntnisgewinnung, Sprachfertigkeit oder Urteilsvermögen. Lesekompetenz berührt damit den Bildungsstandards gemäß alle

vier naturwissenschaftlichen Kompetenzbereiche. Je nach Textart und Leseauftrag werden einzelne Kompetenzbereiche schwerpunktmäßig gefördert.

*Lehrbuchtexte* werden eingesetzt, um in eine fachwissenschaftliche Vertiefung einzutreten, d. h., dass Lerner eine Abstraktionsleistung vollbringen müssen. Der Text ist informationsdicht und in der Regel mit Bildern erläutert. Didaktisches Ziel eines solchen Texteinsatzes wird es sein, durch intensives Lesen die Fachinformation in Gänze zu erschließen und in einer Anwendungsaufgabe zu überprüfen.

Lehrbuchtexte werden auf dieses Ziel hin maßgeschneidert. Dennoch melden die Lerner zurück, den Text nicht zu verstehen. Verstehenshindernisse sind dabei neue Fachbegriffe und/oder Vorgänge, die aufgrund ihres Abstraktionsgrades außerhalb des Vorstellungsbereiches der Lerner liegen.

Noch schwieriger wird es, wenn Unterricht kontextorientiert angelegt ist. Der Unterricht löst sich in diesem Fall vom fachsystematischen Gerüst des Schulbuches. Die Lernenden stehen vor der Schwierigkeit, selektiv zu lesen und gleichzeitig fachlich vertieft zu arbeiten. Nicht selten müssen Kohärenzlücken geschlossen werden.

Der Einsatz von Lehrbuchtexten führt zur Entwicklung von Fachkompetenz. Die Bildungsstandards im Fach Biologie für den Mittleren Schulabschluss und die Einheitlichen Prüfungsanforderungen für die Abiturprüfung (EPA) beschreiben Basiskonzepte als Leitideen fachlichen Denkens. Lerner müssen übergeordnete Prinzipien verstehen und Detailinformationen in übergeordnete Zusammenhänge bringen. Dies gelingt, wenn Sachtexte an das Vorwissen der Leser anknüpfen und wenn die Texte so in den unterrichtlichen Kontext eingebunden sind, dass der Wissenszuwachs deutlich wird. Vorwissen kann durch Lesestrategien aktiviert werden. Durch Leseprodukte (siehe Abschnitt 1.4 Lesestrategien im Biologie-Unterricht – Leseaufgaben mit Leseprodukten) kann der Wissenserwerb sichtbar gemacht werden.

*Lexikonartikel* kommen zum Einsatz, wenn ein aktueller Anlass oder besonderes Interesse an fachlichem Alltagswissen, z. B. der Klimadiskussion, Lerner motiviert, mehr darüber wissen zu wollen. Idealerweise werden Fakten von Lernern zusammengestellt und z. B. in einem Referat oder einer Expertenrunde präsentiert.

Im Gegensatz zum erklärenden Schulbuchtext liefert der Lexikonartikel wenig Möglichkeit zur Entwicklung von Basiskonzepten und fachlicher Vertiefung. Diese Texte zielen nicht auf eine Abstraktionsleistung (vertikaler Wissensgewinn), sondern auf eine Verbreiterung des Wissens auf bestehendem Abstraktionsniveau (horizontaler Wissensgewinn).

Didaktisches Ziel eines solchen Texteinsatzes ist die kompakte Bereitstellung von Faktenwissen. Daraus soll eine Gedächtnisstrukturierung beim Schüler resultieren, die z. B. für die Anfertigung eines Referates nötig ist.

Die Informationsdichte, die Verwendung von Fachsprache und die fehlende Gliederung machen diese Texte schwer lesbar. Durch das wiederholte und angeleitete Lesen lexikalischer Texte lernen die Schüler, Texte zu gliedern und Informationen aus dichten Texten herauszulesen.

Anders als ein Schulbuchtext lässt sich derselbe Lexikontext unter verschiedenen Fragestellungen und Aspekten lesen und lässt verschiedene Strukturierungen zu. Strukturierungen lassen sich durch die Übertragung der Information in eine andere Darstellungsform (siehe Lesestrategie 6) besonders gut verdeutlichen. Damit kann die Verschiedenheit der Fragestellungen und Aspekte sichtbar und im Unterricht thematisiert werden. Das Erlernen von Strukturierungsmethoden ist ein wichtiger Baustein zur Entwicklung von Kommunikationskompetenz.

*Narrative und argumentierende Texte* werden von Lehrkräften genutzt, um den Unterricht durch aktuelle, kuriose und spektakuläre Geschichten und Berichte lebendig zu machen. Nicht selten bringen Lerner selbst Texte mit in den Unterricht, die sie aus Magazinen ausgeschnitten oder im Internet gefunden haben.

Didaktisches Ziel eines solchen Texteinsatzes ist es vornehmlich, fachliche Fragestellungen in lebensweltlichen Bezügen zu entdecken, Denkwege zu öffnen und Problemlösungsstrategien zu entwickeln. Diese Texte bieten die Chance, Alltagsdenken und Fachdenken gegenüberzustellen. Sie fordern zum Perspektivenwechsel heraus.

Diese journalistischen Texte sind für Schülerinnen und Schüler in der Regel leichter lesbar als Fachtexte. Weil sie oft umfangreich und weitschweifig sind, sinkt jedoch die Konzentration während des Lesevorganges und es fällt den Lesern schwer, die Informationen zu ordnen. Geeignete Lesestrategien sind, Textteile zu kategorisieren und den Text sinnvoll zu strukturieren (siehe Lesestrategie 3). Inhaltlich lassen sich Alltagstexte dadurch erschließen, dass an den Text Fachfragen gestellt werden (siehe Lesestrategie 2).

Der wiederholte Einsatz solcher Texte regt zum Entdecken an und gibt Anlass, aus komplexen lebensweltlichen, Phänomenen Fachfragen zu generieren und zu fördern, also Kompetenzen im Bereich der naturwissenschaftlichen Erkenntnisgewinnung zu schulen. Je nach Text ergibt sich die Möglichkeit, ein Phänomen multiperspektivisch zu analysieren. Die Differenzierung von Alltagsdarstellung und Fachdarstellung ist eine Gelegenheit zur Entwicklung von Bewertungskompetenz.

## 1.3 Lesesituationen und Lesestile im Biologieunterricht

Im folgenden Praxisteil zu den Fächern Chemie-Physik werden Hinweise zu Lesesituationen, Lesetechniken und zu Lesehindernissen durch fehlleitende Aufgabenstellungen gegeben. Dies alles lässt sich auf das Lesen im Biologie-Unterricht übertragen.

## 1.4 Lesestrategien im Biologie-Unterricht – Leseaufgaben mit Leseprodukten

Alle im Grundlagenteil vorgestellten Lesestrategien sind bei Sachtexten im Biologieunterricht einsetzbar. Nachfolgend wird die Möglichkeit vorgestellt, verschiedene Strategien in übergeordnete Leseaufgaben einzubinden, die in (diagnostizierbaren) Leseprodukten münden.

Praxisteil

Das Konzept (Leseaufgabe – Leseprodukt – Binnendifferenzierung) gründet sich auf folgende didaktische Überlegungen:
- Ziel der Leseaufgabe ist jeweils ein Leseprodukt, das der Lehrkraft Rückschlüsse auf die Lesekompetenz des Schülers ermöglicht. Lehrkräfte machen die Erfahrung, dass Lerner im Leseprozess stecken bleiben oder Texte nur teilweise nutzen können. Weil Leseprobleme so individuell sind wie das Lesen selbst, bedarf es der individuellen Diagnose. Dazu muss der Leseprozess ausgewertet werden können. Dieser wird auswertbar, indem eine Leseaufgabe gegeben wird, die zu einem Leseprodukt führt, z. B. Flussdiagramme, Tabellen, Mindmaps, Bildertische, Kartentische, Präsentationen, ...
- Nicht alle Lerner sind auf (dieselben) Lesestrategien angewiesen. Es gibt bereits in unteren Klassenstufen gute Leser, die ohne Unterstreichungsübungen und Worterschließungen einen Sachtext problemlos in Gänze verstehen. Eine gelungene Binnendifferenzierung bei der Arbeit mit Sachtexten äußert sich in einem Angebot gestufter Lesehilfen in Form von unterschiedlich anspruchsvollen Lesestrategien, die von den Lernern genutzt werden können, um eine übergeordnete Leseaufgabe zu meistern.

**2 Beispiele zur Arbeit mit Sachtexten im Biologieunterricht**

2.1 Gestufte Leseaufgabe, die verschiedene Lesestrategien integriert
Unterrichtssituation: Die Lerner der Mittelstufe lesen in ihrem Schulbuch zum Thema Fotosynthese, das in allen Lehrbüchern angemessen aufbereitet und bildunterstützt dargeboten wird.

| Leseaufgabe | Leseprodukt | Lesestrategien | weitere Strategien als Hilfen |
|---|---|---|---|
| Leseaufgabe 1 | Testfragen | Strategie 2: Fragen an den Text stellen | ▸ Strategie 1: Fragen zum Text beantworten<br>▸ Strategie 5: Farborientiert markieren |
| Leseaufgabe 2 | Plakat mit Schemazeichnung | Strategie 6: Den Text in eine andere Darstellungsform übertragen | ▸ Strategie 8: Verschiedene Texte zum Thema vergleichen und weitere arbeitsteilige Strategien<br>▸ Strategie 7: Den Text expandieren<br>▸ Strategie 6: Den Text in eine andere Darstellungsform übertragen<br>▸ Strategie 4: Den Text mit dem Bild lesen |
| Leseaufgabe 3 | Bewertungskriterien | Strategie 4: Den Text mit dem Bild lesen | ▸ Strategie 10: Das Fünf-Phasen-Schema anwenden<br>▸ Strategie 5: Farborientiert markieren |

Biologie

**Leseaufgabe 1**

Formuliere Fragen für eine Leistungsüberprüfung (z. B. Hausaufgabenüberprüfung) zum Thema Fotosynthese.

▸ Lies den Text und stelle drei wichtige Fragen an den Text. Diese Fragen solltest du selbst beantworten können.

▸ kooperative Zusatzaufgabe: Vergleiche deine Fragen mit denen in deiner (Vierer-) Gruppe. Einigt euch auf vier Fragen, die ihr der Klasse vorstellen wollt. Schreibt sie auf die Folie.

Hilfe 1: Strategie 1 (Fragen zum Text beantworten)
Wenn du Schwierigkeiten hast, den Text zu verstehen, findest du hier einige Leitfragen:

▸ Fotosynthese heißt sinngemäß: Stoffaufbau durch Licht. Welchen Stoff baut die Pflanze im Licht auf?
▸ Stoffe werden aus Rohstoffen aufgebaut. Welche Rohstoffe muss die Pflanze aufnehmen?
▸ Woher bekommt die Pflanze diese Rohstoffe?
▸ Welche Pflanzenorgane sind an der Fotosynthese beteiligt?
▸ ....

Hilfe 2: Strategie 5 (Farborientiert markieren)
Um Fragen angemessen zu formulieren, brauchst du Fachbegriffe. Markiere Pflanzenorgane, Vorgänge und Stoffe in verschiedenen Farben.

Auswertung des Leseproduktes Testfragen:
Die Qualität der Fragen eröffnet den Blick auf den fachlichen Durchdringungsgrad. Das Offenlegen der Fragequalität macht die unterschiedliche Bearbeitung in der Klasse bewusst. Lerner begreifen die Unterschiede zwischen Fachbegriffsfragen und Verständnisfragen. Vielleicht bringt jemand eine Transferfrage ein. Lerner bekommen ein Gefühl für unterschiedlich ausgeprägte Fachwissen-Kompetenz, die sie durch das Lesen des Textes erworben haben.

**Leseaufgabe 2**

Erstellt in eurer Gruppe eine Schemazeichnung.
▸ Gruppe 1: Fotosynthese und Atmung im Ökosystem
▸ Gruppe 2: Fotosynthese und Atmung im Organismus Pflanze
▸ Gruppe 3: Fotosynthese und Atmung in einer einzigen Pflanzenzelle

Anmerkung: Im Anhang findet sich ein geeigneter Text zu dieser Leseaufgabe.

Praxisteil

> Hilfe für alle: Strategie 8 (Verschiedene Texte zum Thema vergleichen)
> Im Schulbuch (Lexikon) findet ihr einen weiteren Text zu Fotosynthese und Atmung. Nutzt die zusätzlichen Bilder und Beschreibungen für euer Diagramm.
>
> Hilfe für Gruppe 1: Strategie 7 (Den Text expandieren)
> Das Eichhörnchen lebt z. B. von Tannenzapfen, Blattknospen, aber auch von Vogeleiern und Jungvögeln. Schreibe den Text so um, dass man versteht, warum das Eichhörnchen von Produzenten, Konsumenten und Destruenten abhängig ist.
>
> Hilfe für Gruppe 2: Strategie 6 (Den Text in eine andere Darstellungsform übertragen, siehe Tabelle)
>
> Hilfe für Gruppe 3: Strategie 4 (Den Text mit dem Bild lesen)
> Du siehst eine unbeschriftete Schemazeichnung einer Pflanzenzelle aus dem Laubblatt. Beschrifte die Strukturen, die für die Fotosynthese und Atmung eine wichtige Rolle spielen. Im Internet werden Beschriftungen oft mit einem Hyperlink versehen, der zu einem Kommentar führt. Erstelle zu jedem Begriff einen Kommentar von maximal drei Sätzen.

| | Vorgang | | Pflanzengewebe, in dem oder in denen der Vorgang stattfindet |
|---|---|---|---|
| 1 | Wasser und Mineralstoffe werden aus dem Boden aufgenommen. | A | Wurzelgewebe mit „Wurzelhaaren" |
| 2 | Wasser wird nach oben gesaugt. | B | _____ im Stängel und _____ auf der Blattunterseite |
| 3 | Kohlenstoffdioxid wird aufgenommen und Sauerstoff wird abgegeben. | C | |
| 4 | Lichtenergie wird genutzt. | D | Blattgewebe mit _____-haltigen Zellen |
| 5 | Traubenzucker und Stärke werden aufgebaut. | E | |
| 6 | | F | Siebröhren im Stängel |
| 7 | Aus Traubenzucker wird wieder Stärke. | G | |

Anmerkung: Die Zeilen können auch völlig leer bleiben oder es kann nur eine Erklärungszeile eingefügt werden. Strategie 6 eignet sich sehr gut für die Leistungsdifferenzierung. Die Lehrperson steuert damit sowohl den Leseverlauf als auch den inhaltlichen Fokus.

Biologie

Auswertung des Leseproduktes Schemazeichnungen:
Die Lerner haben in Dreier- oder Vierergruppen gearbeitet. In einer Klasse werden zu jedem Teilthema mehrere Schemazeichnungen auf Plakaten angefertigt (z. B. auf preiswerten Papiertischdecken). Zunächst vergleichen die Gruppen mit gleichem Thema ihre Arbeiten. Lerner stellen dabei fest, dass Texte verschieden interpretiert werden können: *„Unsere Gruppe hat den Stoffkreislauf besonders betont, die andere Gruppe hat die drei Organismengruppen deutlicher dargestellt"* und *„Unsere Gruppe hat zu viel Text geschrieben, die andere Gruppe hat übersichtlicher gearbeitet".* Für die Lehrperson geben die Zeichnungen Aufschluss über den Kompetenzstand (Abstraktionsleistung und konzeptionelles Erfassen sowie Kommunikationskompetenz).

Im zweiten Auswertungsschritt finden ein Schaufensterbummel und die Auseinandersetzung mit den themenfremden Ergebnissen statt. Lerner erfassen die Informationen verschiedener Plakate zu einem Thema. Sie schreiben in Stichworten auf, was sie verstanden haben, und fertigen eine Liste mit noch offenen Fragen an. Stichworte und Fragenliste werden den Plakaterstellern zur Rückmeldung gegeben. Die Rückmeldung legt Stärken und Schwächen des Leseproduktes offen.
Im Anschluss können die Gruppen die offenen Fragen in einem Kurzreferat beantworten.

**Leseaufgabe 3**

Du siehst verschiedene Schemazeichnungen mit den Überschriften: Fotosynthese und Atmung im Ökosystem, Fotosynthese und Atmung im Organismus Pflanze, Fotosynthese und Atmung in einer einzigen Pflanzenzelle.
Betrachte das Bild und lies den jeweils zugehörigen Text. Mache eine Aussage darüber, ob die Informationen des Textes angemessen übertragen wurden. Erstelle eine Liste von Bewertungskriterien. Verteile für jedes Kriterium Punkte (10 Punkte: sehr gelungen, 5 Punkte: neutral, 0 Punkte: fehlende oder falsche Darstellung).

Hilfe 1: Strategie 10 (Das Fünf-Phasen-Schema anwenden)
1. Überfliege den Text und betrachte das Bild: Passen Bild und Text zueinander? (Orientierung)
2. Findest du etwas im Bild, das du noch nicht kennst? (Fragen an den Text stellen)
3. Lies daraufhin noch einmal den Text. (Verstehendes Lesen)
4. Betrachte erneut das Bild: Gab es im Text Informationen, die hier fehlen? (Übertragung auf neue Darstellungsform)
5. Fertige eine Tabelle an, die zeigt, welche Informationen im Bild und welche im Text vorkommen. (Text-Bild-Reflexion)

Hilfe 2: Strategie 5 (Farborientiert markieren)
▸ Entnimm dem Bild Fachbegriffe und Vorgänge.
▸ Markiere diese Fachbegriffe im Text rot, die Vorgänge blau.
▸ Überprüfe auf Vollständigkeit und Richtigkeit.

Praxisteil

Anmerkung: Das Material für diese Aufgabe können Schülerprodukte aus Leseaufgabe 2 oder Zeichnungen aus anderen Klassenstufen sein. Es können aber auch verschiedene Bilder aus dem Internet oder aus Büchern eingesetzt werden. Beispiele aus dem Mittelstufenunterricht finden sich im Anhang.

Auswertung des Leseproduktes Bewertungskriterien:
Die offene Leseaufgabe führt zu einer Sammlung von Bewertungskriterien. Das Bild mithilfe des Textes bewerten zu müssen, spornt zum Lesen des Textes an. Die Diskussion zu verschiedenen Bewertungskriterien macht dem einzelnen Schüler deutlich, dass die Texte unter verschiedenen Aspekten gelesen werden können und daraus eine unterschiedliche Bewertung der Bilder resultiert. Die von der Klasse zusammengetragene Liste der Bewertungskriterien umfasst inhaltliche und gestalterische Aspekte. Die Schülerinnen und Schüler ordnen, präzisieren und gewichten ihre Vorschläge. Sie üben sich damit im Umgang mit Kommunikationsmitteln und mit Bewertungsinstrumenten.

2.2 Material für eine gestufte Leseaufgabe, die verschiedene Lesestrategien integriert
Beispieltext für die Leseaufgabe 2:

**Fotosynthese und Atmung im Ökosystem (z. B. Wald)**

Die Fotosynthese ist der Grundprozess des Lebens. Grüne Pflanzen nehmen Kohlenstoffdioxid und Wasser und darin gelöste Düngesalze (Mineralien) auf. Aus diesen Rohstoffen bauen sie alle Pflanzenstoffe und ihre Nährstoffe auf. Als Abfallprodukt wird Sauerstoff an die Luft abgegeben. Die Energie für den Stoffaufbau (Biomasseaufbau) liefert das Sonnenlicht. Weil Pflanzen ihre Nährstoffe selbst herstellen, nennt man sie autotroph, d. h. sich selbst ernährend. Sie sind die Produzenten in einem Ökosystem, die für alle anderen Lebewesen Produkte herstellen.
Nicht nur Pflanzen, sondern auch die Lebewesen, die selbst keine Fotosynthese betreiben können, leben von den Produkten der Fotosynthese. Man nennt diese Organismen Konsumenten. Konsumenten sind heterotroph. Sie ernähren sich von pflanzlicher oder tierischer Biomasse. Daraus bauen sie teils eigene Biomasse auf oder brauchen sie als Nährstoffe. Diese veratmen sie zu Kohlenstoffdioxid und Wasser und verbrauchen dabei Sauerstoff. Durch die Stoffumwandlung von Biomasse zu Kohlenstoffdioxid und Wasser gewinnen Lebewesen Energie, die sie für alle Lebensvorgänge brauchen. Kohlenstoffdioxid und Wasser können wieder von Pflanzen zur Fotosynthese genutzt werden. Für den Aufbau vieler Stoffe benötigen die Pflanzen zusätzlich Düngesalze.
Die dritte Organismengruppe sind die Destruenten. Die Destruenten sind Bodenorganismen, welche die fotosynthetisch aufgebaute Biomasse so zersetzen, dass neben Kohlenstoffdioxid und Wasser auch Mineralien (Düngesalze) entstehen. Für die Mineralisierung brauchen diese Lebewesen Sauerstoff.

## Fotosynthese und Atmung im Organismus (z. B. Kartoffelpflanze)

Im Licht produzieren Pflanzen mit ihren grünen Pflanzenteilen Traubenzucker (Glucose) und andere Nährstoffe – als Abfallprodukt entsteht Sauerstoff. Für den Stoffaufbau benötigen sie die Stoffe Kohlenstoffdioxid und Wasser.
Laubblätter haben auf ihrer Blattunterseite Spaltöffnungen. Wenn diese offen sind, verdunstet Wasser. Dabei entsteht ein Sog, der Wasser vom Boden in die Blätter zieht. Das Wasser fließt dabei in Gefäßen (Wasserleitungsbahnen), deren Wände besonders stabil sind. Die Spaltöffnungen sorgen nicht nur für den Wassersog, sondern auch für die Aufnahme von Kohlenstoffdioxid und Abgabe von Sauerstoff an die Luft.
Aus den Fotosyntheseprodukten bauen die Pflanzen ihre körpereigenen Stoffe auf oder sie veratmen sie, weil sie Energie für ihre Lebensvorgänge brauchen. Bei der Veratmung werden die Nährstoffe wieder zu Kohlenstoffdioxid und Wasser umgewandelt, dazu wird Sauerstoff benötigt.
Die Nährstoffe, die im Laubblatt hergestellt werden, werden über ein Gefäßsystem in alle Pflanzenteile transportiert. Die nährstoffleitenden Gefäße bestehen aus zylindrischen Bauteilen, deren Böden siebartig durchlöchert sind, man nennt sie deshalb Siebröhren. Sie sind wichtig, um auch die Körperteile zu versorgen, die keine Fotosynthese betreiben können. Nährstoffe können in verschiedenen Pflanzenorganen sogar gespeichert werden: Die Kartoffelknolle enthält Speicherstärke. Die Energie, die bei der Veratmung der Speicherstärke freigesetzt wird, wird z. B. gebraucht, wenn die Kartoffel im Frühjahr keimt und einen neuen Spross bildet.

## Fotosynthese und Atmung in der Zelle (z. B. Laubblattzelle)

In den Blättern befinden sich Zellen mit Chloroplasten. In den Chloroplasten sind Membranstapel, in denen der Farbstoff Chlorophyll eingelagert ist. Wenn Chlorophyll belichtet wird, wird eine besondere Form der Energie, elektrische Energie, erzeugt. Dieser Effekt lässt sich mit der Wirkungsweise von Solarzellen vergleichen. Mithilfe dieser Energie kann Kohlenstoffdioxid und Wasser zu Glucose (Traubenzucker) aufgebaut werden.
Die Glucose verlässt den Chloroplasten und kann jetzt in derselben Zelle oder in allen anderen Zellen veratmet werden. Durch die Veratmung wird Energie gewonnen. Die Zellorganellen, in denen die Veratmung stattfindet, sind die Mitochondrien.
Wenn Chloroplasten stark belichtet werden, entsteht außer Traubenzucker auch Stärke. Das hat folgenden Grund: Weil Traubenzucker sich in Wasser löst und leicht ausgewaschen wird und außerdem hohe Zuckerkonzentrationen den Chloroplasten zum Platzen bringen können, muss Zucker zu Stärke umgebaut werden. Stärke löst sich nicht in Wasser. Die Stärkekörner lagern sich in den Chloroplasten ab.

Praxisteil

Beispielbilder für die Leseaufgabe 3:

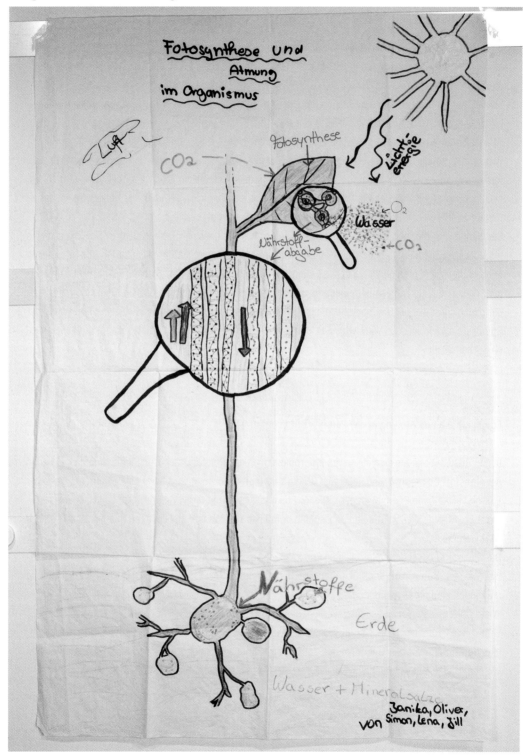

Organismus

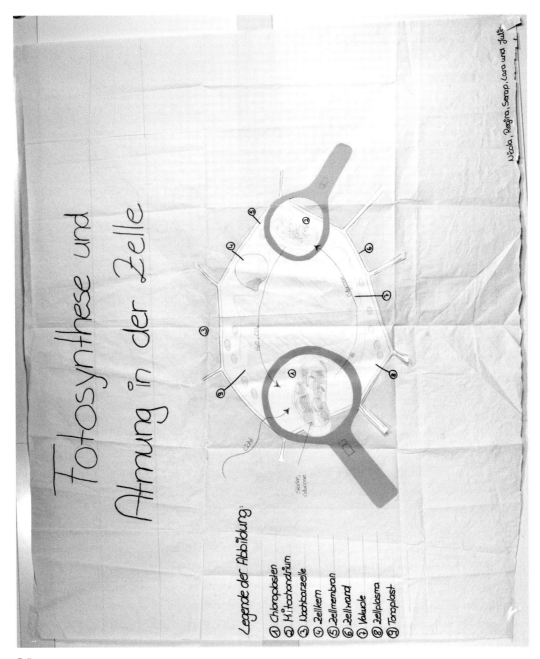

Zelle

## Sachtexte lesen in den Fächern Chemie und Physik
Stefanie Bommersheim, Wolfgang Heuper, Josef Leisen

**1 Didaktische Überlegungen zu Sachtexten im Chemie- und Physikunterricht**

1.1 Fachdidaktische Besonderheiten der Sachtexte in den Fächern Chemie und Physik

In den Fächern Chemie und Physik kommen folgende Sachtexte vor:

- Lehrbuchtexte,
- Sachbücher zu naturwissenschaftlich-technischen Themen, z. B. Mammut-Buch der Technik, Was-ist-was?-Bücher,
- wissenschaftspropädeutische Texte (in Magazinen), z. B. in Bild der Wissenschaft, PM-Magazin, Kosmos, Wissenschaftsbeilagen,
- Online-Artikel, z. B. Wikipedia, Webseiten zu physikalischen Themen, Fachforen,
- Pressenotizen, z. B. Artikel über neue Teilchenbeschleuniger, Erfindungen, Nobelpreisträger, Jugend forscht, Unfallmeldungen, Werbeanzeige zu einem sauerstoffhaltigen Getränk,
- Gebrauchstexte als authentisches Material, z. B. Bedienungsanleitungen, Kochrezepte, Experimentieranleitungen, Werbeprospekte, Flyer, Tabellen, Statistiken, Rechnungen für Strom und Gas, Packungsbeilage eines Antazidums,

Lehrbuchtexte werden meistens zur Erarbeitung, Erweiterung oder Vertiefung von fachlichen Inhalten eingesetzt. Lehrbücher sind thematisch auf die Vorgaben des Lehrplans, der Bildungsstandards für den Mittleren Schulabschluss und der Einheitlichen Prüfungsanforderungen für die Abiturprüfung (EPA) zugeschnitten. So gehört es zur primären Aufgabe von Lehrbuchtexten, die *Fachkompetenz* zu erweitern.

Sachbücher zu naturwissenschaftlich-technischen Themen haben für Kinder und Jugendliche in einem bestimmten Alter eine besonders große Bedeutung. Viele Kinder und Jugendliche verbinden Sachbücher zu naturwissenschaftlich-technischen Themen mit Lesefreude und hoher Lesemotivation. Sie erwerben dabei oft eine beachtliche Expertise in einem Spezialgebiet. So entwickeln sich manche Kinder zu beachtlichen Experten über Themen wie beispielsweise Galaxien, schwarze Löcher, Mineralien, … Dadurch wird das Könnensbewusstsein der jungen Leser in besonderem Maße gestärkt. Für dieses Segment der Sachbücher gibt es im Kinder- und frühen Jugendalter ein begrenztes Zeitfenster, das es zu nutzen gilt. Sachbücher und Sachtexte sprechen vor allem Jungen an. Sachbücher, die ansprechend gestaltet sind, fungieren als Botschafter der Naturwissenschaften und kommunizieren sie auf ideale Weise. Durch dieses positive Vorbild werden die Kompetenzbereiche *Kommunikation* und *Bewertung* gefördert.

Gebrauchstexte haben im Chemie- und Physikunterricht seit jeher eine große Bedeutung. Sachtexte haben für den Leser Gebrauchswert, da er sie nutzt, um etwas zu wissen, zu lernen, zu verstehen, zu bedienen. Da Chemie und Physik eher Experimentierfächer als Lesefächer sind, haben die chemischen und physikalischen Sachtexte die Aufgabe, zu informieren, zu instruieren und zu erklären. Diese Textsorte entwickelt und fördert Kompetenzen im Bereich der *Erkenntnisgewinnung* und der *Fachmethoden*.

Während Lehrbücher eigens für den Chemie- und Physikunterricht und für das Lernen von Chemie und Physik konzipiert sind, richten sich die anderen genannten Sachtexte an eine nicht spezifisch schulische Leserschaft. Im Unterricht werden diese Sachtexte meistens begleitend bzw. als Arbeitsmaterialien mit entsprechenden Arbeitsaufträgen eingesetzt. Während die Lehrbücher inhaltlich und sprachlich auf die entsprechenden Lehrpläne und Bildungsstandards zugeschnitten sind, unterscheiden sich wissenschaftspropädeutische Texte, Pressenotizen und Gebrauchstexte sprachlich und inhaltlich bisweilen stark von den Lehrbuchtexten. Das fachdidaktische Potenzial dieser Textsorten liegt in der Authentizität, im Anwendungsbezug und in dem jeweiligen Kontext. Deshalb eignen sie sich ebenfalls zur Förderung und Entwicklung der Kompetenzen im Bereich der *Erkenntnisgewinnung* und der *Fachmethoden.*

Das fachdidaktische Potenzial der Lehrbuchtexte liegt darin, dass sie didaktisch reduziert, spiral-curricular aufgebaut, auf Lehr- und Lerntraditionen zugeschnitten und didaktisch-methodisch aufbereitet sind. Trotz der langen Tradition und trotz der Bemühungen seitens der Verlage und erfahrener Lehrkräfte und Didaktiker als Autoren gibt es eine anhaltende Kritik an den Lehrwerken in Chemie und Physik sowohl seitens der Schüler als auch seitens der Lehrer. Die Sprache und die Verständlichkeit werden am schärfsten kritisiert. Die Kritik der Schüler an der Verständlichkeit wie auch an der Eignung der Bücher für die häusliche Arbeit fällt deutlich härter aus als die der Lehrer. Das scheint darauf hinzudeuten, dass viele Lehrkräfte die Schwierigkeiten der Schüler mit dem Lehrbuch unterschätzen (vgl. Merzyn 1994, S. 237–238). Die Untersuchungen (vgl. Beerenwinkel/Gräsel 2005) zeigen, dass der Texteinsatz im Fach Chemie höchst selten in jeder Unterrichtsstunde stattfindet und in 70 % der Fälle seltener als einmal pro Monat. Nachweislich wird das Lesen von Texten im Chemie- und Physikunterricht nicht genügend geübt. In den letzten Jahrzehnten finden sich kaum fachdidaktische Veröffentlichungen zu diesem Thema. In der Lehrerausbildung sind weder das Leseverstehen noch der Einsatz des Lehrbuches im Unterricht besonders beachtete Themen. Die Diskussionen um die PISA-Studien und die Bildungsstandards haben die Leseförderung auch im Fachunterricht in den Fokus der didaktischen Diskussion gerückt (vgl. Leisen 2005, 2006).


1.2 Leseziele, Lehrplanbezug, Bildungsstandards und Kompetenzentwicklung
Sowohl die Bildungsstandards in den Fächern Chemie und Physik für den Mittleren Schulabschluss als auch die Einheitlichen Prüfungsanforderungen für die Abiturprüfung (EPA) weisen neben den Kompetenzbereichen Fachkenntnisse und Fachmethoden (bzw. Erkenntnisgewinnung) einen eigenen Kompetenzbereich Kommunikation aus: Informationen sach- und fachbezogen erschließen und austauschen. Das schließt die schriftliche Kommunikation mit ein. Sowohl die Zielsetzung als auch die Lesedidaktik sind in den naturwissenschaftlichen Fächern konform mit denen anderer Fächer.

Mit dem Lesen von Sachtexten im Chemie- und Physikunterricht sind unterschiedliche Ziele verbunden:

Praxisteil

- Lehrbuchtexte und wissenschaftspropädeutische Texte (z. B. Was-ist-was?-Bücher) zielen auf das deklarative Wissen des Lesers, knüpfen an dessen Vorwissen an und informieren ihn. Sie werden als Lehrtexte aufgefasst.
- Gebrauchstexte (z. B. Experimentieranleitungen, Gerätebeschreibungen, Bedienungsanleitungen, ...) zielen auf das prozedurale Wissen mit begleitenden Handlungen. Sie werden als Instruktionstexte aufgefasst.
- Argumentierende Texte (z. B. Pressenotizen, Wissenschaftsberichte, Zukunftsszenarien, ...) zielen auf die Einstellungen des Lesers, appellieren an die Emotionen, fordern zur persönlichen Stellungnahme und zum Engagement auf.

So spielen Sachtexte in allen vier Kompetenzbereichen der Bildungsstandards, nämlich Fachwissen, Erkenntnisgewinnung, Kommunikation und Bewertung, eine wichtige Rolle.

| Kompetenzbereiche (Naturwissenschaften) | | | |
|---|---|---|---|
| **Fachwissen** | **Erkenntnisgewinnung** | **Kommunikation** | **Bewertung** |
| ▸ Information<br>▸ Grundlage zum Erklären und Verstehen<br>▸ Konzeptbildung | ▸ Handlungsanleitung<br>▸ Instruktion<br>▸ Fachmethoden | ▸ Anlass zum Sprechen, Schreiben, Diskutieren, Argumentieren<br>▸ Appellation | ▸ Anlass zur Stellungnahme<br>▸ Argumentation<br>▸ persönliche Stellungnahme<br>▸ Interessensförderung |

Chemie und Physik sind Experimentierfächer. Können Texte im Zusammenhang mit der Anwendung dieser zentralen Erkenntnismethode überhaupt sinnvolle Dienste leisten? Nimmt man durch einen Texteinsatz womöglich Erkenntnisse vorweg, die gewinnbringender auf experimentellem Weg entwickelt werden? Die skeptischen Fragen sind angebracht und können entkräftet werden. Wenn Lehrbuchtexte als Bestandteil einer Lernumgebung zum selbstständigen und prozessorientierten Umgang mit der experimentellen Methode genutzt werden, so wird nachhaltiges Lernen in besonderem Maße durch Texte gefördert. Schüler können z. B. durch Informationen aus einem Text in die Lage versetzt werden, eine Hypothese aufzustellen und ein Experiment zu planen. Somit verdrängt der Text das Experiment nicht, sondern ermöglicht eine schülerzentrierte Auseinandersetzung damit.

1.3 Lesesituationen und Lesestile im Chemie- und Physikunterricht

Lesesituationen im Unterricht sind solche, in denen Sachtexte mit einer spezifischen Absicht eingesetzt werden. Im Chemie- und Physikunterricht treten alle im Grundlagenteil genannten typischen unterrichtlichen Lesesituationen auf:

- Informationssuche durch selektives Lesen, z. B.: Schüler suchen gezielt Informationen aus einem Abschnitt im Lehrbuch heraus, die sie in der nachfolgenden Unterrichtsphase nutzen.
- Inhaltsverstehen durch intensives Lesen, z. B.: Die Lernenden erhalten ein Textblatt mit Arbeitsaufträgen; die Ergebnisse werden im Plenum vorgestellt und diskutiert.
- thematische Erarbeitung durch intensives Lesen, z. B.: In arbeitsteiliger Gruppenarbeit erschließen sich die Schüler selbstständig neue Inhalte; diese notieren sie stichpunktartig auf einer Folie und präsentieren sie anschließend im Plenum.
- Textbearbeitung durch selektives Lesen, z. B.: Als Hausaufgabe lesen die Schüler einen Abschnitt im Lehrbuch und beantworten dazu gestellte Fragen.
- Textproduktion durch intensives und zyklisches Lesen, z. B.: Als Hausaufgabe müssen die Schüler eine Zusammenfassung zu einer Doppelseite aus dem Lehrbuch anfertigen.
- thematische Erarbeitung durch orientierendes, extensives und intensives Lesen, z. B.: Zur Vorbereitung eines Referates erhalten die Schüler Texte, Datenmaterialien und etliche Internetadressen.

Im Chemie- und Physikunterricht können alle Lesetechniken (Lesearten, siehe S. 16) eingesetzt werden:

- Suchendes (selektives) Lesen (Scanning), z. B.: Suche von Daten zur Dichte eines Stoffes, um eine Berechnung durchführen zu können.
- Orientierendes Lesen (Skimming), z. B.: Suche nach Informationen über das elektrische Feld zwecks Analogiebildung zum magnetischen Feld.
- Kursorisches (extensives) Lesen, z. B.: Zunächst den Text zu Formen der Energieübertragung überfliegen, dann den ersten und letzten Satz jedes Textabschnitts lesen und eventuell Notizen anfertigen.
- Detailliertes (intensives, totales) Lesen, z. B.: Den Text über die braunsche Röhre detailliert mittels einer passenden Strategie (Text-Bild-Lektüre) lesen.
- Zyklisches Lesen, z. B.: Einen umfangreichen Text zum chemischen Hochofenprozess lesen.

Das zyklische Lesen ist in der Tradition des Unterrichts in den Fächern Chemie und Physik wenig bekannt und das detaillierte Lesen wird nicht immer gemäß den Leseprinzipien (siehe S. 16) durchgeführt. So sind folgende fragwürdige Arbeitsaufträge weit verbreitet: *„Lies den Text genau durch und markiere, was du nicht verstehst." „Gib die zentralen Aussagen in eigenen Worten wieder." „Lest den Text und unterstreicht die wichtigsten Wörter."* Der letzte Arbeitsauftrag ist in den meisten Fällen eine Überforderung der Schüler, da sie in eine paradoxe Schleife geraten. Um die wichtigsten Wörter zu identifizieren, muss der Lerner den Text schon verstanden haben. Die Schlüsselwörter sollen ihm den Text aufschließen, also ein Verstehen des Textes ermöglichen, das aber wiederum Voraussetzung dafür ist, die Schlüsselwörter zu finden. Die Schüler entkommen dieser paradoxen Schleife, indem sie alle komischen und merkwürdigen, also die unverstandenen Wörter unterstreichen und mutmaßen, dass sich dahinter Wichtiges verbirgt.

Eine häufig praktizierte Alternative zu dem Arbeitsauftrag lautet: *„Unterstreicht alle Wörter, die mit ... zu tun haben."* Die Schüler können nun erfolgreicher am Text arbeiten, allerdings ist das Entscheidende vom Lehrer vorgegeben. Die eigentliche Aufgabe, das eigenständige Suchen der Schlüsselwörter, wird ihnen abgenommen. Die Schüler müssen schrittweise an ein mehrstufiges Herantasten an die Schlüsselwörter gebracht werden. In einem ersten Lesen wird ein Globalverständnis angestrebt, das noch nicht auf ein detailliertes fachliches Verstehen ausgerichtet ist. Den Schülern sollte Mut gemacht werden, sich folgende Fragen zu stellen:

▸ Worum geht es überhaupt?
▸ Wie wirkt der Text auf mich?
▸ Womit bringe ich den Text in Verbindung? Woran erinnert er mich?
▸ Wo verstehe ich schon etwas?
▸ Was könnte wichtig sein?

Manche Lehrkräfte starten strategiewidrig die Besprechung des Textes mit dem Erklären der unbekannten Begriffe: *„Welche Begriffe sind euch nicht bekannt? Was versteht man denn unter ...?"* Dadurch findet eine Konzentration auf das Unverstandene statt, anstatt von dem Verstandenen aus das Unverstandene zu erschließen. Empfehlenswert ist folgender Auftrag: *„Unterstreiche die Fachbegriffe, die du gut verstehst, unterschlängele diejenigen, wo du dir unsicher bist. Kläre dein Verständnis mit deinem Partner ab."* Es ist erwiesen, dass viele Lehrkräfte im Fach Physik die Schwierigkeiten der Schüler beim Lesen von Physiktexten generell unterschätzen. Dies hat die PISA-Studie in begleitenden Lehrerbefragungen belegt. Umso wichtiger ist es, den Verstehensrahmen zu diagnostizieren.

Eine andere Methode, das laute Vorlesen eines unbekannten Sachtextes durch einen Schüler, ist ebenfalls fragwürdig. Sachtexte sind Lesetexte und nicht für den Vortrag geeignet, zumal wenn diese bedingt durch die vielen Fachbegriffe und den fachspezifischen Schreibstil unbeholfen und holprig gelesen werden. Lesen ist eine einsame Tätigkeit, die in individuellem Tempo erfolgen sollte.

## 1.4 Lesestrategien im Chemie- und Physikunterricht

Im Chemie- und Physikunterricht können alle zehn im Grundlagenteil aufgeführten Strategien eingesetzt werden.

▸ *Strategie 1* (Fragen zum Text beantworten): Diese Strategie ist weit verbreitet und sehr effektiv. Sie wird auch in Lehrbüchern angewandt. Die Fragen gehen dabei oft über den Text hinaus und dienen dann nicht der Leseförderung, sondern der Erarbeitung des fachlichen Inhalts. Empfehlenswert ist eine deutliche Trennung der Fragen zur Leseförderung von solchen zur Inhaltserarbeitung. Um die Lesekompetenz zu fördern, ist eine Stufung entsprechend der Lesekompetenzmatrix (siehe S. 84) sinnvoll.

▸ *Strategie 2* (Fragen an den Text stellen): Obwohl diese Strategie viele Möglichkeiten bietet, wird sie selten im Unterricht eingesetzt. Dabei knüpft sie an den Verstehenshorizont der Lernenden an, ist bestens geeignet, um den Interessens- und Verstehensrahmen zu diagnostizieren. Darüber hinaus kann sie genutzt werden, um partnerweise eine Ersterschließung des Textes vorzunehmen.

- *Strategie 3* (Den Text strukturieren): Diese Strategie wird seltener angewandt, da es sich im Chemie- und Physikunterricht in der Regel um kurze Texte handelt, die meistens gut strukturiert und bereits mit Überschriften kategorisiert sind.
- *Strategie 4* (Den Text mit dem Bild lesen): Diese Strategie ist sehr oft anwendbar. Fast jeder Sachtext in den naturwissenschaftlich-technischen Fächern enthält Skizzen und Bilder. Durch den Text-Bild-Bezug soll das Textverstehen unterstützt werden, indem die spezifischen Qualitäten des Textes bzw. des Bildes wechselseitig befördernd genutzt werden. Oft passen Bild und Text nur bedingt zusammen, widersprechen sich gar oder stellen sich gegenseitig infrage. In allen Fällen ist der Text-Bild-Bezug lernwirksam, sofern er das Verständnis nicht gänzlich blockiert. Die Erfahrungen mit und Befragungen von Schülern zeigen, dass es hinsichtlich der Reihenfolge der Lektüre – erst Bild und dann Text oder umgekehrt – unterschiedliche Zugriffsweisen gibt. Es lohnt sich, dies an geeigneter Stelle zu thematisieren.
- *Strategie 5* (Farborientiert markieren): Diese Strategie kann in den Texten des Chemie- und Physikunterrichts sehr oft angewandt werden, insbesondere wenn es um Prozesse, Handlungen, Abläufe sowie um Systematisierungen und Kategorisierungen geht. Dabei sollten die Farben sinnstiftend zum Einsatz kommen. Die Markierung steht meistens in Verbindung mit einer nachfolgenden Strategie, z. B. der Übertragung in eine andere Darstellungsform.
- *Strategie 6* (Den Text in eine andere Darstellungsform übertragen): Diese Strategie wird im Chemie- und Physikunterricht sehr häufig mit Erfolg eingesetzt. Die Strategie bietet sich aus der Sache heraus an. Dies begründet sich in der Tatsache, dass die naturwissenschaftlichen Fächer besonders reich an verschiedenen Darstellungsformen sind, wie ein Blick in ein Lehrbuch unmittelbar zeigt. Je nach Sachzusammenhang kommen Darstellungsformen mit unterschiedlichem Abstraktionsgrad infrage (z. B. Versuchsskizze zur Destillation, Filmleiste zum Lösevorgang von Salzen in Wasser, Begriffsnetz zur radioaktiven Strahlung, Prozessdiagramm zum Kohlenstoffkreislauf). Das Erstellen einer neuen Darstellung ist eine kreative Handlung, die die Ablösung vom Ursprungstext besonders fördert.
- *Strategie 7* (Den Text expandieren): Diese Strategie könnte an fast allen Sachtexten in den Fächern Chemie und Physik angewandt werden, da sie meistens hoch verdichtet und komprimiert verfasst sind. Ergänzungen des Textes durch Beispiele, Erläuterungen, Veranschaulichungen, Analogien, Bilder, Konkretisierungen, Umschreibungen etc. sind für den Verstehensprozess fast immer notwendig. Diese werden beim Leseprozess auch individuell im Kopf des Lesers durchgeführt. Die Frage ist, inwieweit diese Expansionen explizit bewusst gemacht und verschriftlicht werden. Eine verschriftlichte Expansion des Textes ist ausgesprochen anspruchsvoll.
- *Strategie 8* (Verschiedene Texte zum Thema vergleichen): Diese Strategie bietet sich sehr oft an. Durch den Lehrplanbezug tauchen in fast allen Lehrbüchern vergleichbare Texte zu den jeweiligen Themen auf. Die Texte unterscheiden sich jedoch im Umfang, im inhaltlichen und sprachlichen Anspruchsniveau, in der thematischen Aufbereitung, in der

Bebilderung, in der Sprache und in der Verständlichkeit. Damit können die Vorzüge und Nachteile der jeweiligen Texte genutzt bzw. ausgeglichen werden.

▸ *Strategie 9* (Schlüsselwörter suchen und den Text zusammenfassen): Diese Strategie ist bei den meisten chemischen und physikalischen Texten nicht durchführbar (vgl. S. 53) oder eine Überforderung, wenn nicht vom Lehrer Hilfestellungen gegeben werden.

So bieten sich folgende Hilfen an:

Drei-Stufen-Verfahren: *„Markiere mit dem Bleistift erst Wörter, die du als Schüsselwörter vermutest. Vergleiche anschließend deine Schlüsselwort-Kandidaten mit deinem Nachbarn. Zum Schluss erarbeiten wir sie gemeinsam."*

Vorschläge sammeln und gemeinsam kategorisieren: *„Macht Vorschläge. Welche Wörter sollen wir unterstreichen?"*

Anzahl der Schlüsselwörter eingrenzen: *„Unterstreiche im Text maximal x Schlüsselwörter."*

Mogelzettel entwickeln: *„Stell dir zu dem Text einen Mogelzettel her, der maximal 10 Wörter enthalten darf."*

▸ *Strategie 10* (Das Fünf-Phasen-Schema anwenden): Das Fünf-Phasen-Schema ist den Lehrkräften in den Fächern Chemie und Physik kaum vertraut. Folglich kommt es wenig zum Einsatz. Darüber hinaus ist es zeitaufwendig und (einmalig) vorbereitungsintensiv, aber auf selbstständiges Lesen hin ausgerichtet.

## 1.5 Zum Einsatz des Lehrbuches im Chemie- und Physikunterricht

Lehrbücher werden – wenn überhaupt – im Chemie- und Physikunterricht meistens zur Erarbeitung von fachlichen Inhalten, zur Information, als Wissens- und Datenspeicher, als Sammlung von Abbildungen und als Aufgabensammlung eingesetzt. Der Chemie- und Physikunterricht in Deutschland wird oft im fragend-entwickelnden und bisweilen abfragenden Gesprächsstil durchgeführt. Er ist auch Arbeitsblatt-dominiert und wenig Lehrbuchtext orientiert. Dennoch sind die Lehrbuchtexte die am häufigsten eingesetzten Sachtexte. Insgesamt haben die Schüler zu wenige Gelegenheiten, sich im Lesen von Sachtexten zu schulen. Durch Untersuchungen liegen über die Verwendung des Schulbuches im Chemie- und Physikunterricht verlässliche Daten vor (vgl. Beerenwinkel 2005, Merzyn 1994).

*„Die geringe Benutzung von Schulbuchtexten im Unterricht und der noch viel geringere selbstständige Umgang von Schülern mit Texten zu Hause weisen auf einen deutlichen Mangel hin: Entgegen verbreiteten Lehrplanforderungen tun die meisten Physiklehrer nichts, um Methoden des Umgangs mit Sachtexten zu vermitteln."* (vgl. Merzyn 1994, S. 237–238)

Diese Feststellung unterstreicht die Dringlichkeit der Schulung im Umgang mit Sachtexten. Der Chemie- und Physikunterricht in Deutschland muss aus dem Circulus vitiosus herausfinden: Es werden kaum Sachtexte eingesetzt, deshalb sind die Schüler im Umgang damit nicht geschult. Die Schüler können keine Sachtexte lesen, deshalb verzichtet man auf deren Einsatz im Unterricht.

Auf die folgenden Arten kann das Lehrbuch im Chemie- bzw. Physikunterricht eingesetzt werden:

- Eine Abbildung im Buch wird als Motivation und Einstieg genutzt.
- Eine Zeichnung oder ein Bild im Buch wird genutzt, um einen Sachverhalt zu illustrieren, zu erläutern und zu erklären.
- Ein Diagramm oder eine Tabelle wird benutzt, um daraus Schlüsse und Gesetzmäßigkeiten zu ziehen.
- Im Buch werden unbekannte und vergessene Begriffe, Gesetze, Formeln, Zahlenwerte nachgeschlagen.
- Die Beschreibung eines Experimentes dient als Versuchsanleitung.
- Die Zusammenfassungen in den Büchern werden zur Wiederholung eingesetzt.
- Die Schüler bearbeiten die Aufgaben im Buch.
- Längere Textpassagen im Buch werden zur Erarbeitung neuer Inhalte gelesen.
- Längere Textpassagen im Buch werden zur Erweiterung und zur Vertiefung der im Unterricht erarbeiteten Inhalte gelesen.
- Das Lehrbuch wird von den Schülern als Archiv und Wissensspeicher bei der selbstständigen Bearbeitung von Lernaufgaben genutzt.
- Das Lehrbuch wird von den Schülern selbstständig als Lernbuch benutzt.

Die Lehrbücher bestimmen trotz ihres geringen Einsatzes im Unterricht dennoch in hohem Maße den Chemie- und Physikunterricht in Deutschland. Dies liegt daran, dass sie von den Lehrkräften so intensiv bei der Unterrichtsvorbereitung genutzt werden. Wünschenswert ist der häufigere didaktisch sinnvolle und methodisch gute Einsatz des Lehrbuchs im Unterricht.

**2 Beispiel zur Arbeit mit Sachtexten im Fach Chemie**

2.1 Vorbemerkungen zum Unterrichtskontext

*Funktion des Textes*:

Der Schwerpunkt der Lerneinheit besteht in der Anwendung des naturwissenschaftlichen Erkenntnisgangs von dem Herausarbeiten eines kontextbezogenen Problems über die Entwicklung einer Hypothese, die Erarbeitung eines Experimentierplans, die Durchführung des Experimentes bis zur Bewertung der Hypothese. Der als Lernmedium dienende Sachtext rückt den Kontext in den Horizont der Schüler und stellt Informationen zur schüleraktiven Umsetzung der experimentellen Methode bereit. Die dazugehörigen Arbeitsaufträge unterstützen den Schüler bei der Erschließung des Textes und geben zudem einen Fahrplan für den Erkenntnisgang vor. Angewendet wird die Lesestrategie 6 (Den Text in eine andere Darstellungsform übertragen), als Hilfsstrategien dienen: Kategorisieren von Textteilen und sinnvolles Strukturieren des Textes.

*Hinweise zur Didaktik:*

Der Text wurde im Chemieunterricht einer 9. Klasse eingesetzt. Inhaltlich diente er als Bestandteil einer Lernumgebung zur qualitativen Untersuchung von Redoxvorgängen. Aus den betrachteten Problemen (z. B Kupfergewinnung, Thermitverfahren) wurden anschließend quantitative Fragen abgeleitet, um das als theorielastig geltende chemische Rechnen in einen motivierenden Kontext mit hohem experimentellem Potenzial einzubetten.

Verzichtet man im Sachtext auf die Angabe von chemischen Formeln, so wäre auch ein Einsatz im Anfangsunterricht der 8. Klasse denkbar.

Am Beispiel der Umsetzung von Kupferoxid mit Eisen (u. a.) kamen die Schüler in den vorangegangenen Unterrichtsstunden zu dem Ergebnis, dass sich aus Metalloxiden durch Reduktion mit einem geeigneten metallischen Sauerstoffakzeptor das Metall zurückgewinnen lässt. Statt der Begriffe Reduktionsmittel/Oxidationsmittel wurde Sauerstoffakzeptor/Sauerstoffdonator verwendet.

Im Mittelpunkt der nun folgenden Unterrichtssequenz stand der Kontext der historischen Kupfergewinnung. Der vorliegende Sachtext „Das Rätsel um Ötzis Kupferbeil" fordert Schüler zur eigenständigen Gewinnung neuer Erkenntnisse heraus:

- Die historische Kupfergewinnung aus dem Erz Malachit verläuft in zwei Schritten.
- Im ersten Reaktionsschritt bildet sich aus Malachit durch Erhitzen Kupferoxid.
- Im zweiten Reaktionsschritt erfolgt die Reduktion von Kupferoxid durch Kohlenstoff.

Die Information zum ersten Reaktionsschritt ist im Text in dekontextualisierter Form unmittelbar angegeben *(Heute wissen wir, dass ...)*. Das Anspruchsniveau steigt mit der Erschließung des zweiten Reaktionsschrittes, da kontextbezogene Textaussagen verknüpft und in Beziehung zum Vorwissen gesetzt werden müssen. Hierbei stellt insbesondere die Funktion der Holzkohle als Sauerstoffakzeptor eine kognitive Lücke dar, denn im Text ist dieser Hinweis nicht explizit enthalten. Dass metallische Reduktionsmittel nicht infrage kommen, ergibt sich aus dem Kontext und leuchtet Schülern in der Regel schnell ein. Die Idee, ein Nichtmetall als Reduktionsmittel einzusetzen, erweitert das Fachwissen der Schüler.

Die erfolgreiche Erschließung des Textes und die Verarbeitung der dabei gewonnenen Informationen versprechen ein nachhaltiges Kompetenzerleben: Eine Hypothese zur historischen Kupfergewinnung wird formuliert und der daraus abgeleitete Experimentierplan praktisch ausgeführt. Gelingt die Herstellung von Kupfer im Laborexperiment, ist das Rätsel um Ötzis Kupferbeil gelöst!

*Unterrichtsverlauf:*

Zunächst bearbeitete jeder Schüler für sich die Arbeitsaufträge. Anschließend tauschten die Schüler ihre Lösungsvorschläge in Gruppen aus, diskutierten Abweichungen und einigten sich auf ein gemeinsames Ergebnis. Sie trugen dem Lehrer ihren Experimentierplan vor. Handelte es sich um einen zielführenden Weg, so erteilte der Lehrer mit dem Hinweis auf Sicherheitsregeln die Freigabe zu dessen Ausführung. Aber auch Irrwege wurden zugelassen, um die in den Fehlern steckenden Lernchancen zu nutzen (z. B. Fehlen der Holzkohle). Für diesen Schritt sollte ausreichend Unterrichtszeit einkalkuliert werden. Die Schüler glichen anschließend ihre Versuchsbeobachtungen mit der Hypothese ab. Die selbstständige Bewältigung des Erkenntnisgangs erfüllte sie mit Stolz und versprach eine nachhaltige Verankerung im Gedächtnis.

Je nach Kompetenzstand der Schüler lassen sich die Anforderungen im Bereich der Texterschließung durch eine Expansion des Textes und/oder den Einbau weiterer Hilfsstrategien vermindern. Ein wirksames Methodenwerkzeug stellen abgestufte Hilfen dar, z. B.:

*„Unterstreiche alle Stoffe in den Abschnitten, die dir besonders wichtig erscheinen. Markiere auch alle Adjektive, die diese Stoffe charakterisieren."*

Aber auch in Bezug auf das Experimentieren nach eigenem Plan kann durch weitere Instruktionen das Anforderungsniveau dem Kompetenzstand der Schüler angepasst werden, z. B.:
*„Formuliere zwei Fragen, die durch das Experiment beantwortet werden sollen.*
*Notiere Beobachtungsaufträge. (Wir achten besonders auf …)"*

2.2 Material und Arbeitsaufträge

---

**Das Rätsel um Ötzis Kupferbeil**

In einem Seitental der Ötztaler Alpen fanden Wanderer 1991 einen durch das Gletschereis mumifizierten Menschen. In Anlehnung an den Fundort gab man der Gletschermumie den Namen Ötzi. Wenig später wurden Teile ihrer Ausrüstung entdeckt. Dazu gehörte auch ein Beil mit einer Klinge aus sehr reinem Kupfer, die in einem Schaft aus Eibenholz steckte. Zu ihrer Befestigung dienten Lederstreifen und Birkenpech. Experten ermittelten, dass die Leiche über 5000 Jahre alt ist und der Mann etwa um das Jahr 3300 v. Chr. gelebt hat. In der Steinzeit war die Herstellung und Nutzung von Metallen noch nicht bekannt. Als Werkstoffe für die Herstellung von Gegenständen des Alltags wie Waffen, Werkzeuge und Schmuck standen nur organisches Material (Holz, Knochen, Horn) oder Stein zur Verfügung. Die Entdeckung des Kupfers stellte somit einen wichtigen Einschnitt in der Erforschung der Menschheitsgeschichte dar. Das Metall kommt jedoch nur selten gediegen vor. Die Entwicklung eines Verfahrens zur Kupfergewinnung aus Kupfererzen bedeutete einen großen Fortschritt. Wie aber kam die Entdeckung des Verfahrens zustande? Kam möglicherweise der Zufall zu Hilfe? Vielleicht fand jemand nach dem Erkalten des Holzkohlenfeuers einen rötlich glänzenden Brocken in der Asche. Er stellte sich als hervorragender Werkstoff heraus, der leicht verformbar war und neue Bearbeitungsmöglichkeiten eröffnete, beispielsweise um nützliche Geräte und Waffen herzustellen. Wahrscheinlich fiel auf, dass der Untergrund der Feuerstelle grünlich schimmerte. Die Menschen suchten erneut eine solche grünlich gefärbte Stelle, brachten Holzkohle herbei und entzündeten das Feuer darüber. Der Vorgang ließ sich wiederholen: Kupfer wurde gewonnen!

Heute wissen wir, dass es sich bei dem grünen Stoff um das Kupfererz Malachit handelt (chemische Formel: $CuCO_3$ x $Cu(OH)_2$). Malachit wandelt sich beim Erhitzen ohne weiteren Reaktionspartner u. a. in die schwarze Verbindung Kupferoxid (CuO) um.

Praxisteil

**Arbeitsaufträge:**

1. Im Text ist ein chemisches Rätsel um Ötzis Kupferbeil versteckt. Finde es und formuliere es als Frage.
   Folgende Hilfe kannst du zur Texterschließung nutzen:
   Teile den Text in sinnvolle Abschnitte ein. Markiere die Abschnitte, die dir besonders wichtig erscheinen und gib ihnen eine Überschrift.
2. Ordne die Stoffe, die bei dem chemischen Vorgang eine Rolle spielen, in ein einfaches Ablaufdiagramm ein.

3. Füge die Informationsbausteine zu einer hypothetischen Erklärung des chemischen Rätsels zusammen.
4. Entwirf einen (zweistufigen) Experimentierplan zur Überprüfung deiner Hypothese.

2.3 Dokumentation, Auswertung und Diagnose

Umgang mit Hilfsstrategien:

Ein Großteil der Schüler nutzte die angebotene Hilfsstrategie zur ersten Orientierung. Die für die Lösung des Rätsels relevanten Textabschnitte wurden zutreffend markiert. Seltener formulierten die Schüler auch die dazugehörigen Überschriften. Das Unterstreichen von relevanten Textinformationen stellte sich als Strategie heraus, die viele Schüler routinemäßig einsetzen. Die Markierungen wurden zwar unterschiedlich sparsam, jedoch durchweg sinnvoll vorgenommen. Bis auf wenige Ausnahmen wurde der Begriff „Holzkohle" nicht unterstrichen und somit die Bedeutung dieses Stoffes im ersten Lesezyklus noch nicht erfasst.

Ein Verzicht auf Hilfsstrategien hatte keine nachteilige Auswirkung auf die Qualität der Lösungen – eher das Gegenteil traf zu. Dies ist darauf zurückzuführen, dass Schüler mit einer hohen Lesekompetenz auf die angebotenen Hilfen verzichteten. Die gewählte Differenzierungsmaßnahme zur Texterschließung bewährte sich, da eine flexible Anpassung der Leseaufgabe an die Leistungsfähigkeit und Lerngewohnheiten der Schüler stattfand.

Beispiele zur Lösung der Arbeitsaufträge:
Fokus: Leseaufgaben als kooperative Arbeitsform – Optimierungsprozess vom Individual- zum Gruppenprodukt

*1. Wieso war das Beil aus reinem Kupfer und nicht aus Kupferoxid, was beim erhitzen vom Kupfererz Malachit entsteht?*

*2. $CuCO_3 \times Cu(OH)_2 \rightarrow CuO \rightarrow Cu$*
*(Malachit → Kupferoxid → Kupfer)*

*3. Man hat das Malachit erhitzt und somit Kupferoxid gewonnen. Danach hat man mit einer Redoxreaktion den Sauerstoff dem Kupferoxides genommen und reines Kupfer erhalten*

*4. I Malachit erhitzen zum Kupferoxid*
*II Kupferoxid erhitzen, damit sich der Sauerstoff überträgt (auf die Holzkohle)*

Lösungsbeispiel von Timo

Timo nahm die Textinformation zur Bildung des Kupferoxids aus Malachit auf und brachte diese mit der Herstellung des gewünschten Endprodukts in einen kausalen Zusammenhang. Sein Ablaufdiagramm steht exemplarisch für eine Vielzahl von Schülerlösungen. In seiner Erklärung band er sein Vorwissen zu Redoxreaktionen ein und entwickelte hieraus die Frage nach dem Sauerstoffakzeptor. Es ist anzunehmen, dass er den Text bzw. den markierten Textabschnitt noch einmal unter diesem Aspekt unter die Lupe genommen hat, da er im anschließend geforderten Experimentierplan das Reduktionsmittel zutreffend nannte. Allerdings machte sich Timo nicht die Mühe, hinzugewonnene Erkenntnisse in bereits formulierte Antworten einzubauen (Integration der Holzkohle in das Ablaufdiagramm oder Erweiterung der Erklärung im Hinblick auf den Sauerstoffakzeptor), während in der Gruppenlösung die Fortführung des Gedankengangs erkennbar war:

Praxisteil

1) Wie haben sie 3300 v. Chr. aus Kupferoxid reines Kupfer gewonnen und wo ist das „Oxid" also der Sauerstoff hin?

2) Malachit $\xrightarrow{erhitzen}$ Kupferoxid $\xrightarrow{erhitzen}$ Kupfer

3) Das Kupferoxid wird mit Holzkohle erhitzt. Der Sauerstoffakzeptor ist der Kohlenstoff, dadurch wird reines Kupfer gewonnen.

4) Malachit erhitzen bis es schwarz wird. Das Produkt neu wieder zusammen mit Holzkohle erhitzen.

Gruppenlösung

Die Erfahrung, dass die Problemlösung das zyklische Lesen des Textes und das Durchlaufen mehrerer Denkschleifen erforderte, könnte im Rahmen einer abschließenden Reflexion ins Bewusstsein der Schüler gerückt werden. Es schließt sich die Frage an, welche Strategien bei der Dokumentation der Ergebnisse angewendet wurden und inwiefern diese zu optimieren sind.

Fokus: Leseaufgaben als Instrument der Erkenntnisgewinnung – Fragen entdecken und aus Belegen Schlussfolgerungen ziehen

1. Welcher Stoff ist ein weiterer Reaktionspartner von Malachit, damit reines Kupfer entsteht?

2.

Malachit $\xrightarrow{erhitzen}$ Kupferoxid $\xrightarrow{oxidation}$ Kupfer

An welchen Stoff wird das Sauerstoffatom abgegeben?

3. Das Malachit wird mit dem Feuer erhitzt. Es entsteht Kupferoxid. Dann oxidiert das Kupferoxid und gibt den Sauerstoff ab. So entsteht reines Kupfer.

4. Malachit wird erhitzt $\Rightarrow$ Kupferoxid
Kupferoxid muss erhitzt werden $\Rightarrow$ reines Kupfer

Lösungsbeispiel von Markus

Markus formulierte in Arbeitsauftrag 1 die Frage nach dem Sauerstoffakzeptor, untersuchte den Text jedoch nicht konsequent weiter, sodass ein Teil der Problemlösung offen blieb. Das Fehlschlagen seines Experimentierplans regte ihn zur gezielten Textlektüre an, um den passenden Reaktionspartner doch noch zu finden. Im zweiten Anlauf präsentierte er einen zielführenden Plan.

Fokus: Leseaufgaben als Instrument zur Differenzierung – Anpassung des Anspruchsniveaus durch abgestufte Hilfen bzw. Bonusfragen

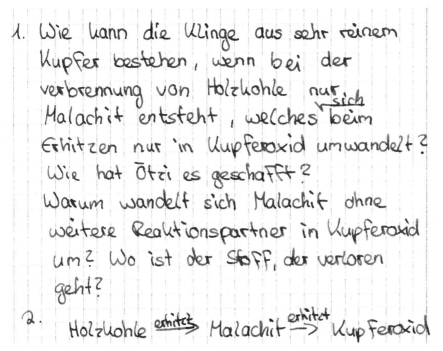

Lösungsbeispiel von Tabea

Tabea nahm die rein chemische Textinformation zur Entstehung von Kupferoxid aus Malachit auf und dachte folgerichtig weiter *(Wo ist der Stoff, der verloren geht?)*. Schwer fiel ihr jedoch das Erschließen von kontextualisierten Aussagen zum chemischen Vorgang. In ihrem Ablaufdiagramm trug sie die Stoffe in der Reihenfolge ihrer Nennung im Text ein, ohne die Beziehungen zwischen einzelnen Textaussagen zu beachten. Als abgestufte Hilfe könnte ein Auftrag dienen, der Tabea bei der Erschließung des Kontextes unterstützt, z. B.:
„*Unterstreiche alle Stoffe in den Abschnitten, die dir besonders wichtig erscheinen und markiere auch die Adjektive, die diese Stoffe charakterisieren.*"
oder
„*Skizziere die zentralen Schritte zur Gewinnung von Kupfer in einer Filmleiste.*"

Praxisteil

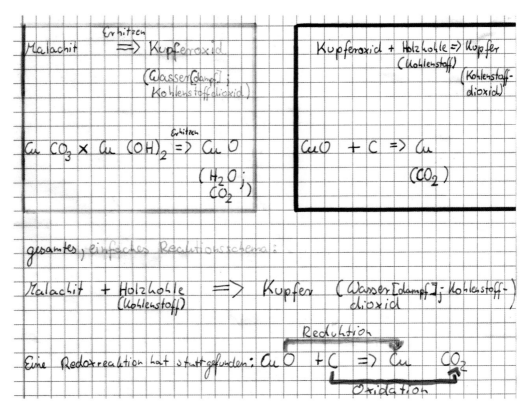

Lösungsbeispiel von Sabine

Sabines Bearbeitung zeigt, dass leistungsstarke Schüler eine höhere Abstraktionsebene erreichten. Da sie die entstehenden Nebenprodukte im Blick hatte, gelang ihr der Schritt vom einfachen Ablaufdiagramm zur Reaktionsgleichung. Bei Bedarf können durch Bonusfragen Impulse zu einer derartigen Vertiefung gegeben werden.

Sabines Ergebnisse wurden in der Präsentationsphase aufgegriffen und in eine korrekte Fassung gebracht. Die Vernetzung unterschiedlicher Darstellungsebenen wie die verbale Erklärung, das Ablaufdiagramm und die Reaktionsgleichung steigert den Ertrag maßgeblich. Ein vorschnelles Abheben auf die abstrakte Ebene der Formelsprache überfordert zumindest leistungsschwächere Schüler und garantiert keinesfalls ein tieferes Verständnis.

Fokus: Leseaufgaben als Instrument zur Diagnose von Schülervorstellungen
Die Erklärungen der Schüler offenbarten einen heterogenen Erkenntnisstand in Bezug auf die Basiskonzepte chemische Reaktion und Energie. Dies wurde deutlich, wenn die Schüler bei der Interpretation des Textes eigene (Fehl-) Vorstellungen verbalisierten. *„Halse ich mir mit einer solchen Leseaufgabe also zeitraubende Zusatzprobleme auf?"* Wer ergebnisorientiert denkt, wird die Frage bejahen. Bedenkt man jedoch, dass der Aufbau eines flexiblen Fachkonzeptes das Aufgreifen und Verarbeiten von Schüler(fehl)vorstellungen erfordert, dann erscheint die Aufgabe als lernwirksames Werkzeug im Lernprozess. Im Folgenden werden Beispiele zu typischen Fehlvorstellungen dargestellt. Es soll gezeigt werden, dass die Arbeit mit Texten im Chemieunter-

Chemie / Physik

richt geeignet ist, um Schülervorstellungen zu analysieren und zum Thema des Unterrichts zu machen. Dabei gilt es, das in den Schülerergebnissen vorhandene Potenzial zum „Lernen aus Fehlern" zu nutzen (vgl. Barke, 2006).

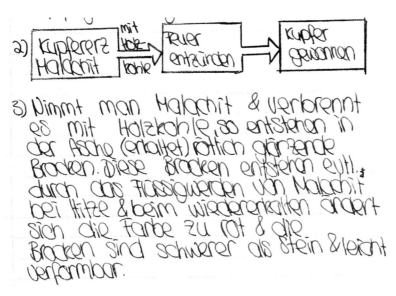

Lösungsbeispiel von Manuela

Nach Manuelas Vorstellung lässt sich „Kupfer aus Malachit herausschmelzen". Die Farbänderung wurde als Zustandsänderung gedeutet, statt die neuen Stoffeigenschaften auf eine chemische Reaktion zurückzuführen.

Lösungsbeispiel von Angelina

Angelina stellt sich vor, dass Wärme im Sinne eines „Wärmestoffes" als Reaktionspartner fungiert (Möglichkeiten zur Aufarbeitung des Fehlkonzeptes „Wärmestoff" findet man in Barke, 2006, S. 294 ff.).

Praxisteil

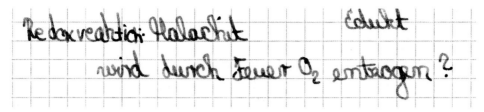

Lösungsbeispiel von Boris

3. Das gewonnene Kupferoxid wurde noch einmal erhitzt und somit hat sich der Sauerstoff von dem Kupfer gelöst und hat sich entweder mit der Holzkohle verbunden oder hat sich in der Luft verteilt

Lösungsbeispiel von Michael

Der Konzeptwechsel von einem stoffbezogenen Redox-Begriff hin zur Deutung auf Teilchenebene ist erfahrungsgemäß mit Schwierigkeiten verbunden (vgl. Barke 2006, S. 185 ff). Nach der erweiterten Definition handelt es sich bei dem vorliegenden Beispiel um eine Übertragung von Elektronen zwischen Kohlenstoff-Atomen und Kupfer-Ionen. Die Oxid-Ionen bleiben erhalten. Im Hinblick auf den vertikalen Aufbau des Akzeptor-Donator-Konzeptes wird in einzelnen Schüleräußerungen eine Lernhürde sichtbar: Boris und Michael nehmen eine Freisetzung bzw. Übertragung von molekularem Sauerstoff an, auch wenn im Unterricht der Begriff „Sauerstoffübertragung" vermieden wurde.

## Sachtexte lesen im Fach Deutsch
Thorsten Zimmer

### 1 Didaktische Überlegungen zu Sachtexten im Deutschunterricht

#### 1.1 Sachtexte im Deutschunterricht

Sowohl der Blick auf die Unterrichtsrealität als auch die Lektüre fachdidaktischer Veröffentlichungen belegen in Bezug auf die Leseförderung im Fach Deutsch eine – wohl traditionelle – Schwerpunktsetzung zugunsten fiktionaler bzw. literarischer Texte. Nicht selten werden die speziell auf Sachtexte ausgerichteten Lesekompetenzen als vorhanden vorausgesetzt, nur marginal berücksichtigt oder dem Zuständigkeitsbereich der Sachfächer zugeschrieben (vgl. Baurmann 2007). Die Deutschdidaktik berührt sachtextliche Bereiche meist unter textsortenspezifischen Gesichtspunkten oder – unter Verwendung einer weiter gefassten Definition – im Zusammenhang mit der Analyse argumentierender Texte. Vor allem in der Auseinandersetzung mit den Vorwürfen der ersten PISA-Studie kommt es allerdings zu einer Veränderung des fachdidaktischen Blicks, sodass auch das Lesen nichtfiktionaler Texte verstärkt in den Fokus gerückt und differenzierter reflektiert wird. Zahlreiche Untersuchungen und Veröffentlichungen der letzten Jahre belegen die Relevanz dieser Schwerpunktsetzung (vgl. Baurmann/Müller 2005).

Die Untersuchungen decken systematisierbare geschlechtsspezifische Unterschiede bei Auswahl und Lektüre von Sachtexten auf und nennen typische Themen sowie Interessensgebiete der jungen Leserinnen und Leser, selbst eine altersbezogene Differenzierung des Leseverhaltens ist inzwischen beschrieben. Als wesentliches Ergebnis dieser Untersuchungen ergab sich auch die mehr oder weniger zu erwartende Feststellung, dass sich die jugendliche Sachtextlektüre nicht grundsätzlich vom Literaturlesen unterscheiden lässt. Beide Leseprozesse fordern – zumindest bei Jugendlichen – ähnliche Kompetenzen und funktionieren aufgrund ähnlicher lernpsychologischer Prozesse, beide Arten von Leseprozessen gründen in einer ähnlichen Lesehaltung. Den „genießenden Sachbuchleser" ebenso wie die „informationssuchende Romanleserin" als Bezugspersonen jeglicher lesedidaktischer Überlegung zu postulieren, ist inzwischen fast zum Gemeinplatz entsprechender Veröffentlichungen geworden.

Offensichtlich implizieren die Leseerwartung und das Leseverhalten der Jugendlichen die alte Idee des *prodesse et delectare*, aus welcher sich relevante Chancen und Forderungen für die Lesedidaktik ergeben. Interessant ist in diesem Zusammenhang sicherlich auch die Korrelation derartiger Feststellungen mit der Anlage und Intention zahlreicher moderner Jugendbücher, die eben unterhalten *und* informieren wollen, indem sie entweder die Informationen in einen spannenden und abwechslungsreichen Erzählkontext verpacken oder die vermeintlichen Sachinformationen zur besseren Lesbarkeit erzählerisch aufarbeiten, wie es in vielen Jugendlexika und -sachbüchern der Fall ist (vgl. Baurmann/ Müller 2005).

Einschränkend muss allerdings angemerkt werden, dass dieser positive Befund zum Leseverhalten Jugendlicher für die Gruppe der interessierten Leser gilt und vor allem deren Privatlektüre betrifft. Im Unterricht müssen alle Lernenden – im Lesen geübt oder dem Lesen abgeneigt – mit Sachtexten arbeiten, die die Lehrkraft ihnen in der Regel vorgibt.

Praxisteil

Unabhängig von der Frage, ob der Deutschunterricht als Leitfach bei der Förderung der Sachtextlesefähigkeit aufzutreten habe oder nicht, wird man die besondere Zuständigkeit des Schulfaches Deutsch für die Vermittlung und Übung entsprechender Kompetenzen kaum leugnen können. Mindestens unterscheidet sich der Deutschunterricht hinsichtlich der Notwendigkeit zur Förderung der Lesefähigkeit von anderen Fächern dadurch, dass er die Vermittlung und Übung der entsprechenden Kompetenzen nicht ablehnen kann. Leseförderung ist – unabhängig von den zu lesenden Textsorten – eine der wesentlichen Aufgaben des Deutschunterrichts.

Sicherlich weisen viele Phasen des Deutschunterrichts zunächst eine deutliche Gemeinsamkeit mit den Sachfächern auf, in denen die Sachtexte ein zentrales Lernmedium des Unterrichts darstellen müssen. Ereignisse, die aufgrund zeitlicher oder räumlicher Distanz oder anderer pragmatischer Gründe den Lernenden nicht unmittelbar erfahrbar gemacht werden können, werden mithilfe von Texten vermittelt und erarbeitet. Ziel der Sachtextlektüre ist die Verfügbarkeit bestimmter Informationen und deren Einbindung in die Unterrichtsprogression.

Der Deutschunterricht teilt mit den anderen Fächern dabei die Qualitätsambivalenz eines derart auf Sachtexte gestützten Unterrichts, die aus der Differenz zwischen dem unmittelbaren Erleben eines Ereignisses und dessen textlicher Vermittlung entsteht: Bleibt die textliche Aufarbeitung einer Erfahrung hinsichtlich ihrer Ganzheitlichkeit und Authentizität gegenüber der echten Erfahrung zwangsläufig defizitär, so ist sie dieser doch in ihrer Strukturiertheit, in der überschaubaren Linearität der Darstellung und hinsichtlich der Möglichkeit zu ihrer didaktischen Aufarbeitung überlegen. Auch diese Einschätzung hat Konsequenzen für den Umgang mit Sachtexten.

Darüber hinaus nimmt der Deutschunterricht – sicherlich gemeinsam mit den anderen Sprachfächern – allerdings eine weitere, mit der Lektüre von Sachtexten zusammenhängende Aufgabe wahr, wenn er sich auf einer grundsätzlichen Ebene für die Vermittlung, Übung und Verbesserung der Lesefertigkeiten verantwortlich fühlt. Im Sinne einer Methodenschulung wird es dem Deutschunterricht phasenweise nicht allein um das Erarbeiten der im Text gelieferten Informationen gehen, sondern um das Training derjenigen Kompetenzen, die als Werkzeuge für das Textverständnis notwendig sind.

Der Sachtext fungiert dann nicht allein als Informationen transportierendes Lernmedium, sondern wird selbst zum Lerngegenstand des Deutschunterrichts. Ein beachtenswerter Vorteil des Deutschunterrichts gegenüber den Sachfächern besteht in diesem Zusammenhang darin, dass er zur Methodenschulung auf Texte verschiedenster Themenstellung zurückgreifen und die vorhandenen feststellbaren und erforschten Lesemotivationen in den Kompetenzaufbau integrieren und für diesen nutzen kann (vgl. Baurmann/ Müller 2005).

1.2 Leseziele, Lehrplanbezug, Bildungsstandards

Je nachdem, in welchem Kontext gearbeitet und welche Makrointention verfolgt werden soll, sind verschiedene Schwerpunktsetzungen bei der unterrichtlichen Arbeit mit Sachtexten möglich. Mit der oben beschriebenen Unterscheidung zwischen dem Einsatz des Sachtextes als Lerngegenstand einerseits und seiner Verwendung als Lernmedium andererseits wird es jeweils um die Integration der Textinformationen in die Unterrichtsdramaturgie oder aber um das Training der (Sachtext-) Lesekompetenzen gehen. Geht man davon aus, dass sich die beiden Einsatzarten zwar aufgrund unterschiedlicher didaktischer Gewichtungen unterscheiden lassen, eine generelle Trennung in der Unterrichtspraxis allerdings kaum sinnvoll und möglich ist, lässt sich das folgende allgemeine Lernziel formulieren:

> Es ist das Ergebnis eines gelungenen Sachtextunterrichts, dass die Lernenden Strategien kennen und anwenden, um einen Text – nämlich sein Gesamtthema, seine Absicht, seine Einzelinformationen, seine Textsorte und seine formalen Eigenheiten – in angemessener Geschwindigkeit zu erfassen, zu verstehen und zu bewerten und die Ergebnisse gedanklich, schriftlich oder mündlich in über den Text hinausgehende Diskurse zu integrieren.

Eine weitere Differenzierung der Intentionen kann – unter Berücksichtigung lesetheoretischer, fachdidaktischer und unterrichtspraktischer Gründe – die einzelnen Phasen des Lese- und Verstehensprozesses in den Blick nehmen und entsprechende Zielsetzungen formulieren (vgl. Senn/ Widmer 2005, S. 39):

- Um eine rasche und effiziente Verknüpfung des neu Gelesenen mit potenziell vorhandenem Vorwissen zu ermöglichen, ist es zunächst hilfreich und wichtig, dass sich die Lernenden schnell einen Gesamtüberblick über den Text und sein Hauptthema verschaffen. Sie werden darin geschult werden müssen, Strategien zu einer schnellen Klärung des Themas, auch der Textsorte und der Textabsicht anwenden zu können. Fähigkeiten, das Layout des Textes, auffällige Absatzgliederungen, Zwischenüberschriften, Grafiken und Bilder in diese erste Zugangsphase einzubeziehen, sollten im Unterricht eingeführt und geübt werden. Gerade die Klärung der generellen Textintention darf dabei nicht vernachlässigt werden, hängt von ihr doch die frühzeitig relevante Frage nach der Objektivität und Ernsthaftigkeit des Geäußerten ab.
- Nachdem das Thema geklärt ist, fällt das genaue Lesen des Textes leichter. Eine gründliche Lesephase soll dabei helfen, die Textinformationen und -intentionen einzelner Abschnitte zu erfassen, ggf. auch Fragen und Unklarheiten zu erkennen. Methodisch hilfreich ist das Finden individuell tauglicher Visualisierungsmöglichkeiten, Markierungen und Hervorhebungen. Auch das Notieren von Kernaussage und -absicht der einzelnen Textabschnitte ist in der Regel hilfreich und sollte geübt werden.
- Nachdem einzelne lokale Informationen gewonnen und markiert wurden, wird es in einem nächsten Schritt darum gehen können, die Einzelinformationen zu verknüpfen. Beziehungen, Gegensätze und Argumentationshierarchien können wahrgenommen und visualisiert werden. Lesestrategien, die mit dem Wechsel der Darstellungsform arbeiten, können in dieser Phase angewandt werden.
- Parallel zu den beschriebenen Arbeitsschritten – oder mindestens als eine weitere angehängte Phase – sollen die Lernenden dafür sensibilisiert werden, das vermeintlich Verstandene kritisch zu überprüfen. Neben der inhaltlichen Stimmigkeit des Erfassten muss vor allem der festgestellte Bezug zwischen Einzel- und Gesamtaussagen des Textes geprüft werden. Gerade Texte, deren Sachlichkeit nur eine scheinbare ist, deren Aussagen und Informationen aufgrund rhetorischer Tricks, der Verwendung uneigentlicher Sprache oder

gar manipulativer Techniken nicht ohne Weiteres als objektiv und wahr angesehen werden dürfen, müssen sehr kritisch betrachtet werden.

Diese Phasen sind in der Sekundärliteratur vielfach als gängige und praktikable Phasen des Lehrens und Lernens der entsprechenden Kompetenzen beschrieben. Interessant und nachvollziehbar ist in diesem Zusammenhang auch die offensichtliche Präzisierung des Blicks, die beim Vergleich der Bildungsstandards mit den – meist älteren – Lehrplänen deutlich wird. Formulieren die Lehrpläne eine Fülle von Lernzielen, die das Gesamtverständnis eines Textes als Endergebnis des Sachtextunterrichts beschreiben, spiegeln die Kompetenzformulierungen der Bildungsstandards eindeutig die Berücksichtigung der beschriebenen Lese- und Verstehensphasen wider, was schon in der Umschreibung der Kompetenzvorstellung deutlich wird:

*„Sie [die Schüler] entnehmen selbstständig Informationen aus Texten, verknüpfen sie miteinander und verbinden sie mit ihrem Vorwissen. Dafür entwickeln sie verschiedene Lesetechniken und setzen Lesestrategien gezielt ein. Sie verfügen über ein Grundlagenwissen zu Texten, deren Inhalten, Strukturen und historischer Dimension, reflektieren über Texte, bewerten sie und setzen sich auf der Grundlage entsprechender Kriterien mit ihrem ästhetischen Anspruch auseinander. [...]"*
(Bildungsstandards 2004, S. 9)


1.3 Lesesituationen

Auch hier wird die Unterscheidung zwischen der Rolle des eingesetzten Sachtextes als Lernmedium oder Lerngegenstand relevant. Als Lernmedium können Sachtexte sowohl im Literatur- als auch im Sprachunterricht eingesetzt werden. Häufig werden sie genutzt, um Sekundärinformationen über einen Autor, eine Epoche oder historische Zusammenhänge zu vermitteln. Vielleicht initiiert der Unterricht auch einen Vergleich zwischen der sachlichen Darstellung eines historischen Ereignisses und seiner literarischen Umsetzung. Viele Sachtexte in den Literaturkapiteln der eingeführten Schulbücher haben diese Funktionen. Dabei ist es grundsätzlich wünschenswert und gängig, den Text zur Weiterführung eines begonnenen hermeneutischen Deutungsgesprächs – und nicht etwa als dessen Ersatz – zu nutzen.

Erläuternde und informierende Funktion haben Sachtexte im Sprachunterricht. Sie erklären sprachliche Besonderheiten und Entwicklungen, geben Hinweise zu Grammatik und Stil und fassen Regeln zu Interpunktion und Orthografie zusammen. Je nach Unterrichtskontext können die Texte als Grundlagen eines deduktiven Arbeitens genutzt, in den induktiven Unterricht integriert oder einfach zur Zusammenfassung und Wiederholung von anderweitig Erarbeitetem eingesetzt werden. Auch diese Formen der Sachtextarbeit werden von allen gängigen Schulbüchern ermöglicht.

Weitere Themen, in denen der Deutschunterricht regelmäßig auf die Informationen aus Sachtexten zurückgreift, gehören in den Bereich der Medienerziehung und der Berufswahl. Gerade der letztgenannte Bereich spielt im Unterricht – und in den Schulbüchern – der Klassenstufen 9 und 10 oft eine besondere Rolle.

## 1.4 Lesestrategien

Grundsätzlich ist die Anwendung aller zehn Lesestrategien möglich. Wenn der Deutschunterricht seine besondere Verantwortung für die Ausbildung der Lesefähigkeit wahrnehmen will, sollte er darauf ausgerichtet sein, den Lernenden schnellstmöglich die individuelle Auswahl aus einem Repertoire an Strategien zu ermöglichen und zu erlauben. Auf die Aufgabenstellung einer konkreten Unterrichtssituation bezogen, bedeutet das, dass die Leseaufträge möglichst offen gestellt und weniger methoden- als ergebnisorientiert formuliert sein sollten.

Die beschriebenen Phasen des Leseprozesses bleiben dabei freilich auch in denjenigen Klassenstufen nicht unberücksichtigt, in denen grundsätzliche Lesekompetenzen bereits vorausgesetzt werden können. Vor allem für die individuelle Diagnose von Stärken, Schwächen und Verbesserungsmöglichkeiten bei einzelnen Lernenden können sie zu einer wichtigen und anspruchsvollen Aufgabe werden.

## 1.5 Zum Einsatz des Lehrbuchs

Unabhängig vom jeweils verwirklichten didaktischen und methodischen Konzept weisen die meisten Lehrbücher sehr große Ähnlichkeiten in den Kapiteln auf, die im Zusammenhang mit den Sachtext-Lesekompetenzen relevant werden. Auch die Lehrwerke spiegeln dabei freilich die beschriebene Dichotomie in der Rolle der Sachtexte: Integriert in die unterschiedlichsten thematischen Zusammenhänge fungieren die Sachtexte häufig als Lernmedium. Darüber hinaus werden sie in eigenen Methodenkapiteln regelmäßig auch zum Lerngegenstand.

Nahezu alle gängigen Lehrbuchreihen enthalten heute thematische Stränge, die sich ausdrücklich der Sachtextarbeit zuwenden und die entsprechenden Lesekompetenzen ab Klasse 5 im Sinne eines abgestimmten Spiralcurriculums einführen und üben. Dabei ist es üblich, dass basale Lesestrategien bereits in der Klasse 5 behandelt werden. Die Lernenden werden gestuft auch zum zyklischen Lesen (Strategie 10) einfacher Texte angeleitet. Anspruchssteigerungen ergeben sich in den Folgeschuljahren durch umfangreichere und komplexere Textgrundlagen, aber auch aufgrund der Anwendung präziserer und differenzierterer Lesestrategien. So werden Strategien, die auf einer Veränderung der Darstellungsform basieren, in den unteren Klassen meist ausgespart und erst in den Klassen 7 und 8 ausdrücklich eingeführt und trainiert.

Grundsätzlich interessant ist sicherlich auch die Erweiterung des Sachtextbegriffs, die sich ab Klasse 8 feststellen lässt. In Korrelation mit den altersspezifischen Anliegen des Schreibunterrichts – vor allem im Kontext der Erörterung – werden nun ausdrücklich auch persuasive Texte in den Sachtext-Leseunterricht einbezogen. Das wesentliche Lernziel bezieht sich dabei freilich auf deren potenzielle Unsachlichkeiten und die vermeintlichen Überzeugungstricks und -strategien, für welche es die Lernenden zu sensibilisieren gilt.

Praxisteil

**2 Beispiel zur Arbeit mit Sachtexten im Deutschunterricht**

2.1 Vorbemerkungen zum Unterrichtskontext

Der Text gehört in eine Unterrichtssequenz zum Thema „Sprachwandel" in einer 10. Klasse und wurde in einer frühen Phase der Sequenz eingesetzt. Er erweist sich gerade für den Anfang der Reihe als brauchbar, weil sowohl das Phänomen der Veränderung der deutschen Sprache samt wesentlicher damit in Zusammenhang stehender Informationen beschrieben als auch ein Einblick in die verschiedenen Bewertungen des Sprachwandels und die entsprechenden Argumente gegeben wird. Ausgehend von der Textarbeit wurden im weiteren Unterrichtsverlauf vor allem die Gründe und Folgen des Sprachwandels mithilfe weiterer Sachtexte erarbeitet. Auch die Diskussion um die Bewertung des Sprachwandels wurde aufgegriffen und mit den Lernenden geführt.

2.2 Material und Arbeitsauftrag

---

Doris Marszk
**Bald ist auch Goethe lange tot**
**Von wegen Verhunzung – wenn die Sprache sich wandelt, ist das ein Zeichen dafür, dass sie lebt**

„Krisst du Bafög?" – „Nee, ich muss jobben." – „Drücken deine Alten keine Knete ab?" – „Können se nich, weil die ham grade ihr Geschäft aufgegeben. Aber manchmal sponsern se mir Klamotten."
Ein Dialog in Deutschland. Reden wir so? Müssen wir so reden? Abkürzungen, Anglizismen, Vulgarismen und verhunzte Syntax? Kommt es etwa noch schlimmer? Kommt drauf an – was man unter „schlimmer" versteht. Für Alfred Mechtersheimer, Initiator des Arbeitskreises Unsere Sprache, kann es kaum noch schlimmer kommen. „Die Gossen- und Ghettosprache breitet sich immer weiter aus. Nicht zuletzt Hörfunk und Fernsehen fördern diesen Sprachverfall."

Was heute irre neu ist, wird bald voll normal sein
In der Gesellschaft für deutsche Sprache, die alljährlich das „Unwort des Jahres" kürt – 1998 war es das sozialverträgliche Frühableben – wird dieser extreme Pessimismus nicht geteilt. Horst Dieter Schlosser, Sprecher der Jury für die Auswahl des Unworts des Jahres, ist allerdings überzeugt, dass Sprachkritik nottut. Dieses Feld dürfe man nicht „den Linguisten" überlassen, die sich jeglicher Sprachkritik enthielten. [...]
Große Sorgen machen sich allerdings die wenigsten Experten. Sie überblicken bei ihren Untersuchungen große Zeiträume – und wissen daher, dass viele Erscheinungen, die heute beklagt werden, auch früher schon vorkamen, ohne dass die Sprache dadurch verfallen wäre. „Diese Auffassung wird in der Linguistik auch längst nicht mehr diskutiert", sagt der Germanist Thomas Becker von der Universität München. Wenn sich Eltern und Lehrer um die Ausdrucksfähigkeit der Kinder und Jugendlichen sorgen, weil diese zum Beispiel vieles nur mit voll super beschreiben, dann verweist der Tübinger Romanist Ulrich Detges darauf, dass diese Adverbialisierung von voll etwa auf die gleiche Weise entstanden ist wie die englische Adverbendung -ly. Diese geht zurück auf das germanische Substantiv lika, das „Körper" bedeutete und

einen Bedeutungswandel von „Körper (von X)" zu „gleich (wie X)" durchmachte. Mit der Zeit wurde lika zu -ly abgeschliffen. Und ebensowenig wie das Englische an dieser Adverbform zugrunde gegangen ist, wird das Deutsche daran sterben, dass es irgendwann voll normal sein wird, für die Bedeutung „in hohem Maße einer Eigenschaft" Wörter wie irre, echt oder voll zu benutzen.

Im Gegenteil: Dass Sprache sich wandelt, ist ein Zeichen dafür, dass sie lebt. Sie lebt mit den Sprechern, die immer wieder neue und andere Bedürfnisse haben, etwas auszudrücken. Das kann, wie bei den Adverbien, das Bedürfnis nach rhetorischem Nachdruck sein oder auch das Bedürfnis nach einer sprachlichen Abkürzung. Seit einigen Wochen diskutieren wir den Doppelpass, der noch zur Zeit des letzten Bundestagswahlkampfes doppelte Staatsbürgerschaft hieß. Doppelpass, das ist knackig, kurz und gut und ursprünglich war wohl eine kleine ironische Komponente dabei, da das Wort auch eine Spieltechnik im Fußball bezeichnet. Diese kleine Doppeldeutigkeit ist, wenn sie überhaupt bemerkt wurde, für die breite Öffentlichkeit längst dahin.

Bei einem anderen viel gebrauchten Wort, dem Ausdruck geil, meinen hingegen einige Ältere immer noch die zweite Bedeutung zu spüren. Rudi Keller, Germanist an der Universität Düsseldorf und Autor des in der Fachwelt viel beachteten Buches „Sprachwandel", kann über dieses Geziere nur lächeln. Die sexuelle Bedeutung erhielt das Wort geil erst Ende des 19. Jahrhunderts, davor bedeutete geil einfach „üppig". In den vergangenen Jahren wurde das Wort von den Jugendlichen aufgegriffen, um zu provozieren. „Aber die Provokation geht natürlich auch verloren, wenn man alles geil nennen kann", sagt Keller und prophezeit dem geschmähten Jugendausdruck den Wandel zu einer nichtsexuellen Bedeutung. Das haben die Jugendlichen natürlich nicht beabsichtigt.

Beim Sprachwandel gibt es kein Zurück

Zwischen einem Trampelpfad und einem Bedeutungswandel gibt es jedoch einen wichtigen Unterschied: Eine Grünanlage kann man notfalls umgraben und ganz neu bepflanzen. Das geht mit gewandelten Bedeutungen nicht. Wenn Goethe sich etwa einen Sack Kartoffeln zu einem billigen Preis kaufte, dann verstanden er und seine Zeitgenossen darunter einen angemessenen Preis. Diese Bedeutung kennen wir nur noch aus der feststehenden Wendung recht und billig, ansonsten ist billig für uns erstens „nicht teuer" und zweitens, davon abgeleitet, „dürftig, abgedroschen". Wegen dieser heutigen negativen Bedeutung führt zu Goethes Billigkeit kein Weg zurück. Möglicherweise, vermutet Keller, werde sich dafür – zumindest in der Warenwelt – fair einbürgern.

Werden wir dann eines Tages Goethe und Schiller nur noch mithilfe umfangreicher Kommentare lesen können? „Ja", sagt Keller, „das ist unvermeidlich." Aber das Bedauern darüber, damit kann man sich trösten, wird nur wenige Generationen währen; so wie wir uns heute nicht darüber grämen, dass wir nicht mehr Walther von der Vogelweide oder auch Martin Luther im Original lesen können, werden spätere Generationen kaum über den Verlust des unmittelbaren Verständnisses von Goethe trauern. Denn irgendwann ist auch der seit 800 Jahren tot.

ZEIT ONLINE 09/1999: http://www.zeit.de/1999/09/199909.sprachverfall_.xml

Praxisteil

**Arbeitsauftrag:**

Präpariere den Text übersichtlich, sodass du die Hauptaussagen, die Abschnittsthemen und die inhaltlichen Bezüge schnell wiederfindest und in ein Unterrichtsgespräch einbringen kannst.

2.3 Dokumentation einer Schülerarbeit und Diagnose der Ergebnisse

Ohne zunächst eine pauschale Bewertung der Brauchbarkeit der Textbearbeitung für die individuelle Nutzung des Textes im Unterrichtsgespräch ableiten zu können, lassen sich unterschiedliche Formen der Bearbeitung feststellen, die hier – hypothetisch – in drei Gruppen geteilt wurden. Vor allem die Übergänge zwischen der 2. und 3. Gruppe sind dabei fließend. Dokumentiert wird ein gelungenes Beispiel aus Gruppe 3.

Kriterium zur Bildung der ersten Beispielgruppe war das offensichtliche Fehlen einer systematischen Strategie zur Textbearbeitung. Die Markierungen bezeugen, dass der Text gelesen – sicherlich auch grundsätzlich verstanden – wurde, eine differenzierte, reflektierte und intentionale Vorbereitung auf ein Unterrichtsgespräch, in welches die Textinformationen eingebracht werden könnten, erfolgte hier offensichtlich aber nicht. Charakteristisch für diese Gruppe von Texten sind folgende Merkmale:

- Die Markierungen unterscheiden sich schon quantitativ von den meisten anderen Beispielen. Markiert sind 8 bis 10 Textstellen. Neben dem Text befinden sich 2 bis 5 Randnotizen.
- Die Textbearbeitung ist einfarbig. Sowohl die Markierungen innerhalb des Texts als auch die Randnotizen sind in derselben Farbe vorgenommen.
- Die Randnotizen sind willkürlich vorgenommen und folgen keinem Textbearbeitungskonzept. Auch die Unterstreichungen lassen kein stringentes System erkennen. Allenfalls auf dem ersten Textblatt werden dabei noch Sätze unterstrichen, die einen zusammenfassenden Charakter in Bezug auf den gesamten Textabschnitt, in welchen sie eingebettet sind, aufweisen. Auf dem zweiten Textblatt nehmen die Unterstreichungen bei allen Beispielen dieser Gruppe deutlich ab.
- Es sind kaum Symbole – etwa zur Hervorhebung von wichtigen Stellen oder zur Markierung von Unverständlichem – notiert.
- Notizen zur Aussageabsicht oder sonstige weiterführende Anmerkungen finden sich nicht.

Die meisten Schülerinnen und Schüler bearbeiteten die Texte auf eine Art, die hier als zweite Gruppe zusammengefasst ist. Typische Kennzeichen der zweiten Gruppe sind:

- Die Fülle der Markierungen unterscheidet sich deutlich von der ersten Gruppe. Die meisten Bearbeitungsbeispiele weisen zu jedem Textabschnitt eine Notiz auf, sodass es bei den Texten dieser Gruppe zu rund 8 Notizen am Rand kommt.
- Die Randnotizen haben unterschiedliche Bedeutung: Am häufigsten fassen sie die Inhalte der einzelnen Abschnitte prägnant zusammen. Darüber hinaus finden sich auch Noti-

zen, die Hinweise zum Textaufbau oder zur Argumentationsstruktur enthalten. In vielen Bearbeitungsbeispielen finden sich beide Arten von Randnotizen, ohne dass eine offensichtliche optische Unterscheidung vorgenommen wurde.
- Der quantitative Unterschied bei den Unterstreichungen besteht weniger in der Anzahl als in der Länge des jeweils Unterstrichenen. In den Texten der zweiten Gruppe sind die bedeutungstragenden Phrasen und Sätze innerhalb der einzelnen Abschnitte unterstrichen. Einzelwörter hingegen sind nur selten unterstrichen.
- Die Markierungsform „Unterstreichen" weist optische Differenzierungen auf, indem entweder in verschiedenen Farben oder mit verschiedenen Formen unterstrichen wird. Wo eine solche Differenzierung vorgenommen wird, ist sie nicht willkürlich. Zwei Bearbeitungsbeispiele dieser Gruppe markieren diejenigen Textstellen durch Unterschlängeln, in denen die Meinung von namentlich genannten Wissenschaftlern wiedergegeben wird.
- In den meisten Texten sind inhaltlich zusammengehörende Abschnitte – zum Beispiel durch Linien oder Haken – optisch voneinander abgegrenzt.
- Auch die Texte der zweiten Gruppe enthalten kaum Stellungnahmen oder Hinweise, die über einzelne Textstellen hinausgehen. Symbole zur Kennzeichnung besonderer Textstellen werden ebenfalls nicht verwendet.

Die Texte der dritten Gruppe (siehe dokumentierte Schülerarbeit) lassen eine weiter differenzierte Form der Textbearbeitung erkennen, die folgende Kennzeichen trägt:
- Die Quantität der Markierungen und Bearbeitungen stimmt weitestgehend mit den Beobachtungen aus der zweiten Textgruppe überein: In der Regel werden in jedem Textabschnitt die wesentlichen bedeutungstragenden Phrasen und Sätze unterstrichen oder markiert. Außerdem wird zu jedem Abschnitt eine Randnotiz formuliert, die entweder eine inhaltliche Zusammenfassung des Abschnittes darstellt oder sich auf den Textaufbau bzw. die Argumentationsstruktur bezieht.
- Die Markierungen unterscheiden sich in Form und Farbe, wobei das optische Differenzierungskonzept nicht immer eindeutig und offensichtlich ist.
- Einzelne Bearbeitungen werden – meist durch Pfeile – auf andere bezogen, um die Textstruktur anschaulicher zu machen. Derartige Markierungen, die über die isolierte Wahrnehmung einzelner Textpassagen hinausgehen, sind allerdings auch bei dieser Gruppe äußerst selten und werden kaum durch Bemerkungen oder Notizen ergänzt. Sie beziehen sich bei den untersuchten Beispielen ausschließlich auf Textabschnitte, die direkt aufeinander folgen.
- Vereinzelt werden Ausrufezeichen zur Kennzeichnung wichtiger Stellen verwandt.

Gregor Lorenz

## Bald ist auch Goethe lange tot (2006)    Doris Marszk

*Von wegen Verhunzung - wenn die Sprache sich wandelt, ist das ein Zeichen dafür, daß sie lebt*

"Krißt du Bafög?" - "Nee, ich muß jobben." - "Drücken deine Alten keine Knete ab?" - "Können se nich, weil die ham grade ihr Geschäft aufgegeben. Aber manchmal sponsern se mir Klamotten."

Ein Dialog in Deutschland. Reden wir so? Müssen wir so reden? Abkür-
5 zungen, Anglizismen, Vulgarismen und verhunzte Syntax? Kommt es etwa noch schlimmer? Kommt drauf an - was man unter "schlimmer" versteht. Für Alfred Mechtersheimer, Initior des Arbeitskreises Unsere Sprache, kann es kaum noch schlimmer kommen. "Die Gossen- und Ghettosprache breitet sich immer weiter aus. Nicht zuletzt Hörfunk und
10 Fernsehen fördern diesen Sprachverfall."

In der Gesellschaft für deutsche Sprache, die alljährlich das "Unwort des Jahres" kürt - 1998 war es das sozialverträgliche Frühableben - wird dieser extreme Pessimismus nicht geteilt. Horst Dieter Schlosser, Sprecher der Jury für die Auswahl des Unworts des Jahres, ist allerdings über-
15 zeugt, daß Sprachkritik not tut. Dieses Feld dürfe man nicht "den Linguisten" überlassen, die sich jeglicher Sprachkritik enthielten. [...] Große Sorgen machen sich allerdings die wenigsten Experten. Sie überblicken bei ihren Untersuchungen große Zeiträume - und wissen daher, daß viele Erscheinungen, die heute beklagt werden, auch früher schon
20 vorkamen, ohne daß die Sprache dadurch verfallen wäre. "Diese Auffassung wird in der Linguistik auch längst nicht mehr diskutiert", sagt der Germanist Thomas Becker von der Universität München. Wenn sich Eltern und Lehrer um die Ausdrucksfähigkeit ihrer Kinder und Schüler sorgen, weil diese zum Beispiel vieles nur mit voll super beschreiben, dann
25 verweist der Tübinger Romanist Ulrich Detges darauf, daß diese Adverbialisierung von voll etwa auf die gleiche Weise entstanden ist wie die englische Adverbendung -ly. Diese geht zurück auf das germanische Substantiv lika, das "Körper" bedeutete und einen Bedeutungswandel von "Körper (von X)" zu "gleich (wie X)" durchmachte. Mit der Zeit wur-
30 de ika zu -ly abgeschliffen. Und ebensowenig wie das Englische an dieser Adverbform zugrunde gegangen ist, wird das Deutsche daran sterben, daß es irgendwann voll normal sein wird, für die Bedeutung "in hohem Maße einer Eigenschaft" Wörter wie irre, echt oder voll zu benutzen.
35 Im Gegenteil: Daß Sprache sich wandelt, ist ein Zeichen dafür, daß sie lebt. Sie lebt mit den Sprechern, die immer wieder neue und andere Bedürfnisse haben, etwas auszudrücken. Das kann, wie bei den Adverbien, das Bedürfnis nach metaphorischem Nachdruck sein oder auch das Bedürfnis nach einer sprachlichen Abkürzung. Seit einigen Wochen dis-
40 kutieren wir den Doppelpaß, der noch zur Zeit des letzten Bundestags-

wahlkampfes doppelte Staatsbürgerschaft hieß. Doppelpaß, das ist knackig, kurz und gut, und ursprünglich war wohl eine kleine ironische Komponente dabei, das das Wort auch eine Spieltechnik im Fußball bezeichnet. Diese kleine Doppeldeutigkeit ist, wenn sie überhaupt be-
5 merkt wurde, für die breite Öffentlichkeit längst dahin.

Bei einem anderen vielgebrauchten Wort, dem Ausdruck geil, meinen hingegen einige Ältere immer noch die zweite Bedeutung zu spüren. Rudi Keller, Germanist an der Universität Düsseldorf und Autor des in der Fachwelt vielbeachteten Buches Sprachwandel, kann über dieses
10 Gezeter nur lächeln. Die sexuelle Bedeutung erhielt das Wort erst Ende des 19. Jahrhunderts, davor bedeutete geil einfach "üppig". In den vergangenen Jahren wurde das Wort von den Jugendlichen aufgegriffen, um zu provozieren. "Aber die Provokation geht natürlich auch verloren, wenn man alles geil nennen kann", sagt Keller und prophezeit
15 dem Geschmähten Jugendausdruck den Wandel zu einer nichtsexuellen Bedeutung. Das haben die Jugendlichen natürlich nicht beabsichtigt. [...] Zwischen einem Trampelpfad und einem Bedeutungswandel gibt es jedoch einen wichtigen Unterschied: Eine Grünanlage kann man notfalls umgraben und ganz neu bepflanzen. Das geht mit gewandelten Bedeu-
20 tungen nicht. Wenn Goethe sich etwa einen Sack Kartoffeln zu einem billigen Preis kaufte, dann verstanden er und seine Zeitgenossen darunter einen angemessenen Preis. Diese Bedeutung kennen wir nur noch aus der feststehenden Wendung recht und billig, ansonsten ist billig für uns erstens "nicht teuer" und zweitens, davon abgeleitet, "dürftig, ab-
25 gedroschen". Wegen dieser heutigen negativen Bedeutung führt zu Goethes Billigkeit kein Weg zurück. Möglicherweise, vermutet Keller, werden wir dann eines Tages Goethe und Schiller nur noch mit Hilfe umfangreicher Kommentare lesen können? "Ja", sagt Keller, "das ist unvermeidlich." Aber das Bedauern darüber, damit kann man sich trös-
30 ten, wird nur wenige Generationen währen; so wie wir uns heute nicht darüber grämen, daß wir nicht mehr Walther von der Vogelweide oder auch Martin Luther im Original lesen können, werden spätere Generationen kaum über den Verlust des unmittelbaren Verständnisses von Goethe trauern. Denn irgendwann ist auch der seit 800 Jahren tot.

**Arbeitsauftrag**
Präpariere den Text übersichtlich, sodass du die Hauptaussagen, die Abschnittsthemen und die inhaltlichen Bezüge schnell wiederfindest und in ein Unterrichtsgespräch einbringen kannst.

Textbearbeitung von Gregor (Gruppe 3)

## 2.4 Auswertung

Sicherlich lässt sich kaum von jeder Textbearbeitung auf die Leistungsfähigkeit des einzelnen Schülers schließen, hängt die Qualität derartiger Textvorbereitungen doch viel zu sehr von der Leistungsbereitschaft, dem aufgebrachten zeitlichen Aufwand und insbesondere von der Zahl der Textdurchläufe ab. Dennoch können aufgrund der Untersuchung einige Erkenntnisse gewonnen werden, die sich für den Sachtextunterricht nutzen lassen.

Zunächst belegen die Beispiele, dass der offene Arbeitsauftrag offensichtlich dazu führt, dass die meisten Schüler der 10. Klasse die wesentlichen Textinformationen wahrnehmen. Zentrale Aussagen werden nachweislich als solche erkannt, ihre Markierung wird anscheinend als nützlich für die potentielle Rekapitulation des Textes eingeschätzt.

Interessant sind die Erkenntnisse zum Leseverhalten: Aus Sicht der Schüler dürfte der Arbeitsaufwand der zweiten Gruppe als der angemessenste erscheinen. Man nimmt sich Zeit, den Text im Ganzen zu lesen und Wesentliches zu markieren. Zu jedem inhaltlichen Abschnitt werden Randnotizen ergänzt, ohne dass immer ein System in den Ergänzungen zu erkennen ist: Inhaltszusammenfassungen werden mit Hinweisen zur Argumentationsstruktur und zum Textaufbau vermischt. Offenbar gehen die Schüler der 10. Klasse so vor, dass sie den Text sukzessive lesen und die inhaltlichen Informationen der einzelnen Abschnitte auf den Kerninhalt reduzieren. Häufig werden Textstellen markiert, die eine schnelle Erinnerung an diesen Kerninhalt ermöglichen. Alternativ oder parallel dazu wird eine Zusammenfassung am Rand notiert.

Bemerkenswert ist in diesem Zusammenhang die Erkenntnis, dass die Schüler bei der Bearbeitung des Textes anhand des vorgegebenen Arbeitsauftrags kaum den gesamten Text im Blick haben. Ihre Notizen beziehen sich fast ausnahmslos auf einzelne Abschnitte, grundsätzlichere Zusammenhänge werden kaum visualisiert. Wo dies ausnahmsweise doch geschieht, folgen die betreffenden Absätze unmittelbar aufeinander.

Die (Schul-) Terminologie zur Differenzierung der Aussagen und Sprechabsichten einzelner Passagen wird kaum angewandt. Allenfalls *Beispiele* werden als solche gekennzeichnet oder am Rand zusammengefasst. *Argumente* und *Thesen* werden in der Regel nicht exakt markiert. Auch das Repertoire zur Bezeichnung weiterer einfacher Sprachabsichten ist wenig differenziert.

Die Unterstreichungen folgen ebenfalls keinem erkennbaren System, außer dass sie die Absicht erkennen lassen, möglichst solche Stellen zu markieren, die eine schnelle Rekonstruktion des Abschnittsinhaltes erlauben. Ob dazu einzelne Wörter, längere Phrasen oder kurze Abschnitte markiert werden, kann variieren. Generell scheint die Häufigkeit des Unterstreichens im Verlauf des Textes abzunehmen, was freilich darauf schließen lässt, dass die Motivation zum gründlichen Lesen und Bearbeiten des Textes abnimmt. Dass auch das Gesamtverständnis beim Lesen des Textes zunimmt und die Abschnittsinhalte dabei durch immer weniger

Markierungen zusammengefasst werden können, mag ein weiterer Grund zur Erklärung der abnehmenden Markierungshäufigkeit sein. Weiterhin kann festgestellt werden, dass die Schüler kaum auf unterschiedliche Formen des Unterstreichens – etwa durch verschiedene Farben – zurückgreifen, wenn dies nicht ausdrücklich gefordert wird. Symbole zur Kennzeichnung besonderer Textstellen werden von den Schülern kaum benutzt.

## 2.5 Fazit

Aus den beschriebenen Ergebnissen lassen sich Konsequenzen für die Professionalisierung des Sachtextunterrichts ableiten. Auf jeden Fall können sie zur Verbesserung des Umgangs mit Sachtexten genutzt werden, wobei es in diesem Zusammenhang keine Rolle spielt, wann und wie er erfolgt. Die Ergebnisse lassen sich sowohl für Übungen zum Leseverstehen in der Mittelstufe als auch in der Sekundarstufe 2 nutzen.

Grundsätzlich scheint es sinnvoll und möglich, bei Leseübungen an die festgestellten Gewohnheiten der Schüler anzuknüpfen, lässt sich damit doch eine Akzeptanz des Geübten erreichen, die einer schnellen Aneignung der Strategien und einer nachhaltigen Verinnerlichung äußerst zuträglich ist. Auszugehen ist dann also von der Feststellung, dass die Schüler zunächst versuchen, den Text abschnittsweise zu erfassen. Der Schwerpunkt ihrer Rezeption wird dabei auf dem Inhalt einzelner Abschnitte liegen. Offenbar wird es als realistisch und sinnvoll akzeptiert, jeden Textabschnitt mit einer Unterstreichung und einer Randnotiz zu versehen.

Die Übungen sollten durchaus zunächst auf die beschriebenen Kompetenzen blicken. Die Schüler sollten darin trainiert werden, einzelne inhaltliche Abschnitte zu erkennen und deren Inhalt zu erfassen. Die Fähigkeit, zwischen wichtigen und weniger wichtigen Textpassagen unterscheiden zu können, sollte ebenfalls früh geübt werden. Ob dabei nur auf einzelne bedeutungstragende Begriffe – die sogenannten Schlüsselwörter – oder ganze Textpassagen geblickt wird, mag von der Lerngruppe und dem Übungstext abhängen.

Wenn eine Lerngruppe diese offenbar basalen Fähigkeiten beherrscht, können methodische Verfeinerungen vorgenommen werden, die einerseits zu einer weiteren Differenzierung der Strategien führen, andererseits aber auch darüber hinausweisende Kompetenzen schulen. Vor allem der Blick auf den Gesamttext, seine Struktur und Kohärenz konkretisiert das Letztgenannte. Differenzierungen der Grundlagentechnik erfolgen zum Beispiel durch das Sammeln und Einüben verschiedener Unterstreichungstechniken und -formen. Ob hierbei die Wichtigkeit von Aussagen oder das Verhältnis einzelner Passagen durch bestimmte Farben und Muster markiert werden, hängt wiederum von der Einzelsituation ab.

Auch die Randnotizen bedürfen einer einzuführenden und zu übenden Differenzierung, die in erster Linie der offenbar gängigen Verwischung von Informationen zu Textinhalt und Textstruktur entgegenwirken muss. Eine Möglichkeit zur Einübung bietet ein Textlayout, das Notizen auf beiden Textseiten ermöglicht, sodass Informationen zur Textstruktur auf der einen Seite und die einzelnen inhaltlichen Zusammenfassungen auf der anderen Seite notiert werden können.

Ein wesentliches Anliegen der Leseübungen muss es auch sein, die Schüler für die Sprechabsichten einzelner Textabschnitte zu sensibilisieren. Einerseits lässt sich dabei die Wahrnehmung der Textinhalte weiter präzisieren, andererseits wird die Wahrnehmung des Gesamttextes und seiner Struktur zwangsläufig unterstützt. Das Einüben und Einfordern von Textmarkierungen, die die Zusammenhänge zwischen einzelnen Textpassagen veranschaulichen, kann ebenfalls ein Teil der Übung sein. Selbst in der Sekundarstufe 2 werden Schüler diese Strategie in der Regel nur dann anwenden, wenn sie ausdrücklich gefordert wird. Dass der Blick auf Textzusammenhänge durch gezielte Arbeitsaufträge und Fragestellungen forciert und eingefordert wird, ist eine gängige und sicherlich wirksame Praxis, die hier nicht weiter ausgeführt werden muss.

Ob Schüler ihre Texte beim strategischen Lesen mit Symbolen versehen, sollte ihnen grundsätzlich selbst überlassen bleiben. Durch Sammeln und gezieltes Einüben der Verwendung einfacher Symbole – wenigstens eines Fragezeichens und eines Ausrufezeichens – sollte ihnen aber die Möglichkeit gegeben werden, deren Brauchbarkeit individuell zu testen.

Hilfreich sind die Ergebnisse der Auswertung auch für die Unterrichtsgestaltung im Zusammenhang mit der Lektüre von Sachtexten, zeigen sie doch typische Lesegewohnheiten und -schwächen der Schüler, die einem Textverständnis entgegenstehen können. So wird der offenbar typische isolierte Blick auf einzelne Textabschnitte schon bei der Auswahl und der Zusammenstellung der Unterrichtstexte relevant. Wenn eine komplexe Textstruktur nicht gezielt zur Übung oder Verunsicherung genutzt werden soll, ist es sinnvoll, Texte einzusetzen, die eine klare inhaltliche Gliederung aufweisen und in denen einzelne Aspekte zusammenhängend behandelt werden.

Davon unabhängig lassen sich verschiedene, progressiv aufeinander aufbauende Niveaustufen des Textverständnisses ableiten, auf deren Grundlage unterstützende Arbeitsaufträge und eventuell notwendige Hilfestellungen im Unterricht formuliert werden können. So wird das Erfassen, Markieren und Zusammenfassen einzelner Inhaltsabschnitte sehr hilfreich sein, erste Zugangsschwierigkeiten zu überwinden. Weiterhin hilfreich sind Arbeitsaufträge, die darauf ausgerichtet sind, wesentliche Textstellen zu markieren, Sprechabsichten einzelner Passagen zu formulieren und Verbindungen zwischen den einzelnen Abschnitten zu bestimmen.

Ein dritter Bereich, in dem die Ergebnisse der Untersuchung brauchbar werden, ist die Diagnose von Leseschwierigkeiten einzelner Schüler. Die Untersuchung zeigt, über welche Lesekompetenzen ein Zehntklässler in der Regel verfügt und welche Strategien er anwendet. Differenziert kann bei Schwierigkeiten überprüft werden, ob ein Schüler nicht in der Lage ist, inhaltliche Abschnitte als solche wahrzunehmen, ob er den Inhalt einzelner Abschnitte nicht versteht, wesentliche Aussagen nicht von unwesentlichen unterscheiden kann – über welche der grundlegenden Kompetenzen er also offensichtlich nicht verfügt. Eine gezielte Förderung kann sich diese Ergebnisse zunutze machen.

## Sachtexte lesen im Fach Erdkunde
Rita Liesenfeld

**1 Didaktische Überlegungen zu Sachtexten im Erdkundeunterricht**

1.1 Sachtexte im Erdkundeunterricht

Die in der fachdidaktischen Literatur am häufigsten vertretenen Meinungen zur Rolle und zur Bedeutung von kontinuierlichen Texten im Erdkundeunterricht lassen sich treffend anhand zweier Zitate mit scheinbar gegensätzlichen Positionen charakterisieren:

▶ *„Der Text ist sicherlich kein typisch geografisches Arbeitsmittel."* (Wallert 1994, S. 3)
▶ *„ ... Texte (sind) – noch vor der Atlaskarte – die am häufigsten angebotenen Arbeitsgrundlagen."* (Czapek 2004, S. 187)

(Beide Zitate meinen mit „Text" ausschließlich kontinuierliche Texte (Fließtexte), der erweiterte Textbegriff, wie ihn z. B. die PISA-Studie verwendet, schließt allerdings auch Diagramme, Tabellen usw. als nicht-kontinuierliche Texte ein.)

Obwohl beide Auffassungen auf den ersten Blick gegensätzlich erscheinen, widersprechen sie sich nicht.

Im ersten Zitat wird zutreffend der Einsatz von (Fließ)-Texten als nicht „typisch geografisch" abgelehnt, stattdessen werden solche Arbeitsmittel gefordert, die raumrelevante (Teil-) Informationen in Form von aufbereitetem Karten-, Bild- oder Datenmaterial liefern und nachfolgend eine eigenständige Auswertung zur Analyse und Bewertung von Räumen, der darin verbreiteten Phänomene und/oder ihrer prozesshaften Entwicklung erfordern. Die möglichst effiziente Entschlüsselung von Informationen, die in nicht-kontinuierlichen Texten, wie z.B. in Statistiken, Diagrammen und Karten, enthalten sind, setzt bei den Lehrenden wie auch bei den Lernenden anspruchsvolle didaktische oder fachmethodische Fähigkeiten voraus, damit sie das in diesen Materialien enthaltene didaktische Potenzial im Sinne einer produktiven Erkenntnisgewinnung einsetzen oder nutzen können. Wenn also diese Arbeitsmittel zur Analyse geografischer Sachverhalte und zur Beantwortung geografisch relevanter Fragestellungen verfügbar sind, sind sie in einem auf die Stärkung von Lernerkompetenzen ausgerichteten Fachunterricht immer einem geschlossenen Text vorzuziehen. Denn der Einsatz von Sachtexten, um Untersuchungsergebnisse zeitsparend zusammenzufassen und vorwegzunehmen, lässt eben nicht zu, dass die spezifischen Fachmethoden angewendet und geübt werden, und damit würde der Erdkundeunterricht auf die Möglichkeit eines fachkompetenzorientierten und nachhaltigen Lernens verzichten.

Aber auch die Feststellung im zweiten Zitat trifft zu, wie alle Praktiker aus eigener Erfahrung wissen. Der Einsatz einer Vielzahl von kontinuierlichen Texten, die unabhängig vom ihnen zugedachten didaktischen Ort und von ihrer Funktion im Unterricht den unterschiedlichsten Quellen entstammen können, ist im alltäglichen Erdkundeunterricht selbstverständlich. So kann es daher vorkommen, dass in den verschiedenen Phasen der Lehr-Lern-Prozessgestaltung der dazu ausgewählte fachlich geeignete Text auch zur dominanten Arbeitsgrundlage für die entsprechende Phase im Unterricht gemacht wird.

Texte, die den fachinhaltlichen Anforderungen der Kernphasen im Unterricht (Erarbeitungsphase) genügen können, weisen meist viele neue Begriffe und abstrakte Formulierungen auf, die das Verstehen der beschriebenen Abläufe und Zusammenhänge für einen nicht unerheblichen Teil der Schülerschaft erschweren. Solche Texte werden bevorzugt als Autorentexte der wissenschaftlichen Fachliteratur, den Schulbüchern und Fachzeitschriften oder als authentische Texte niveauvoller Medienveröffentlichungen entnommen und sind je nach Ursprung dann mehr oder weniger aufbereitet. Im Unterschied zu den didaktisierten Texten aus Lehrbüchern, Unterrichtshilfen oder praxisorientierten Fachzeitschriften richten sich diese Sachtexte als Zielgruppe nicht an die Adresse einer spezifischen Schülerschaft. Dementsprechend unterscheiden sie sich sowohl sprachlich als auch inhaltlich zuweilen stark von den zuvor ausgewählten und nach den Intentionen der Lehrpläne und Bildungsstandards konzipierten Schulbuchtexten.

Diese Tatsache erfordert von der Lehrkraft, dass sie die nicht für den Unterricht produzierten Sachtexte für die Lerngruppe ggf. didaktisch reduzieren und dann, wie alle anderen Texte auch, methodisch aufbereiten muss. Dem jeweiligen unterrichtlichen Kontext entsprechend gewinnt der Einsatz solcher Texte wegen ihrer Authentizität an Bedeutung. Hier kommen sowohl naturwissenschaftlich als auch gesellschaftswissenschaftlich ausgerichtete Sachtexte zum Einsatz. Daneben werden vereinzelt auch literarische Texte, sofern sie entsprechende geografische Bezüge eröffnen, genutzt.

All dies und die große Fülle von geografisch relevanten und häufig sehr komplexen Themen führen dazu, dass im Erdkundeunterricht verschiedenartige Textsorten eine Rolle spielen. Dazu gehören zusammengefasst:
- Lehrbuchtexte,
- Texte aus Fachzeitschriften und Unterrichtshilfen,
- Texte aus Sachbüchern zu naturwissenschaftlichen und gesellschaftswissenschaftlichen Themen, z. B. Jahres- und Länderchroniken, Was-ist-was?-Bücher, Veröffentlichungen verschiedener Autoren zu relevanten Sachthemen,
- wissenschaftspropädeutische Texte (in Magazinen), z. B. in Bild der Wissenschaft, PM-Magazin, Wissenschaftsbeilagen,
- Presseartikel (in regionalen und überregionalen Zeitungen, Zeitschriften und populärwissenschaftlichen Magazinen wie Geo, National Geographic), z. B. Berichte, Nachrichten, Kommentare, Dokumentationen, Interviews, Redeausschnitte,
- Online-Artikel, z. B. Wikipedia, Webseiten zu Beiträgen aus verschiedenen geografisch relevanten Fachgebieten und ihrer Nachbarwissenschaften, Fachforen, Beiträge der Presse- und Medienanstalten,
- Gebrauchstexte als authentisches Material, z. B. Werbeprospekte, Reisekataloge, Flyer, Fahrpläne, Parteiprogramme,
- Texte aus amtlichen Veröffentlichungen, z. B. Gesetzestexte, Planungsgrundlagen.

## 1.2 Leseziele, Lehrplanbezug, Bildungsstandards

Die vom Verband der deutschen Schulgeografen in Eigenregie entwickelten, von der KMK aber nicht verbindlich gemachten nationalen Bildungsstandards für den Mittleren Schulabschluss (vgl. Bildungsstandards 2007) sind konzeptionell stark an die der anderen Fächer angelehnt. Sie weisen wie die Einheitlichen Prüfungsanforderungen für die Abiturprüfung (EPA) neben anderen Kompetenzbereichen auch den der – mündlichen und schriftlichen – Kommunikation aus. Dies bedeutet, dass – wie in den anderen Fächern, in denen Sachtexte Anwendung finden, – die Lernenden nach und nach kompetent werden sollen, Informationen sach- und fachgerecht zu erschließen und mündlich oder schriftlich auszutauschen. Zielsetzungen wie auch Grundsätze der Lesedidaktik im Fach Erdkunde sind mit denen der anderen Fächern weitgehend identisch.

Mit dem Lesen von unterschiedlichen Arten von Sachtexten im Erdkundeunterricht sind unterschiedliche Ziele verbunden:

▶ *Lehrbuchtexte und wissenschaftspropädeutische Texte* (z. B. Was-ist-was?-Bücher) zielen auf das deklarative Wissen des Lesers, knüpfen an dessen Vorwissen an und informieren ihn.
▶ *Anweisende Texte* (z. B. Experimentieranleitungen, Kalender, Fahrpläne, Gesetzestexte, Planungsvorgaben, ...) zielen auf das prozedurale Wissen mit begleitenden Handlungen.
▶ *Argumentierende/appellierende Texte* (z. B. Pressenotizen, Wissenschaftsberichte, Zukunftsszenarien, ...) zielen auf die Einstellungen des Lesers, appellieren an die Emotionen, fordern zur persönlichen Stellungnahme und zum Engagement auf.

Die Tatsache, dass Sachtexte häufig in allen Unterrichtsphasen als Arbeitsgrundlage im Erdkundeunterricht genutzt werden, macht es erforderlich, dass alle dort verwendeten Texte vom Lerner kompetent gelesen und so die für den Lernfortschritt entscheidenden Inhalte möglichst vollständig, mit dem angestrebten Erkenntnisgewinn erschlossen und auch kommuniziert werden können.

Um die in der PISA-Studie formulierten Ziele – Informationen ermitteln, textbezogenes Interpretieren, Reflektieren und Bewerten – erreichen zu können, ist das gezielte Üben des Lesens von Sachtexten auch im Erdkundeunterricht notwendig. Dies trägt dann auch zur erforderlichen fachorientierten Entwicklung der Kompetenzen der Lernenden (Fachwissen, Erkenntnisgewinnung, Kommunikation und Bewertung) bei, wie sie in den nationalen Bildungsstandards des Verbandes gefordert werden.

## 1.3 Lesesituationen

Lesesituationen sind solche, in denen Sachtexte mit einer spezifischen Absicht eingesetzt werden. Im Erdkundeunterricht treten alle im Grundlagenteil genannten typischen unterrichtlichen Lesesituationen auf:

▶ Informationssuche durch selektives Lesen,
▶ Inhaltsverstehen durch intensives Lesen,

# Erdkunde

- Textbearbeitung durch selektives Lesen,
- Textproduktion durch intensives und zyklisches Lesen,
- thematische Erarbeitung durch orientierendes, extensives und intensives Lesen.

Als Einstieg können Texte zur Problematisierung des Stundenthemas und als Grundlage für die Entwicklung von unterrichtstragenden (Leit-) Fragen dienen und haben so eine wichtige choreographische Funktion im Unterrichtsverlauf. Sie werden dazu genutzt, den inhaltlichen Schwerpunkt des Unterrichts in einen Kontext einzubetten, um so den Unterricht zu rahmen und ihn dadurch gleichzeitig für die Lernenden transparent zu machen. Die Texte sind aufgrund dieser Funktion in der Regel so ausgewählt, dass sie für die Lernenden motivierender und leichter zugänglich sind als die oftmals hoch verdichteten Sachtexte, die in den Erarbeitungsphasen des Unterrichts zur Beschreibung und Erklärung komplizierter Sachverhalte oder Prozessabläufe herangezogen werden müssen.

In der Eröffnungsphase des Unterrichts kommen daher häufiger kurze authentische Texte oder Textausschnitte (z. B. Zeitungsberichte, Schlagzeilen, Interviews), die den unterschiedlichsten Medien entstammen, zum Einsatz. Ebenso finden hier Zitate, Liedtexte, Auszüge von Reiseberichten oder von der Lehrkraft selbst produzierte Texte Verwendung. Diese Texte werden mittels unterschiedlicher methodischer Verfahren, z. B. über ein impulsgesteuertes Unterrichtsgespräch, umgeschlagen (Annäherung über Verstehensinseln), die Ergebnisse sollen im o. g. Sinne zum Kern des Unterrichts überleiten.

Zu Beginn einer größeren Unterrichtseinheit werden gelegentlich auch Autorentexte eingesetzt, die häufig den Schulbüchern entnommen sind und einen Überblick über ein Sachgebiet oder Raumbeispiel geben sollen. Sie dienen dann als Grundlage für eine anschließende Strukturierung möglicher Unterrichtsinhalte. Die Inhalte solcher Übersichtstexte lassen sich ggf. z. B. als Mindmap oder Conceptmap darstellen und so übersichtlich geordnet erfassen und strukturieren.

Die in der Erarbeitungsphase eingesetzten Texte sind meistens Autorentexte mit beigefügtem Arbeitsmaterial zur selbstständigen oder geleiteten Erarbeitung. Zur Bearbeitung ist Vorwissen erforderlich, das mit neuem Wissen verknüpft werden muss. Der maximale Lernerfolg stellt sich ein, wenn die Informationstexte weder unter- noch überfordern, sondern etwas über dem Leistungsvermögen der Lernenden liegen, was angesichts der Heterogenität nicht immer möglich ist. Abgestufte und differenzierte Lesehilfen sind eine Möglichkeit.

Um zu vermeiden, dass die Texte die Lernenden dazu verleiten, geografische Sachverhalte lediglich zu reproduzieren, ist eine Kombination von Fließtexten mit nicht-kontinuierlichen Texten didaktisch ratsam. Durch die Erarbeitung eines Themas an einem Fließtext und z. B. an einer Statistik werden die Lernenden veranlasst, Informationen, die sie dem Fließtext entnommen haben, mit Daten aus anderen Darstellungsformen abzugleichen, Hypothesen, Meinungen oder Aussagen zu überprüfen und zu beurteilen oder selbstständig Folgerungen zu ziehen.

Praxisteil

1.4 Lesestrategien

Im Erdkundeunterricht können alle im Grundlagenteil aufgeführten zehn Strategien eingesetzt werden.

- *Strategie 1* (Fragen zum Text beantworten)
- *Strategie 2* (Fragen an den Text stellen)
- *Strategie 3* (Den Text strukturieren)
- *Strategie 4* (Den Text mit dem Bild lesen)
- *Strategie 5* (Farborientiert markieren)
- *Strategie 6* (Den Text in eine andere Darstellungsform übertragen)
- *Strategie 7* (Den Text expandieren)
- *Strategie 8* (Verschiedene Texte zum Thema vergleichen)
- *Strategie 9* (Schlüsselwörter suchen und den Text zusammenfassen)
- *Strategie 10* (Das Fünf-Phasen-Schema anwenden)

Im Umgang mit Sachtexten werden schon immer Elemente der Strategien 1, 3, 4, 5, 6, 8 und 9 über gängige Arbeitsaufträge (vgl. 1.5), die zunächst der inhaltlichen Klärung geografischer Sachverhalte dienen, genutzt. Neben den eher im Zuge einer gestuften Texterschließung als vorbereitende Lesehilfen anzusehenden Strategien 3, 5 und 9 sind die Strategien 2, 4 und 6 im Erdkundeunterricht besonders bedeutsam.


1.5 Zum Einsatz des Lehrbuchs

Das Lehrbuch wird im Erdkundeunterricht sehr häufig eingesetzt, vermutlich deutlich mehr als in anderen Fächern. Die Texte und die anderen Materialien (Karten, Bilder, Skizzen, Diagramme, Statistiken, Versuchsanleitungen, Glossar) des Lehrbuchs werden in den verschiedenen Phasen des Unterrichts sowie für die Vor- und Nachbereitung des Unterrichts von den Lernenden und Lehrenden genutzt. Die in letzter Zeit aktualisiert auf den Markt gekommenen Lehrwerke berücksichtigen im Zuge der Kompetenzorientierung viel stärker als in früheren Ausgaben auch die (fach-) methodischen Schwerpunkte des Erdkundeunterrichts und liefern dazu entsprechende Anleitungen in ihren Methodenteilen. Außerdem ist festzustellen, dass die neuen Bücher zum Teil die Merkmale eines Schülerarbeitsbuches aufweisen und so genutzt werden können. Nach wie vor gilt aber auch, dass – themen- und/oder lehrerabhängig – das Arbeitsblatt im Unterricht dominiert. Entsprechend der veränderten didaktisch-methodischen Ausrichtung haben sich auch die Aufgabenstellungen, die in Verbindung mit den Texten und den anderen Unterrichtsmaterialien zu den jeweiligen Themen angeboten werden, verändert. Zu den üblicherweise vorhandenen – direkt auf den Inhalt zielenden – Fragen tauchen auch verstärkt Aufträge in den Schulbüchern auf, Textinhalte in eine andere Darstellungsform (Schaubild, Tabelle, Mindmap, Kausaldiagramm, …) zu bringen. Diese Aufgaben werden allerdings nicht gezielt als Übung zur Förderung der Lesefähigkeit von Sachtexten eingesetzt, sondern mit der Intention, Sachverhalte zu veranschaulichen oder Texte auf das inhaltlich Wesentliche zu reduzieren und zu strukturieren. Diese Aufgaben leisten unbestritten einen wichtigen Beitrag zur Förderung der allgemeinen Methodenkompetenz und integrativ auch zur Verbesserung der Lesekompetenz bei Schülern.

**2 Beispiel zur Arbeit mit Sachtexten im Erdkundeunterricht**

2.1 Vorbemerkungen zum Unterrichtskontext

Das nachfolgend dargestellte Lesebeispiel wurde im Rahmen eines halbjährlich zweistündig erteilten Erdkundeunterrichts an einem Gymnasium in einer 10. Klasse mit 22 Schülerinnen und Schülern im zeitlichen Rahmen einer Schulstunde erprobt. Eine Lerngruppe mit wenig Erfahrung im Lesen von Sachtexten sollte durch systematisches Üben an das Lesen und die Erschließung komplexer Sachtexte herangeführt werden.

Das Lesebeispiel wurde absichtsvoll ausgewählt. Es sollte:
▸ dem eingeführten Lehrbuch entnommen werden,
▸ leicht in den laufenden Unterricht integriert werden können,
▸ für den Erdkundeunterricht typisch sein.

Das Material entstammt dem Kapitel „Familienplanung – ein Schlüssel zur Entwicklung" aus dem eingeführten Schulbuch (Diercke Erdkunde, Rheinland-Pfalz 3, S. 146 f.). Unter inhaltlichen Gesichtspunkten wurde an das zuvor behandelte Thema „Das globale Bevölkerungswachstum" angeknüpft. Beide Themen sind gemäß den Zielsetzungen und Lehrplanvorgaben und ihrer bleibenden Aktualität wegen Standardthemen in der Sekundarstufe 1 als auch vertiefend in der Sekundarstufe 2. Der nicht-kontinuierliche Text mit Statistik und Balkendiagramm kommt im Erdkundeunterricht häufig vor und läuft Gefahr, von ungeübten Lesenden nicht auf Anhieb voll erschlossen und in die entsprechenden Zusammenhänge gebracht zu werden. Derartige kombinierte und komplexe Sachtexte werden dann nur flüchtig gelesen und liefern infolgedessen nur oberflächliche Ergebnisse.

Im Fließtext (M3) wird zunächst additiv, mit dem Verweis auf vorhandene regionale Unterschiede, die weltweite Entwicklung der Kinderzahl pro Frau dargestellt, dazu werden Prozentangaben zur Anwendung von Methoden zur Familienplanung gemacht. Es folgen dann zahlengestützte Informationen zu ungewollten Schwangerschaften, deren Ursachen und gesundheitlichen Folgen für die Frauen und die geborenen Kinder. Die bei einem verbesserten Einsatz von Verhütungsmitteln erwartete Senkung der Geburtenzahl in den Entwicklungsländern wird als Prozentzahl ausgedrückt. Die integrierte Statistik liefert dann anhand von beispielhaft ausgewählten Entwicklungsländern einen regional differenzierten Überblick über den jeweiligen Anteil der verheirateten Frauen, die moderne Verhütungsmethoden anwenden. Das Balkendiagramm zeigt die durchschnittliche Kinderzahl der Frauen in diesen Ländern, differenziert nach gewollt oder ungewollt geborenen Kindern.

Bei nur oberflächlicher Betrachtung der Abbildung (in M3) scheinen die Verhältnisse, die zwischen der Anwendung von modernen Verhütungsmethoden und der ermittelten Kinderzahl pro Frau sowie dem Verhältnis zwischen gewollt und ungewollt geborenen Kindern bestehen, eindeutig zu sein. Erst die intensive Lektüre macht interessante, davon abweichende Unterschiede bewusst, die es zu hinterfragen gilt. Darauf aufbauend können neue Fragen aufgeworfen werden, aus denen sich dann auch Möglichkeiten zur Fortführung und Erweiterung des Themas im nachfolgenden Unterricht ergeben.

Der wenig konkrete Arbeitsauftrag im Schulbuch lautet: *„Erläutere Diagramm M3."* Die Lernenden müssen bereits über die notwendige Lesefähigkeit zur Erschließung des kombinierten Textmaterials verfügen, ohne die eine sachangemessene Bearbeitung des Arbeitsauftrags nicht möglich ist. Die Erfahrung zeigt allerdings, dass solche Erwartungen in der Regel nur von einigen Schülern ohne weitere Hilfen hinreichend erfüllt werden können.

## 2.2 Material und Arbeitsaufträge

| | Verheiratete Frauen (15-49), die moderne Verhütungsmethoden anwenden (in %) | durchschnittliche Kinderzahl pro Frau (gewollt / ungewollt) |
|---:|:---:|:---|
| Kenia | 32 | 3,5 / 4,7 |
| Uganda | 18 | 5,3 / 6,9 |
| Simbabwe | 50 | 3,4 / 4,0 |
| Ägypten | 57 | 2,9 / 3,5 |
| Jemen | 10 | 4,6 / 6,5 |
| Bangladesch | 43 | 2,2 / 3,3 |
| Nepal | 35 | 2,5 / 4,1 |
| Philippinen | 33 | 2,7 / 3,7 |
| Haiti | 22 | 2,8 / 4,7 |
| Kolumbien | 64 | 1,8 / 2,6 |
| Peru | 50 | 1,8 / 3,8 |

M3 „Im Jahr 1960 hatten Frauen im weltweiten Durchschnitt noch sechs Kinder je Frau. Heute sind es nur noch 2,8 Kinder je Frau. Wobei es deutliche regionale Unterschiede gibt: Während eine Europäerin im Schnitt 1,4 Kinder bekommt, haben Afrikanerinnen derzeit durchschnittlich 5,1 Kinder.
Weltweit wenden heute 59 Prozent aller verheirateten Frauen zwischen 15 und 49 Jahren irgendeine Form (traditionelle oder moderne Methoden) der Familienplanung an.
Die Geburtenzahl in Entwicklungsländern würde ungefähr um 20 Prozent sinken, wenn dort der Bedarf an Verhütungsmitteln für die Familienplanung gedeckt würde. Mehr als 20 Millionen Frauen können nicht verhüten, obwohl sie es wollen. Die Folge sind jedes Jahr 23 Millionen ungewollte Geburten, 22 Millionen Abtreibungen, 142 000 Todesfälle in Folge einer Schwangerschaft und 1,4 Millionen Fälle von Kindersterblichkeit."

Deutsche Stiftung Weltbevölkerung (DSW); Entwicklung und Projektionen 2005, S. 2

(aus: Diercke Erdkunde. Band 3 für Rheinland-Pfalz)

Erdkunde

Bemerkungen zum Material:
- Die Daten zu Peru im Text und im Balkendiagramm sind widersprüchlich. Der Durchschnittswert der Kinderzahl/Frau beträgt 2,8. Der Balken in der Abbildung entspricht diesem Wert nicht.
- Der Eintrag der Summe der durchschnittlichen Gesamtkinderzahl/Frau am Ende des Balkens ist missverständlich, da bei oberflächlichem Lesen angenommen werden könnte, dass es sich hierbei um die durchschnittliche Gesamtzahl von ungewollten Kindern im betreffenden Land handelt.

Die eingesetzte Strategie 2 (Fragen an den Text stellen) weist den Schülern einen guten Weg auf, um diesen kombinierten Sachtext intensiv lesen zu können. Eine Progression hinsichtlich des Schwierigkeitsgrades der Aufgaben wird insofern erreicht, als zur Bewältigung der Leseaufträge 2 und 3 im Gegensatz zu dem sehr einfach zu lösenden Auftrag 1 die komplexere Abbildung sehr aufmerksam gelesen und hinterfragt werden muss.

**Leseaufgabe**

In M3 geht es um die Familienplanung und die Bedeutung der Anwendung von modernen Verhütungsmitteln in den Entwicklungsländern. Die folgenden Arbeitsschritte helfen dir, die Zusammenhänge zu entdecken.

1. Stelle zuerst fünf Fragen an den Text in M3, die du mit seiner Hilfe beantworten kannst. Fragen, die lediglich mit „ja" oder „nein" beantwortet werden können, dürfen nicht mit dabei sein.
2. Erweitere deinen Fragekatalog, indem du jetzt drei bis fünf Fragen an die Abbildung in M3 stellst, die du mithilfe der dort enthaltenen Angaben beantworten kannst.
Fragen, die mit „ja" oder „nein" beantwortet werden könnten, sollen nicht formuliert werden.
3. Stelle abschließend mindestens drei weiterführende Fragen, die sich aus M3 ergeben, die du aber mit diesen Materialien nicht beantworten kannst.

Mögliche Zusatzaufgabe/Hausaufgabe:
Verfasse für die Schülerzeitung einen kurzen Kommentar, der sich mit der Notwendigkeit der sicheren Familienplanung in den Entwicklungsländern befasst.

Praxisteil

2.3 Dokumentation von Schülerergebnissen

Die ausgewählten Beispiele zeigen naturgemäß nur einen kleinen Ausschnitt der Schülerarbeiten. Die Begrenzung der Fragen für den einzelnen Lernenden bringt es mit sich, dass das gesamte Spektrum von gestellten Fragen sichtbar wird. Die Beispiele sind so ausgewählt, dass ein realistisches Bild der erzielten Ergebnisse wiedergegeben wird.

> 1) Fragen an den Text
>   a) Welche Ursache könnte die hohe Geburtenrate in den Entwicklungsländern haben?
>   b) Was für gravierende Folgen könnte das für das Bevölkerungswachstum haben?
>   c) Was für Methoden werden zur Familienplanung genutzt und wer wendet diese an?
>   d) Wie hat sich die durchschnittliche Kinderzahl weltweit seit 1960 verändert?
>   e) Wie ist diese Kinderzahl weltweit verteilt?
>
> 2) Fragen an die Abbildung
>   a) Welches Land verwendet in % die meisten modernen Verhütungsmittel?
>   b) Wie wirkt sich das generell auf die Geburtenrate und vor allem auf die ungewollte Kinderzahl aus?
>   c) Welches Land hat die geringste Differenz zwischen gewollten und ungewollten Kindern?
>   d) Hat das etwas mit den Verhütungsmethoden zu tun?
>
> 3) Offene Fragen
>   a) Wie sehen die traditionellen und modernen Familienplanungsprogramme aus?
>   b) Was verursacht die vergleichsweise hohe Geburtenrate ungewollter Kinder in Kolumbien trotz der modernen Verhütungsmittel?
>   c) Was ist die Ursache dafür, dass viele Frauen verhüten wollen, jedoch nicht können?

Lösungsbeispiel von Hannah

Die Bearbeitung von Hannah zeigt im Ergebnis eine solide Anwendung der Strategie. Es gelingt ihr, den Arbeitsschritten 1 bis 3 stringent folgend, die geforderte Anzahl trennscharfer und passender Fragen zu formulieren.

Die an den Text gerichteten Fragen machen deutlich, dass sie die einfachen Inhalte nahezu vollständig erfasst hat. Lediglich die Formulierung der Frage 1b) lässt für den Leser keinen eindeutigen Bezug erkennen. Einerseits kann hier mit dem Demonstrativpronomen „das" die in Frage 1a) von ihr angesprochene hohe Geburtenrate oder andererseits die im Text genannte Auswirkung eines verstärkten Einsatzes an Verhütungsmitteln in den Entwicklungsländern gemeint sein. Diese Ungenauigkeit resultiert vermutlich daraus, dass sie ihre Fragen nach dem Lesen des Textes spontan formuliert und nicht stringent an der Abfolge der Aussagen im Text orientiert. Es ist allerdings auch nicht auszuschließen, dass sich mit der Frage 1b) bereits eine Fragestellung eingeschlichen hat, die eigentlich dem Aufgabenteil 3 (offene Frage) zugeordnet werden kann.

Auch die Frage 2b), die sie an den nicht-kontinuierlichen Textanteil richtet, ist unklar formuliert. Man kann aber vermuten, dass Hannah sich mit der Formulierung *„Wie wirkt sich das generell ... aus?"* auf den zuvor bei Frage 2a) angesprochenen Einsatz moderner Verhütungsmittel bezieht und diesen Sachverhalt nunmehr für alle angeführten Länder vergleichend hinterfragen will. Setzt man diese angenommene Frageabsicht voraus, erkennt man, dass Hannah damit auf den interessanten und nicht oberflächlich zu beantwortenden Kern der Abbildung stößt. Die notwendige Beantwortung dieser Frage erzwingt das erwünschte genaue Lesen von M3 im Detail, was zu differenzierten Ergebnissen (hier: länderspezifische Abweichungen) führt. Die Frage 2d) ist redundant, da mit ihr kein deutlich anderer Aspekt als in den Fragen zuvor angesprochen wird.

Auch die von Hannah im Aufgabenteil 3 formulierten Fragen zeigen, dass sie sich vergleichsweise intensiv mit M3 auseinandergesetzt hat. Ohne das dabei entwickelte Sachverständnis wäre die hier gelungene Formulierung von – auf der Textgrundlage – nicht beantwortbaren Fragen nicht möglich.

Praxisteil

Fragen an den Text 1)

- Wie hat sich die Geburtenrate entwickelt?
- Wie groß sind die Unterschiede zwischen Industrie- und Entwicklungsland?
- Wieviele der Frauen zwischen 15 und 49 wenden Familienplanung an?
- Welche Methoden gibt es zur Verhinderung der ungewollten Geburten?
- Wieviele der in Entwicklungsländern geborenen Kinder werden ungewollt erzeugt?

Fragen an den Text 2)

- Wie groß ist die Differenz zwischen gewollten und ungewollten Kindern?
- Ist die Verwendung von modernen Verhältnismethoden ausschlaggebend für das Verhältnis zwischen gewollten und ungewollten Kindern?
- Bringt eine höhere Geburtenrate zwingend eine hohe Rate an ungewollten Kindern?

Fragen an die Abbildung 3)

- Gibt es Entwicklungsländer mit hoher Geburtenrate und sehr geringer Rate an ungewollten Kindern?
- Senken verbesserte Verhütungsmittel zwingend den Kinderwunsch?

Lösungsbeispiel von Max

Max arbeitet nicht konsequent nach den Leseaufträgen. Lediglich die Fragen an den Text 1) entsprechen ihrer Intention nach dem Leseauftrag 1 und können, wie gewünscht, ausschließlich mit den Angaben im Text beantwortet werden. Diese Fragen formuliert er präzise und sie zeigen, dass er den Textinhalt erfasst hat. Im Gegensatz zu Hannah orientiert er sich bei der Anordnung seiner Fragen am Textverlauf.

Seine (offenen) Fragen an den Text 2) sind alle sehr sinnvoll formuliert. Allerdings übersieht er, dass solche Fragen nicht ausschließlich an den Fließtext gestellt werden sollen und daher nicht dem Leseauftrag entsprechen.

Zwei von drei der hier nur auf den Fließtext bezogenen Fragen könnten allerdings mithilfe der kombinierten Abbildung in M3 beantwortet werden und entsprechen deshalb unbeabsichtigt dem korrekten Arbeitsauftrag 2 „Fragen an die Abbildung stellen." Fasst man diese mit den beiden zusätzlichen Fragen, die Max unter Fragen an die Abbildung 3) formuliert, zusammen, so zeigt sich, dass er durchweg intelligente Fragen formulieren kann, die dazu geeignet sind, den in M3 gezeigten Zusammenhängen und Unterschieden durch intensives Lesen auf die Spur zu kommen.


2.4 Auswertung und Diagnose

In der Unterrichtsstunde hat sich gezeigt, dass die Lernenden ohne Ausnahme inhaltlich sehr intensiv an dem Leseauftrag gearbeitet haben. Nach der individuellen Einlesezeit kamen zunächst spontan sachbezogene Gespräche zwischen den Banknachbarn auf, die sich in den meisten Fällen zu sehr produktiven Partnerarbeiten entwickelten. Da der diskursive Austausch unter den beteiligten Lernenden erkennbar dazu beitrug, den eigentlichen Zweck des Leseauftrags zu erfüllen, wurde er bewusst zugelassen. Die Lernenden erklärten sich nahezu beiläufig gegenseitig die Textinhalte des komplexen Materials. Währenddessen wurden von den Lernenden auch die offenen Punkte erkannt, die das Material enthält.

Das Aufschreiben der Fragen geriet im Zuge des engagierten Austauschs bei einigen Lernenden aus dem Blick. Aus der Sicht der Lehrkraft wurde dennoch der Zweck des Leseauftrags erfüllt, da alle Lernenden mithilfe dieser Strategie selbstständig und sehr intensiv das kombinierte Material gelesen und weitgehend entschlüsselt haben. In dieser Phase der Erarbeitung war die Rolle der Lehrkraft eine rein beratende.

In einem Reflexionsgespräch in der Folgestunde wurde der Einsatz der Strategie 2 evaluiert. Nahezu alle Lernenden äußerten sich positiv über die damit gemachten Erfahrungen. Als Begründung führten sie an, dass sie, um die geforderten Fragen generieren zu können, gezwungenermaßen genau die Inhalte aus M3 herauslesen mussten. Einige Lernende äußerten, dass ihnen der Leseauftrag außerdem gezeigt habe, dass es offensichtlich geeignete Strategien gibt, die ihnen das Lesen von komplexen Sachtexten erleichtern können.

## Sachtexte lesen im Fach Französisch
Ralf Schulte-Melchior

**1 Didaktische Überlegungen zu Sachtexten im Französischunterricht**

1.1 Fachdidaktische Besonderheiten der Sachtexte im Fach Französisch

Auch im kommunikativ, an Standards und am Gemeinsamen Europäischen Referenzrahmen ausgerichteten Fremdsprachenunterricht nehmen Texte einen zentralen Platz ein. Jede Fremdsprachenlehrkraft beschäftigt sich intensiv mit der methodischen Aufarbeitung von Texten und ihrem didaktischen Ort im Unterricht. Die Fremdsprachenlehrkraft ist Experte im Umgang mit Texten und weiß um die Komplexität dieses Unterrichtsgeschehens. Sie fühlt sich stets herausgefordert, ihre Routinen zu überdenken und einen neuen Blick auf diesen zentralen Gegenstand ihres beruflichen Handelns zu werfen.

Aktuelle fachdidaktische Publikationen (Themenheft Lesen 2007; Leupold 2007; Fritsch 2007), die Vorgaben des Gemeinsamen Europäischen Referenzrahmens und die Standards für die erste Fremdsprache verlangen eine erneute Bewusstmachung bewährter und weniger bewährter Routinen; neuere Entwicklungen der Leseforschung in den Fremdsprachen helfen dabei.

Es ist unmöglich, im Rahmen dieser Publikation der Komplexität des Leseverstehens in der Fremdsprache gerecht zu werden. Zur Erschließung literarischer fremdsprachlicher Texte über kreative Arbeitsformen, zur Typologie der Texte im Fremdsprachenunterricht ließen sich noch interessante Überlegungen anstellen. Das gewählte Vorhaben, an Sachtexten exemplarisch Lesestrategien für die Fremdsprache zu betrachten, erscheint sehr praktikabel, weil so zentrale Fragen des Leseverstehens in den Fremdsprachen erörtert werden können. Die von Leupold definierten Zieldimensionen der Textarbeit (Leupold 2007, S. 17) in den Fremdsprachen können somit der Einfachheit halber auf die sprachpraktische, enzyklopädische und textanalytische Dimension begrenzt werden.

Nach einer Phase der Loslösung von rein literarischen Texten in den 70er-Jahren erlaubt es heute der erweiterte Textbegriff jedes informative, visuelle und/oder sprachliche Dokument (z. B. Zeitungsartikel, Tabellen, Schaubilder und Werbung) als Text zu begreifen. Eine neue Schwerpunktsetzung erfolgte durch den Europäischen Referenzrahmen und die Standards für die erste Fremdsprache, durch die alltägliche Sprechakte und Gebrauchstexte (Rezepte, Fahrpläne, Zeitschriften) aufgewertet wurden. In der Sekundarstufe 1 sollten diese Texte gleichberechtigt neben die artifiziellen und konstruierten Lehrbuchtexte gestellt werden. Hier wird vorgegeben, die Forderung nach authentischen Texten und Sprechsituationen zu erfüllen. In der Reduktion auf elementare Informationsentnahme liegt aber auch eine Gefahr für den Fremdsprachenunterricht: Der Fremdsprachenunterricht darf sich nicht auf diese elementaren Verwendungssituationen beschränken, vielmehr muss er seinen Erziehungs- und Bildungsauftrag durch die Bearbeitung anspruchsvoller Sachtexte erfüllen. In der Bearbeitung von Sachtexten findet eine Auseinandersetzung mit zentralen Fragen der Persönlichkeitsentwicklung und kleineren oder globalen Menschheitsfragen statt. Die Schwierigkeiten, die Leser stets beim fremdsprachlichen Lesen hatten und zunehmend haben, verlangen nach einer erneuten Bewusstmachung der Lesekompetenzen, der Lesestile und Lesestrategien in der Fremdsprache.

Es darf bei dieser neuen Schwerpunktsetzung aber nicht zu einer Reduktion des Unterrichtsgeschehens auf Alltagssituationen, operationalisierbare Kompetenzen und klar umrissene Aufgabenformate gehen, vielmehr muss ein herausfordernder, bedeutungsvoller und authentischer Unterricht im Sinne der aktuell diskutierten Aufgabenorientierung (Themenheft 2005) durchgeführt werden, sodass bei den folgenden Überlegungen auf eben solche Texte eingegangen wird. Es handelt sich dabei um journalistische und authentische Texte, die perspektivierend und kontrovers sind sowie landeskundliche oder kulturübergreifende Problemstellungen enthalten.

Ein guter Sachtext für den Unterricht ist einer, der
- sprachlich anspruchsvoll und herausfordernd ist,
- Meinungen und Werturteile versprachlicht,
- ein Problem multiperspektivisch darstellt (Problematisierung),
- ein bedeutungsvolles, für die Persönlichkeitsentwicklung oder Allgemeinbildung relevantes Thema aufgreift,
- provoziert und Klärungsbedarf (Sprechanlässe) schafft.

Dabei muss der Sachtext Anknüpfungsmöglichkeiten an das Vorwissen der Lernenden bieten und offene Diskussionen erlauben.

Im Sprachlehrgang sollten solche authentischen Texte aus Gründen der Schulung der Lesestile und -strategien nicht zu lange hinausgezögert werden und schon sehr früh parallel zu den Lehrwerkstexten, die nicht immer die Lesekompetenz im gewünschten Maße fördern, eingesetzt werden.

## 1.2 Fachdidaktische Besonderheit: Lesekompetenz in der Fremdsprache

Mit dem Erwerb der fremdsprachlichen Lesekompetenz erweitert der Leser seine Lesekompetenz in beachtlichem Ausmaß. Es handelt sich nicht um eine simple Übertragung der in der Muttersprache entwickelten Lesekompetenz, vielmehr werden neue Leseformen erprobt und ausgeformt. Eine besondere muttersprachliche Lesekompetenz lässt sich nur indirekt auf den fremdsprachlichen Leseprozess übertragen, da der Lernende Lösungen für spezifische Probleme bei der Dekodierung von fremdsprachlichen Texten (Nieweler 2003, S. 4 f.) suchen muss. So ergeben sich z.B. bei fremdsprachlichen Texten typische Lesedefizite, wie sie sich im Subvokalisieren und Wort-für-Wort-Dekodieren ausdrücken. Weitere typische Lesedefizite in der Fremdsprache zeigen sich z.B. im gleichförmigen, intensiven Lesen, bei dem keine Sinnkonstruktion stattfindet. Der Leseprozess stockt und die erwünschte Interaktion zwischen Leser und Text kann nicht stattfinden. Die Konstruktion des Textsinnes bricht ab, wenn das Vorwissen und die Leseerwartungen (Top-down-Prozesse) das Lesen nicht mehr leiten. Der Leser gerät in einen Teufelskreislauf, denn seine Lesefrustrationen versucht er nunmehr mit einem Detailverstehenszwang zu kompensieren, damit entfernt er sich aber noch weiter von einer Sinnkonstruktion, die auf der Ebene des Wortverstehens (Mikroebene) schwerfällt. Die bei einem geübten Leser effektiv genutzten Strategien (Springen im Text, Verharren an einer Textstelle, unterschiedliche Lesegeschwindigkeiten) frustrieren einen ungeübten Leser.

Wie können typische Lesedefizite therapiert werden? Wie kann ein erfolgreicher fremdsprachlicher Leseprozess aussehen? Durch die Aktivierung des Vorwissens und von Erwartungen geht der geübte Leser selbstbewusst und kompetent vor, sodass eine Interaktion zwischen seinen mentalen Modellen und den neuen Informationen stattfindet. Die bei der Lektüre durchgeführten Verstehensprozesse zeichnen sich durch Bottom-up- und Top-down-Prozesse aus, die sich gegenseitig ergänzen. Der zumeist selbstbestimmte Leseprozess des geübten Lesers ist deswegen so effektiv, weil er interessen- und erwartungsgeleitet ist. Für die spezifischen Probleme bei der Lektüre von fremdsprachlichen Texten, wie z. B. die Diskrepanz zwischen dem begrenzten Wortschatz des Lesers und dem in Texten verwendeten, unbegrenzten Wortschatz, findet der geübte Leser Lösungen: Er erschließt die Wortbedeutung (Inferieren) und ist weniger schnell frustriert (Teilverstehenstoleranz). Er kennt auch Strategien, die es ihm erlauben, den Textsinn auf der Makroebene zu konstruieren, wie z. B. das Springen im Text, das wiederholte Lesen einer zentralen Passage oder das Anpassung der Lesegeschwindigkeit.

Die Beobachtungen verdeutlichen, dass das schulische Lesen in der Fremdsprache hoch komplex ist und die Ausbildung dieser Kompetenz schwerer anzuleiten ist als z. B. der Erwerb von grammatischen Strukturen oder von Wortschatz. Dennoch ist die Lesekompetenz entscheidend beim Spracherwerb und muss im Zentrum der Überlegungen der Lehrkraft stehen.
Die Lehrkraft muss deshalb die Interessen und Fragen der Lernenden bei der Textauswahl berücksichtigen, der Leseprozess wird von ihr stets in einem Unterrichtszusammenhang mit hinführenden und nachbereitenden Aktivitäten *(activités avant, pendant et après la lecture)* gesehen. Das von der Lehrkraft entwickelte Strategietraining und die Arbeitsaufträge müssen dabei die Ausbildung des kompetenten, fremdsprachlichen Lesers zum Ziel haben.

An dieser Stelle ist es wichtig, einen Unterschied zwischen dem Lesestil (kursorisches oder intensives Lesen, Scanning oder Skimming) und einer Lesestrategie zu machen (Wechsel der Darstellungsform, Fragen an den Text stellen). Der Lesestil bezieht sich mehr auf den Lesevorgang, wohingegen die Strategie gezielter den Prozess der Informationsverarbeitung in den Blick nimmt. Betrachtet man die Lesestrategien, die Lernende anhand der Lehrwerkstexte entwickeln, so stellt sich die Frage, ob die Lernenden nicht eher falsche fremdsprachliche Lesekompetenzen entwickeln, die häufig zu beobachten sind, wenn sie fremdsprachliche Texte intensiv lesen oder jedes unbekannte Wort mit dem Wörterbuch erschließen und im Text übersetzen. Um gegenzusteuern und falsche Lesehaltungen wegzuüben, sollten möglichst früh herausfordernde und authentische Texte verwendet werden. Ob ein Text zu schwer und sprachlich zu komplex ist, das kann nur ausgehend von den Verstehensabsichten gesagt werden. Manchmal genügt zunächst ein Global- oder Detailverstehen, um einen anschließenden analytischen Leseprozess zu einem Schwerpunkt zu initiieren. Auch die Arbeit über Verstehensinseln, von denen ausgehend der Textsinn erschlossen wird, ist sehr praktikabel, denn dies hilft insbesondere den schwachen Lesern, die diese Hilfen der Mitschüler annehmen. Die Klassensituation, bei der Bedeutungen ausgehandelt und Hypothesen überprüft werden, erlaubt ein gemeinsames, vertiefendes Textverstehen.

Um Lesekompetenzen zu schulen, müssen Arbeitsanweisungen klar definiert sein. Der Leseprozess lässt sich sicher auch üben, jedoch ist die integrierte Methoden- und Sacharbeit zu bevorzugen. Im Folgenden sollen auch aktuelle Tendenzen des aufgabenorientierten Lernens (TBL) aufgegriffen werden (Themenheft 2005).

1.3 Leseziele, Lehrplanbezug, Bildungsstandards

Die Lehrpläne definieren die Leseziele in den Bildungsprofilen für die Klassen. Bei den kommunikativ ausgerichteten Plänen wird das Lese- und Sehverstehen eher global für die Klassenstufen definiert. Die Lernenden verstehen *„je nach Bekanntheitsgrad des verwendeten Sprachmaterials ... punktuell, global oder im Detail, [...] sie erkennen Aufbau und Gliederung kürzerer Texte"* (vgl. Rheinland-Pfalz 2000, S. 14). Bei den Lern- und Arbeitstechniken werden Lesetechniken ausdifferenziert. In den Klassenstufen 9 und 10 sollen die Lernenden *„den Inhalt unbekannter Texte global und im Detail verstehen"* (vgl. Rheinland-Pfalz 2000, S. 22), die entsprechenden Lern- und Arbeitstechniken sollen sich in die Richtung des kursorischen Lesens erweitern. Die Lehrpläne öffnen den Blick auf weitere Lesestile, ohne jedoch die besondere Problematik des fremdspachlichen Leseprozesses zu thematisieren. Es scheint, als ließe sich eine dem muttersprachlichen Leseprozess vergleichbare Kompetenz ausbilden.

Die nun von den Standards (Bildungsstandards 2003, S. 16) beschriebenen Kompetenzen gehen auf den Verwendungszusammenhang, den Schwierigkeitsgrad und die Verstehensabsicht ein. Da bei den Deskriptoren (Bildungsstandards 2003, S. 24) Alltagssituationen aufgegriffen und eine klare Verstehensabsicht eingehalten werden soll, entsteht der Eindruck der Authentizität und Handlungsorientierung. Dies täuscht darüber hinweg, dass sich im schulischen Zusammenhang authentische Situationen in der Auseinandersetzung mit Bildungsinhalten ergeben, sodass sich der Textbegriff nicht ohne Weiteres auf alltägliche Gebrauchstexte beschränken lässt. Bei den Bildungsstandards ist zu erkennen, dass die Texte thematisch an das Weltwissen der Lernenden anknüpfen, jedoch bieten die Standards als Instrument der Evaluation auch keine Hilfen bei der gezielten Schulung des fremdsprachlichen Lesens.

Das im Folgenden beschriebene Unterrichtsvorhaben beabsichtigt Lesestrategien bereitzustellen, die häufige fremdsprachliche Lesedefizite in den Blick nehmen und eine fremdsprachliche Lesekompetenz bewusst aufbauen, die sich in Techniken wie dem Erschließen und Inferieren von Wortbedeutungen, Vermeidungs- oder Kompensationsstrategien ausdrückt. Insbesondere das mehrfache, zyklische Textverstehen sowie die Aktivierung des Vorwissens der Lernenden sollen dabei berücksichtigt werden.

1.4 Bevorzugte Lesesituationen und Lesestile im Französisch-Unterricht

Versteht man jede visuell-sprachliche Zusammenstellung als Text (erweiterter Textbegriff), so sind Texte das zentrale Medium des Fremdsprachenunterrichts. Es gehört zu den Standardsituationen des Französischunterrichts, Texte zur Sprach- und Wortschatzarbeit, bald aber auch zur Textanalyse zu nutzen. Der Text dient also zugleich der Erweiterung der sprachlichen Ausdrucksfähigkeit und inhaltlichen Tätigkeit an einem Thema. In der Regel setzt sich der Lernende individuell mit dem Text auseinander, weil die sprach- und inhaltsbezogenen Verarbeitungsprozesse und auch die Lesestile komplex und individuell verschieden sind. Das laute Lesen in jüngeren Klassen, das lediglich der phonetischen Sicherung diente, hat sich als wenig effektiv erwiesen und ist von kreativen Texterschließungstechniken abgelöst worden. Lernende in höheren Klassen bereiten die Texte im Selbststudium vor und es ist bereits Praxis, dann in der Stunde andere Lesestile anzuwenden, wie z. B. das kursorische Lesen, wenn eine Textaussage überprüft oder ein Textbeleg herausgesucht werden soll. Jeder Leseprozess ist an einen Unterrichtsgang gebunden, denn die Reihenprogression findet auch textuell statt, eine vielfältige Verknüpfung von rezeptiven und produktiven, bzw. mündlichen und schriftlichen Abläufen garantiert die Nachhaltigkeit des Spracherwerbs.

Die hier vorgestellte Strategie kann die beschriebenen komplexen Unterrichtsprozesse nur teilweise aufgreifen. Sie eignet sich zunächst, um aufgabengeleitet und im Selbststudium Lesestile entwickeln zu lassen, dann aber auch als Hilfestellung für die Initiierung von Leseprozessen im Unterricht.

Aus den bisherigen Überlegungen ergibt sich, dass für den fremdsprachlichen Unterricht folgende Lesedefizite festgehalten werden können:

- Wort-für-Wort-Dekodierung und eintöniges Lesen,
- Subvokalisation,
- fehlende Aktivierung von Vorwissen,
- Verstehenszwang auf der Mikroebene.

Folgende Strategien und Lesestile sollen den beobachteten Defiziten entgegenwirken: Das zyklische Textverstehen erlaubt es, den Text mehrfach bearbeiten zu lassen; die *activités avant la lecture* dienen dem interessengeleiteten Zugang und der Aktivierung des Vorwissens, sodass während des Leseprozesses Top-down-Prozesse helfen. Gegen das eintönige, intensive Lesen auf der Mikroebene hilft die Verwendung verschiedener Lesestile und ein Erstzugang auf der Makroebene (Klärung der Textgliederung, wie z. B. Einteilung in *introduction, développement et conclusion*).

Dazu benötigt der Lehrende Arbeitsanweisungen, die dem Lernenden über Operatoren klar beschreiben, welche Technik er anwenden soll: *Skimming, Scanning, extensives* oder *intensives Lesen* oder *argumentatives Lesen*. Wenn dem Leser diese unterschiedlichen Operatoren bewusst werden und er den Umgang mit ihnen geübt hat, ist er in der Lage, die Lesestile zu unterscheiden und zielbewusst einzusetzen.

# Französisch

| style de lecture | consigne |
|---|---|
| lecture-balayage (Scanning)<br>lecture ciblée<br>lecture sélective | Faites une lecture rapide et dégagez le sujet du texte!<br>Parcourez rapidement le texte et repérez les abréviations. |
| lecture écrémage (Skimming) | Regardez le texte, sa mise en page et sa division en paragraphes.<br>Parcourez le journal et cherchez les articles sur … |
| lecture linéaire et intensive<br>lecture exhaustive et détaillée | Étudiez le texte … |
| lecture documentaire | Cherchez les informations sur … dans un dictionnaire. |
| lecture analytique | Analysez … |
| lecture cursive, survol | Lisez d'un seul trait le texte.<br>Lisez le texte en diagonale. |

Zusätzlich muss der Leser zu Strategien angeleitet werden, die es ihm erlauben, den Textsinn systematisch zu erarbeiten.

| baliser un texte | Strategie 9 (Schlüsselwörter suchen)<br>Strategie 3 (Den Text strukturieren) |
|---|---|
| formuler des titres | Strategie 9 (Den Text zusammenfassen) |
| formuler des thèses | Strategie 9 (Den Text zusammenfassen) |
| faire un plan,<br>mettre en schéma | Strategie 9 (Den Text zusammenfassen) |
| construire un filet de mots | Strategie 6 (Den Text in eine andere Darstellungsform übertragen) |
| construire un organigramme | Strategie 6 (Den Text in eine andere Darstellungsform übertragen) |

Praxisteil

1.5 Bevorzugte Lesestrategien im Französisch-Unterricht

- *Strategie 1* (Fragen zum Text beantworten) kann als Standardstrategie für Sprachunterricht bezeichnet werden. Sie dient der Absicherung des elementaren Textverstehens, birgt in sich aber die Gefahr des Detailverstehenszwangs und des verkürzten Textverstehens: Sind die Fragen zu einfach gestellt, so entnehmen die Lernenden die Antworten wortgenau aus dem Text, ohne ihn unbedingt verstanden zu haben.
- *Strategie 2* (Fragen an den Text stellen) ist aus sprachdidaktischer Sicht ergiebiger. Diese Strategie setzt auf Schülerseite ein gutes Textverstehen voraus und erlaubt es, zügig das Verstehen oder Missverstehen zu diagnostizieren.
- *Strategie 3* (Den Text strukturieren) verlangt eine intensivere Auseinandersetzung mit der Struktur des Textes, indem der Lernende ihn strukturiert und in Themenfelder bündelt. Im Sprachunterricht bieten sich je nach Textart verschiedene Strukturierungen an, so z. B. die *mise en schéma* oder die Erstellung eines Organigramms.
- *Strategie 4* (Den Text mit dem Bild lesen) fordert die Lernenden heraus, ihr Textverstehen zu überprüfen und einen Transfer zu leisten. Dies gilt insbesondere, wenn aus mehreren Bildern ein passendes zum Text ausgewählt werden muss. Dabei soll der Schüler seine Entscheidung begründen, indem er auf die Aussagen des Textes verweist.
- *Strategie 5* (Farborientiert markieren) lässt sich auf den Fremdsprachenunterricht anwenden, indem Wortfelder der Thematik oder der Besprechung farbig markiert werden.
- *Strategie 6* (Den Text in eine andere Darstellungsform übertragen): Diese Strategie stellt den Schüler vor die Aufgabe, die zentralen Textaussagen passend zu visualisieren. Die Wahl der grafischen Mittel zeigt den Grad des Textverstehens beim Lernenden.
- *Strategie 7* (Den Text expandieren): Das Potenzial, das in der *réécriture* eines vorliegenden Textes liegt, ist vielfältig bei den Publikationen zum kreativen Schreiben vorgestellt worden.
- *Strategie 8* (Verschiedene Texte zum Thema vergleichen): Leupold (Leupold, S. 48) zeigt, dass der Textvergleich auch im Fremdsprachenunterricht sehr vielversprechend ist.
- *Strategie 9* (Schlüsselwörter suchen und den Text zusammenfassen): Das Resümieren des Textes zählt zu den bewährten Standardstrategien des Fremdsprachenunterrichts.
- *Strategie 10* (Das Fünf-Phasen-Schema anwenden): Das besondere Potenzial dieser Strategie ist in der Literatur (Fritsch 2007, S. 103 ff.) bereits hervorgehoben worden und ergibt sich auch logisch aus den hier angestellten Überlegungen zum fremdsprachlichen Leseprozess.

Auf bewährten Lesestrategien lassen sich auch fremdsprachliche Lesekompetenzen gezielt fördern. Die Strategie, die die aktuelle Unterrichtspraxis prägt, ist zielführend und vielfach erprobt. Die an den Text gestellten *questions de compréhension* zur Sicherung des Inhalts vor den Phasen der *analyse* und des *commentaire* dienen der Diagnose des Lernstandes, helfen aber nicht bei der Therapie falscher Lesestrategien. Das Lesen mit dem Wörterbuch fördert zum Teil Lesedefizite (Verharren auf der Mikroebene), das Verfassen eines *résumé* ist eine bewährte, aber hoch anspruchsvolle Lesestrategie des fremdsprachlichen Unterrichts, bei der der Leseprozess selbst nicht in den Blick genommen wird, jedoch Textrezeption und -produktion sogleich miteinander verbunden werden.

Zur gezielten Anleitung der Verstehensprozesse bietet sich Strategie 10 an. Es wird auf kleinschrittige Fragen verzichtet, vielmehr werden die Lernenden angeleitet, sich den Textsinn mit unterschiedlichen Lesestilen zyklisch zu erschließen. Dabei sollen sie möglichst häufig den Textsinn auf der Makroebene erschließen und viele Top-down-Prozesse aktivieren. Zugleich basiert das Schema auf den notwendigen Schritten vor, während und nach dem Leseprozess und auf der Notwendigkeit einer mehrfachen Erschließung des Textes.

- Phase 1: *Avant la lecture* muss sich der Lernende über seine Leseinteressen bewusst sein und Fragen an den Text herstellen. Dabei werden die mentalen Modelle, in die das neue Wissen integriert werden kann, aktiviert.
- Phase 2: Eine erste Erschließung, z.B. durch Skimming des Textes, dient dem Überblick und dem Globalverstehen (Autor, Adressat, Textsorte, Gliederung).
- Phase 3: Nunmehr kann sich der Lernende zielbewusst dem Text zuwenden *(activités pendant la lecture)*. Er kann bereits unterscheiden, welche Passagen er kursorisch und welche er intensiv lesen möchte und dabei den Text bearbeiten *(lecture intensive, baliser le texte ou la mise en schéma)*.
- Phase 4: Den Grad des Textverstehens zeigt der Lernende, wenn er eine passende Darstellungsform für den Text auswählt, z.B. einen *cercle vicieux* oder ein Organigramm.
- Phase 5: Als weiterführende Tätigkeit kann nun eine Präsentation vor der Klasse oder eine Textproduktion stattfinden *(activité après la lecture)*, um somit die freie Verfügbarkeit der sprachlichen Mittel in Transfersituationen zu garantieren.

**2 Beispiele zur Arbeit mit Sachtexten im Französisch-Unterricht**

2.1 Vorbemerkungen zum Unterrichtskontext

Die landeskundlichen Themen *problèmes de société, Paris et sa banlieue* gehören zu den Standardthemen im Französischunterricht und lassen sich stets mit aktuellen Materialien anreichern. Dabei können die kulturellen, touristischen, soziologischen und auch politischen Aspekte vielfältig variiert und den Lerngruppen angepasst werden. Das Thema kann in der 10. Klasse und in Oberstufenkursen aufgegriffen werden. Häufig wird eingewendet, dass klassische Oberstufenthemen nicht schon in der 10. Klasse behandelt werden sollten, jedoch liegen in der Doppelung eines Themas auch Chancen der vertiefenden, multiperspektivischen und zyklischen Auseinandersetzung. Auch die Möglichkeit, tagesaktuelle Ereignisse aufzugreifen und zu durchleuchten, spricht dafür, sich nicht zu sehr an Jahrgangsstufenthemen zu binden. Die Materialien sollten dabei ein differenziertes Bild der Stadt Paris und ihrer *banlieue* vermitteln, sodass die Schüler keine ablehnende Haltung gegenüber den Problemen entwickeln.

Verschiedene Erschließungswege bieten sich gleichermaßen an: Über Personalisierung der Probleme kann die Empathiefähigkeit, über die Abstraktion kann die Analysefähigkeit entwickelt werden. Die hier vorgestellten Texte lassen sich vielfältig mit anderen Materialien kombinieren und das von der Lehrkraft zusammengestellte gemischte Dossier kann dem Alter und dem Stand der Lerngruppe angepasst werden. So kann die Arbeit über Filme, Chansons und literarische Texte fortgesetzt werden.

Praxisteil

Die Sachtexte sind in einer 10. Klasse eingesetzt worden und ergänzen die Lektion „Un flic s'informe" (Découvertes 4). Ausschlaggebend für die Auswahl der Sachtexte waren die Aktualität und die Möglichkeit einer gezielten Förderung des Leseverstehens. Der Unterrichtskontext wurde zunächst von dem Lehrwerk bestimmt, indem die vorgegebenen Texte problemorientiert behandelt wurden. Anschließend sollten sich die Schüler mit den authentischen Texten beschäftigen und die Informationen selbstständig erarbeiten. Diese Arbeitsphase war in einem komplexen Unterrichtsgang eingebettet, der die Aktivierung von Vorwissen *(activités avant la lecture)* und die Festigung der neuen Kenntnisse in einer kreativen Phase *(activité après la lecture)* durchführte.

2.2 Material und Arbeitsaufträge

Diskontinuierliche Texte sind für die Lernenden zunächst einfacher zu erschließen, da durch die grafische Gestaltung und den Text-Bild-Bezug das Skimming des Textes einfacher durchzuführen ist und der Lernende schon sehr früh Aussagen über den Text formulieren kann *(activité avant la lecture)*.

Die Texte stammen von Internetseiten und weisen textsortenspezifische Merkmale auf. Die Informationen sind summarisch dargestellt und bei Interesse kann der Leser einen Text aufrufen. Das erste Arbeitsblatt zeichnet folglich den Leseprozess im Internet nach: Angeregt durch ein Schaubild *(infographie)* überfliegt der Leser Einzelinformationen (Titel von Zeitungsmeldungen), um dann eine Information im Detail abzurufen (Zeitungsartikel). Für den Aufbau von Lesekompetenzen in einer 10. Klasse ist dieses Vorgehen geeignet, denn es erleichtert den Einstieg in die Arbeit mit Sachtexten. Die hier vorgestellten – z.T. diskontinuierlichen – Texte stellen eine Möglichkeit des Einstieges in die Sachtextarbeit am Ende der Mittelstufe dar, in der Oberstufe müssen die Kompetenzen mit umfangreichen, kontinuierlichen Texten weiterentwickelt werden, wobei die vorgestellte Strategie weiterhin verwendet werden kann.

1. Beispiel:
Klassenstufe 10, 2. Fremdsprache
Thema: Les banlieues parisiennes en crise
Strategie 10: Das Fünf-Phasen-Schema (Wechsel der Darstellungsform)

## 2005: Des incendies meurtriers à Paris

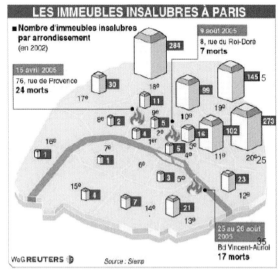

© Reuters

**Les titres des journaux**

26 août: Incendie meurtrier à Paris, la précarité des logements à nouveau en question
27 août: Nouvel incendie meurtrier à Paris
28 août: Questions, larmes et colère après l'incendie de Paris
31 août: Vive inquiétude à Paris après un nouvel incendie, qui n'a pas fait de victimes
5 septembre: Les 1000 adresses qui inquiètent
5 septembre: Pauvreté: Les logements de la honte
5 septembre: Secours: Le cri d'alarme des pompiers
5 septembre: Le feu, apparemment d'origine criminelle, a pris dans le hall d'une tour de L'Hay-les-Roses: 15 morts; Les victimes ont été asphyxiées; trois jeunes filles sont en garde à vue
6 septembre: Quatre adolescentes avouent l'incendie meurtrier

**Deux incendies en quatre jours à Paris, aucune piste exclue**

PARIS (Reuters) – Une hypothèse criminelle n'est pas exclue pour les incendies de deux immeubles qui ont fait 24 morts en quatre jours à Paris. Les enquêteurs étudient la piste de l'installation électrique de l'immeuble détruit lundi soir dans le III<sup>e</sup> arrondissement, a déclaré le directeur de la police judiciaire parisienne, Jean-Jacques Herlem.

Pour les deux incendies, il a précisé que les analyses scientifiques n'avaient pas permis pour l'instant de décider entre une origine criminelle ou un accident.

L'incendie d'un immeuble du XIII<sup>e</sup> arrondissement, dans la nuit de jeudi à vendredi, a fait 17 morts, dont de nombreux enfants, et sept personnes sont mortes dans l'incendie de lundi soir dans le III<sup>e</sup>. Dans les deux cas, les victimes étaient d'origine africaine.

Praxisteil

Prié de dire s'il faisait un lien entre les deux incendies, Jean-Jacques Herlem a répondu qu'il sera impossible de répondre à cette question parce que les causes des feux ne seront pas établies.

Il a confirmé que les enquêteurs avaient établi la présence dans l'immeuble du III<sup>e</sup> arrondissement d'une „installation électrique qui relève du bricolage".

Le commissaire a cependant précisé que la police judiciaire n'avait pas encore entendu EDF pour savoir si un vrai compteur avait été installé dans le bâtiment. Il a précisé que le feu s'était développé „soit au premier étage, soit au rez-de-chaussée".

Concernant l'immeuble du XIII<sup>e</sup> arrondissement, les enquêteurs n'ont pas retrouvé dans un premier temps de traces d'explosifs.

(www.lemonde.fr (2005) mardi 30 août 2005, 16h07)

2005: Des incendies meurtriers à Paris

**Arbeitsaufträge:**

Regardez et décrivez les infographies.
Notez toutes vos questions.
1. Survolez les textes pour une première fois. Qu'est-ce qui s'est passé à Paris en août et septembre 2005? Choisissez une infographie pour l'article et expliquez votre choix.
2. Faites une lecture rapide et cherchez les phrases dans lesquelles on parle des causes des incendies.
3. Lisez de façon détaillée et faites une liste de tous les indices dont la police dispose.
4. Le commissaire Herlem a un panneau d'affichage dans son bureau. Reconstituez avec vos informations ce panneau d'affichage.
5. Organisez en classe la conférence de presse de la police parisienne.
   ▸ Notez les questions des journalistes.
   ▸ Vous êtes l'inspecteur Herlem. Répondez aux questions des journalistes.

Die Schülermaterialien bestehen aus zwei Schaubildern *(infographies)*, einer Sammlung von Zeitungsüberschriften und einem Zeitungsartikel aus den Monaten August, September 2005. Die Lernenden haben dieses Mini-Dossier erhalten und sollen sich mit diesen Materialien auf die kriminalistische Suche nach den Brandursachen begeben. Sie formulieren Hypothesen, suchen im Text die Indizien und sollen eine vorläufige Pressekonferenz abhalten. Anhand der Arbeitsaufträge der 5-Phasen-Lesestrategie (zyklisches Lesen, Aktivierung des Vorwissens durch Bottom-up-Prozesse) erschließen die Lernenden die Textinformationen. Für den Erfolg der Strategie müssen sie die Arbeitsaufträge (Operatoren), die eine Aktivierung unterschiedlicher Lesestile beabsichtigen, kennen und bewusst steuern können, um nicht erneut in defizitäre Lesetechniken zu verfallen. Die Verständnissicherung erfolgt durch einen darin angelegten Wechsel der Darstellungsform.

Dokumentation von zwei Schülerergebnissen:

Die beiden dokumentierten Schülerergebnisse stellen die Pinnwand des Inspektors Herlem dar, der sich einen Überblick über die Indizien schaffen wollte. Beide Schülerinnen gehen strukturiert vor, sie formulieren Hypothesen, reduzieren die Textinformationen auf das Wesentliche und finden eine angemessene Visualisierung.

Die Schülerarbeiten zeigen, dass die Schüler anhand der 5-Phasen-Lesestrategie die Textinformationen selbstständig entnehmen konnten. Sie arbeiteten eigenständig und waren auf die Lehrkraft nur als Lernberater angewiesen. Auch die Anwendung der Lesestrategien (kursorisches Lesen/intensives Lesen) war zu beobachten, wenngleich die Schüler immer wieder zur intensiven Lektüre neigten, da ihnen das kursorische Lesen nicht zielführend zu sein schien. Nur über die Einsicht, dass diese Lesestile schneller und effektiver zum Ziel führen, wird der Schüler dazu gebracht, diese Lesestile selbstständig anzuwenden.

Auswertung und Diagnose:

Als Zwischensicherung hielten die Lernenden einen Vortrag am Tageslichtprojektor. Dies ist ebenfalls ein Wechsel der Darstellungsform und verlangt vom Lernenden, die Inhalte erneut in einen kontinuierlichen Text zu bringen. Viele Lernende weichen dieser Herausforderung aus, indem sie ihren Vortrag sehr eng an der Struktur der Folie bzw. an den Satzelementen auf der Folie orientieren. Dies verschafft ihnen Sicherheit, reduziert jedoch den Lerneffekt. Um dieser Gefahr entgegenzuwirken, müssen die Lernenden angeleitet werden, in Schaubildern die sprachlichen Informationen auf das Wesentliche zu begrenzen und mehr mit grafischen Elementen zu arbeiten.

Ein weiterer Verbesserungsvorschlag bezieht sich auf den Text-Bild Bezug der Schülerarbeiten. Die beiden Schaubilder wurden lediglich als Dekoration aufgenommen und die Schüler scheuten davor zurück, sie mit den eigenen grafischen Ideen in Bezug zu setzen. Die zeitlich enge Abfolge der Brände *(... en série ...)* spricht für die Brandstiftungstheorie, das Schaubild zu den Unterkünften in schlechtem Zustand *(... insablubres ...)* eher für die Unfalltheorie.

Praxisteil

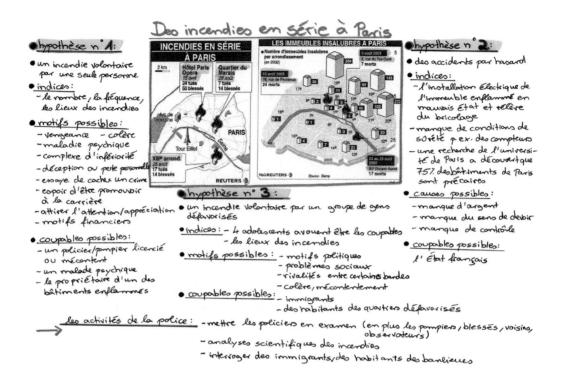

Lösungsbeispiel von Johanna

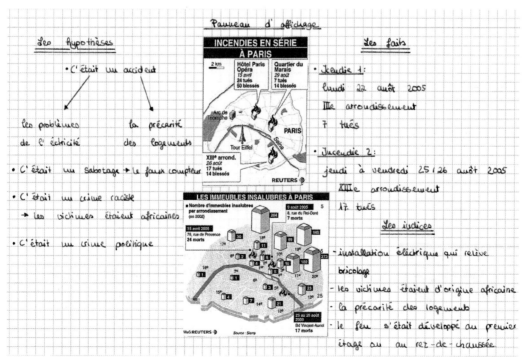

Lösungsbeispiel von Lisa

2. Beispiel:
Klassenstufe 10, 2. Fremdsprache
Thema: La réaction politique face à la crise des banlieues
Strategie 10: Das Fünf-Phasen-Schema

**2005: Les banlieues en crise**
LEMONDE.FR | 07.11.05

Jeudi 27 octobre
**Première nuit d'émeutes**
A Clichy-sous-Bois, des échauffourées ont lieu après une intervention des pompiers appelés pour porter secours à trois personnes électrocutées. Deux adolescents de 15 et 17 ans qui s'étaient réfugiés dans un transformateur EDF pour échapper à la police sont décédés. Les autorités affirment que les policiers n'ont pas poursuivi les victimes. Une quinzaine de véhicules sont incendiés.

Vendredi 28 octobre
**Nouvelles violences**
Dans le quartier du Chêne-Pointu, dans la nuit de vendredi à samedi, environ 400 jeunes affrontent 250 à 300 policiers et gendarmes. Un coup de feu est même tiré en direction d'un fourgon de CRS, sans faire de blessé. Mais sept policiers sont légèrement blessés à l'issue des échauffourées. Une trentaine de véhicules et dix poubelles sont incendiés. Treize jeunes, dont un mineur, sont placés en garde à vue durant la nuit.

Samedi 29 octobre
**Marche silencieuse en hommage aux victimes**
Quelque 500 personnes, proches et habitants de Clichy-sous-Bois, marchent en silence, samedi matin, pour rendre hommage aux deux adolescents morts électrocutés. En tête de défilé, les élus et les familles, ainsi qu'une quinzaine de jeunes portent des tee-shirts blancs sur lesquels on peut lire d'un côté, le nom des disparus, et de l'autre, „Mort pour rien".

Dimanche 30 octobre
**Nicolas Sarkozy prône la „tolérance zéro"**
Invité du journal de 20 heures de TF1, le ministre de l'intérieur, tout en affirmant que *„les policiers ne poursuivaient pas les jeunes"* électrocutés, défend *„la tolérance zéro"* en matière de violences urbaines. Il a demandé dix-sept compagnies de CRS et sept escadrons de gendarmes mobiles pour renforcer les effectifs à Clichy-sous-Bois. Il ne s'agit plus de *„faire de la police de proximité (…) mais d'interpeller"*.

Praxisteil

**Azouz Begag critique le ministre de l'intérieur**

Azouz Begag, ministre délégué à la promotion de l'égalité des chances, critique indirectement son collègue de l'intérieur sur France 2. „*Il ne faut pas dire aux jeunes qu'ils sont des racailles, il ne faut pas dire aux jeunes qu'on va leur rentrer dedans et qu'on va leur envoyer la police.*" Le mot de „*racaille*" avait été utilisé par M. Sarkozy lorsqu'il s'était rendu, mardi soir, à Argenteuil.

(www.lemonde.fr, 2005)

**Arbeitsaufträge:**

1. Survolez les textes. Qu'est-ce qui s'est passé en France en novembre 2005? Notez vos questions.
2. Lisez rapidement les textes et soulignez les informations données sur la révolte et la réaction des hommes politiques.
3. Faites une lecture détaillée. Dessinez un organigramme qui montre les causes et les effets.
4. Lisez de façon détaillée et expliquez les mots «tolérance zéro» et «police de proximité».
5. Faites un résumé des événements. Comparez votre résumé avec votre voisin.

Die Schülermaterialien bestehen aus einem Schaubild *(infographie)* und einem Dossier von „Le Monde", das den Ereignisablauf rekonstruiert. Die Lernenden sollen über diese Materialien die Fragestellung, wie Politiker auf die Unruhen reagieren sollten *(tolérance zéro/égalité des chances)*, mit der 5-Phasen-Lesestrategie erschließen.

Dokumentation eines Schülerergebnisses:
Bei diesem Text können die Lernenden die Ereigniskette rekonstruieren, die es an zwei Stellen erlaubt, die Inhalte kontrastiv darzustellen: Zunächst beim Verhalten der Jugendlichen, die die Gewalttaten fortsetzen oder einen Schweigemarsch durchführen, dann bei den Politikern, die eine Null-Toleranz-Politik fordern oder Verständnis zeigen. Diese Gegenüberstellungen waren von den Schülern im Text zu erschließen und in eine grafische Darstellung zu bringen. Die dokumentierte Schülerarbeit zeigt, wie die Schülerin entlang der Textinformationen eine passende *mise en schéma* vorgenommen hat. Die grafischen Elemente (Tabelle/Pfeile) ergeben sich direkt aus den Textinformationen: Die Positionen der Jugendlichen und der Politiker sowie jeweils zwei Handlungsoptionen mussten in ein Schaubild gebracht werden.

Auswertung und Diagnose:
Die *mise en schéma* eines Textes eignet sich hervorragend zur Konstruktion des Textverständnisses. Es handelt sich um eine Strategie, die mit zu den grundlegenden Arbeitsformen des textbasierten Unterrichts zählt, sie bereitet mitunter das Textresümee und den Textkommentar vor.

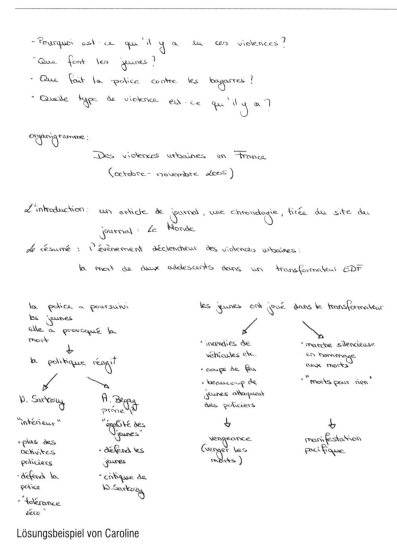

Lösungsbeispiel von Caroline

Die Schülerin hat das Schema anhand des 5-Phasen-Leseschemas (Strategie 10) eigenständig verfasst. Für den Erfolg der Strategie ist es wichtig, dass auch die Lernenden in den Lesestilen eine erfolgreiche Erweiterung ihres Repertoires sehen, sodass diese Strategien und Lesestile automatisiert und habitualisiert werden und zu einer fremdsprachlichen Lesekompetenz auf höherer Ebene führen.

2.3 Fazit

Am Anfang dieser Ausführungen zum Leseverstehen in der Fremdsprache stand die Frage, wie Lesekompetenzen in der Fremdsprache zu definieren sind und wie diese dann gezielt aufgebaut werden können. Die angestellten Überlegungen zu den Operatoren, die den Leseprozess der Lernenden steuern können, haben sich im Praxistest bewährt. Für das Handeln der Fremdsprachenlehrkraft ergibt sich daraus der Schluss, dass der Leseprozess in der Fremdsprache zwar andersartig ist, dass er aber auch gezielt geschult werden kann und muss. Das 5-Phasen-Schema erlaubt es dem Lernenden, selbstständig Lesekompetenzen auszubauen, darüber hinaus kann und sollte die Lehrkraft aber Anregungen aus dieser Methodik aufgreifen, um z.B. Lesestile gezielt zu vermitteln, wie es sich beim Scanning oder Skimming in kurzen Unterrichtsphasen anbietet. Für den Erfolg dieser Methoden und Strategien ist eine Grundlage unverzichtbar: Der Lernende muss sie akzeptieren, indem er sich einen Vorteil davon verspricht. Nur in der integrierten, inhaltlichen und methodischen Arbeit kann der Lernende erfahren, welchen Nutzen er von der Strategie hat. Und nur dann ist es möglich, dass aus der bewusst angewandten Strategie eine unbewusst und automatisch angewandte wird, sodass von einem Kompetenzzuwachs gesprochen werden kann.

## Sachtexte lesen im Fach Geschichte
Tobias Dietrich

Haben historische Sachtexte es verdient, gelesen zu werden? Seit dem *Linguistic Turn* müssen sich Leser dies nicht mehr fragen. Hayden White und andere haben durch ihre Auffassung, Geschichte sei Text, zu großer Nachdenklichkeit, aber auch Empörung beigetragen. Leser sollen nicht mehr überlegen, ob das Geschriebene stimmt oder falsch ist. Vielmehr haben sie aufgrund der textlichen Erzählstrukturen zu entscheiden: Stellt der Lexikonartikel, der Handbuchbeitrag, die Monografie oder der Verfassertext seinen historischen Gegenstand als Komödie oder Tragödie, als Satire oder Romanze dar? (White 1990) Diese Neuorientierung innerhalb der Geschichtswissenschaft wird in Zukunft noch mehr als gegenwärtig erhebliche Auswirkungen auf die Geschichtsdidaktik und das Lesen im Geschichtsunterricht haben.

### 1 Didaktische Überlegungen zu Sachtexten im Geschichtsunterricht

Lesen ist die zentrale Arbeitstechnik, um sich Geschichte anzueignen. Immer gilt die Prämisse, dass historische Sachtexte mehr oder weniger spekulatives Wissen enthalten. Daraus folgt: Wer Geschichte unterrichtet, muss für sich immer eine sprachliche Analyse und Kritik des Lerngegenstands vornehmen. Die daraus gewonnene Vor- und Einsicht muss den Lernenden vermittelt werden.

#### 1.1 Sachtexte im Geschichtsunterricht

Unterscheiden lassen sich drei historische Sachtexttypen:
- Präsentation von Wissen:
  a) Nachschlagewerke, etwa das Wörterbuch zur Geschichte oder der Duden Geschichte, enthalten begriffliche Orientierungen und Festlegungen. Lernende lesen Passagen aus diesen Büchern, um historische Sprache zu erwerben und um ihren Wortschatz zu präzisieren. Eine in diesem Sinn grundlegende „Begriffsgeschichte" ist unerlässlich für die Lesefähigkeit anderer historischer Texte.
  b) Gerade Handbuchauszüge und Teile von Gesamtdarstellungen enthalten viele Fachwörter. Solche Texte sind, anders als manche Lexika, nie für Lernende selbst geschrieben worden. Gleichwohl wollen die Autoren dieser Bücher ihre Leser belehren, indem sie in hoher Faktendichte Wissen formulieren. Im Unterricht kommen Textauszüge als Arbeitsmaterialien vor. Explizit, teilweise ungekennzeichnet lassen sich Handbuchpassagen in Verfassertexten von Geschichtsbüchern ausfindig machen.
- Schaffung neuen Wissens:
  a) Monografien sind Spezialstudien, in welchen vorhandene Erkenntnisse mit neuen Überlegungen zusammengeführt werden. Die Autoren vertreten Thesen, welche sie argumentativ belegen, wobei sie verschiedene Strategien verfolgen, um ihre fachlich vorgebildete Leserschaft zu überzeugen. Dies trägt in den wenigsten Fällen zu einer guten Lesbarkeit bei. Gleichwohl gelangen Auszüge aus dieser Textsorte im Geschichtsunterricht mangels textlicher Alternativen zum Einsatz. Mitunter lesen Lernende Monografieauszüge, um

historische Kontroversen zu erarbeiten oder um historische Argumentationsmuster nachzuvollziehen.

b) Nichtselbstständige Schriften, publiziert in Zeitungen oder Zeitschriften (z. B. „Süddeutsche Zeitung", „Die Zeit", „Aus Politik und Zeitgeschehen" etc.) behandeln oft in bildhafterer und verständlicherer Sprache als Monografien historische Probleme und Thesen. Dies macht sie geeignet zur Lektüre im Rahmen eines Geschichtsunterrichts, der Themen behandelt, die nicht oder nicht kontrovers in den herkömmlichen Lehrwerken und Schulbüchern berücksichtigt werden.

▸ Verfassertexte in Schulbüchern:
Verfassertexte in Schulbüchern und die mit ihnen verwandten Jugendsachbücher suchen den Mittelweg zwischen Wissenspräsentation und Thesenbildung. *„Statt der Rezeption eines fertigen Geschichtsbildes sollten sie dazu genutzt werden, aus Fakten Erkenntnisse zu ziehen und diese zu problematisieren."* (Teepe 2007, S. 261).

Über das Schulgeschichtsbuch und über die Quellenarbeit gibt es eine umfassende fachdidaktische Forschung und Literatur. Das Lesen (von Sachtexten) im Geschichtsunterricht ist von Fachdidaktikern dagegen bislang mit Ausnahme von Hilke Günther-Arndt und Sean Lang (1998) ignoriert worden. Der Geschichtsunterricht gilt *„als ein Lesefach"*, das jedoch ähnlich dem Grundlagenfach Deutsch und anders als in vielen Sachfächern in der prekären Lage steckt, dass man dem Beschriebenen nicht wirklich begegnen kann. Diese Ferne zum Gegenstand geht einher mit einer unmittelbaren Nähe zum Thema Lesen. Die Geschichte der Lektüre ist umfangreich erforscht worden, vor allem die Relevanz der Schriftlichkeit für frühe Hochkulturen und die Erfindung des Buchdrucks. Sie hat in Lehrpläne und Schulbücher Einzug gehalten. Schließlich sind das historische Wissen und damit der Sachtext im Fach Geschichte besonders stark standortgebunden. So gibt es *mehr als eine nationale Physik* eine nationale Geschichtsschreibung mit ihren jeweiligen stilistischen Eigenarten – in Deutschland etwa der Fußnote – und inhaltlichen Schwerpunktsetzungen.

1.2 Leseziele, Lehrplanbezug, Bildungsstandards
Diese ideologischen Prägungen, verbunden mit der Einsicht, dass Geschichte selbst Text ist, machen es notwendig, dass das Lesen im Geschichtsunterricht in besonders ausgeprägtem Maße ein kritisches Lesen sein muss. Dies meint erstens, dass die Bedingtheit und Standortgebundenheit eines Textes mit zu berücksichtigen ist. Dafür die Lernenden sensibel zu machen, ist das erste Ziel von Sachtextarbeit im Fach Geschichte.

Zweitens sollen sich die Lernenden durch das Studium von Sachtexten historisches Wissen aneignen, es verarbeiten und auf diesem Weg Geschichte konstruieren. Auf dieser Basis gelangen die Lernenden zum Bewusstsein, dass historische Sachtexte Zufälle und Ereignisse ordnen und strukturieren.

Drittens sollen die Lernenden zum Schmökern in Sachtexten herausgefordert werden. *„Der typische Sachtextleser (…) wird in der Pubertät ‚geboren'. (…) Jugendliche Leser befriedigen mit der Lektüre von Sachtexten nicht nur ihr Bedürfnis nach Information, sondern auch nach Unterhaltung und Spannung."* (Kunze 2005, S. 82)

Schließlich sollen Lernende in der Sekundarstufe 1 durch das Lesen wissenschaftspropädeutische Kompetenzen erwerben, welche zugleich alltagstauglich sind. Sie wählen Informationsquellen aus; sie lernen, Texte zu strukturieren und zusammenzufassen; sie erfahren, dass Texte in Kontexte eingeordnet werden müssen.

Das Lesen von Sachtexten thematisieren Lehrpläne nicht explizit. Gleichwohl werden Kompetenzen angestrebt, welche die Fähigkeit voraussetzen, historische Informationstexte lesen zu können. Der Verband der Geschichtslehrer Deutschlands ist sich der Bedeutung besonders bewusst, welche darstellende Texte für die Medien-/Methodenkompetenz von Lernenden der Sekundarstufe 1 besitzen. In curricularer Folge sollen die Lernenden dazu angeleitet werden, die historische Relevanz von Text fortgesetzt zu durchdringen. Daher halten es die Autoren der Bildungsstandards Geschichte zu Recht für notwendig, dass die Lernenden am Ende der jeweiligen Ausbildungsabschnitte über nachfolgende Fertigkeiten verfügen:

| **Anfängerunterricht** (5./6. bzw. 7. Klasse, je nach Bundesland) | **Fortgeschrittene Anfänger** (7./8. bzw. 8./9. Klasse, je nach Bundesland) | **Fortgeschrittene** (9./10. bzw. 10. Klasse, je nach Bundesland) |
|---|---|---|
| ▸ Sachtexte orientierend lesen<br>▸ Begriffe aus dem Textzusammenhang heraus erklären<br>▸ Sachtexte gliedern<br>▸ besonders relevante Textstellen finden<br>▸ Inhalte mit eigenen Worten wiedergeben | ▸ selbstständig Fragen formulieren<br>▸ die Argumentationsstruktur eines Textes beschreiben<br>▸ sprachliche Mittel untersuchen<br>▸ Sachtexte nach Standpunkt des Autors untersuchen | ▸ selbstständige kritische Wertung vornehmen<br>▸ unterschiedliche Texte miteinander vergleichen |

(nach: Bildungsstandards Geschichte, Rahmenmodell Gymnasium 5.–10. Jahrgangsstufe. S. 26 f., 45, 60)

Ordnet man die Grobziele den drei genannten Ausbildungsabschnitten zu, dann soll im Anfängerunterricht die Lust am Schmökern grundsätzlich angelegt werden. Fortgeschrittene Anfänger lernen kritisch zu lesen. Fortgeschrittene machen sich mit den Bedingungen des studierenden Lesens vertraut, sodass in der Oberstufe das forschende Lesen erlernt und geübt werden kann (vgl. Wolbring 2006, S. 184–195). Dann erst und bevorzugt im Leistungskurs Geschichte liegt es nahe, das im Grundlagenteil detailliert skizzierte Fünf-Phasen-Schema (Strategie 10) einzuüben. Es ist aufgrund des damit verbundenen erheblichen Arbeitsaufwandes und seines hohen, wissenschaftspropädeutischen Charakters im höchstens zweistündigen Geschichtsunterricht der Mittelstufe wenig gewinnbringend einsetzbar.

## 1.3 Lesesituationen

Das Lesen von Sachtexten im Geschichtsunterricht ist wie in vielen Nachbarfächern in hohem Maße situativ. Die Umgebungsbedingungen, von der räumlichen Akustik bis zur Zahl der im Raum befindlichen Bücher, prädisponieren die Lust oder Unlust der Lernenden zum Lesen. So motiviert die Lernenden eine Bibliothek oder ein Fachraum für Geschichte mehr zur Lektüre historischer Sachtexte als ein in kräftigen oder tristen Farben gestrichener Klassenraum.

Noch stärkeren Einfluss auf die Lesemotivation und die Art der Lektüre haben die verschiedenen Unterrichtsphasen innerhalb einer Geschichtsstunde. In Einstiegsphasen ist höchstens das flüchtige Lesen einer strittigen Definition bzw. einer provozierenden oder zufälligen Überschrift vorstellbar. Unterrichtssituationen, die der Problemfindung dienen, können von der Sachtextlektüre profitieren, gleichwohl erschwert wie beim Einstieg erneut der Faktor Zeitnot ein intensives Lesen. Die beste Lesephase in einer Geschichtsstunde ist die Erarbeitungsphase. Die meisten Lesestrategien können in diesem Zusammenhang zum Einsatz kommen. Besonders geeignet für eine erhöhte Nachhaltigkeit des Gelesenen sind Vorgehensweisen, welche Elemente der Sicherung und Anwendung bzw. des Transfers beinhalten. Hervorzuheben sind diesbezüglich das Übertragen in eine andere Darstellungsform (Strategie 6), die Textexpansion (Strategie 7) bzw. das darstellende Lesen. Inhaltlich bietet sich der Einsatz von Sachtexten an, die Wissen präsentieren. In der Sicherungsphase sollen sich die Leser auf ihre vorherige Leseerfahrung konzentrieren und diese reflektieren, eine fortgesetzte Lektüre erscheint nur in Ausnahmefällen sinnvoll. In der Erweiterungsphase am Ende der Stunde fördert gerade der Einsatz von Passagen aus Texten, die neues Wissen schaffen, den Erkenntnisgewinn.

## 1.4 Lesestrategien

Grundsätzlich sind alle im Grundlagenteil genannten Strategien im Fach Geschichte einsetzbar. Korreliert man sie mit den oben genannten Bildungsstandards und fügt hinzu, ob Lesen eher im Rahmen eines problem- oder eines handlungsorientierten Geschichtsunterrichts stattfindet, dann ergibt sich folgendes Bild:

| | **Problemorientierung** | **Handlungsorientierung** |
|---|---|---|
| **Anfänger-unterricht** | ▸ Fragen an den Text stellen (Strategie 2)<br>▸ Den Text strukturieren (Strategie 3)<br>▸ Farborientiert markieren (Strategie 5)<br>▸ Schlüsselwörter suchen und den Text zusammenfassen (Strategie 9) | ▸ Den Text expandieren (Strategie 7) |
| **Fort-geschrittene Anfänger** | ▸ Fragen an den Text stellen (Strategie 2)<br>▸ Den Text mit dem Bild lesen (Strategie 4) | ▸ Den Text in eine andere Darstellungsform übertragen (Strategie 6)<br>▸ Darstellendes Lesen |

| **Fort-geschrittene** | ▸ Verschiedene Texte zum Thema vergleichen (Strategie 8) <br> ▸ Das Fünf-Phasen-Schema anwenden (Strategie 10) | |
|---|---|---|

Die Anordnung der Strategien ist additiv, d.h. die jeweils zuvor erlernten und angewendeten Verfahren können fortwährend benutzt werden. Das im Grundlagenteil nicht genannte, der themenzentrierten Interaktion verpflichtete darstellende Lesen zielt auf die Verlebendigung von Text. Dies lässt sich zum Beispiel durch das dramatische Lesen in Szenen oder die Lektüre mit verteilten Rollen durchführen. So liest ein Schüler als Verkörperung der Hieroglyphen die Passagen vor, welche seiner Auffassung nach ihn unmittelbar betreffen. Ein anderer liest die Abschnitte vor, in welchen er als Entzifferer der Schriftzeichen Beachtung erhält. Alternativ dazu können Sachtexte mit Emotionen versehen werden, etwa indem die Lernenden durch Sprechblasen den Text erweitern oder sich während der Lektüre spontan verbal oder nonverbal äußern.

## 1.5 Die Rolle von Bildern

*„Bilder prägen Vorstellungen"*, schreibt Michael Sauer (2007) in seinem Buch zum Einsatz dieser Quellen im Geschichtsunterricht. Daher können zeitgenössische Gemälde oder Zeichnungen zur Veranschaulichung dienen. Die Lernenden erhalten auf diesem Weg die Möglichkeit, ihre Lektüreerkenntnisse zu illustrieren. Ferner ist es möglich, dass die Lernenden ein Bild betrachten und anschließend Fragen an einen Text formulieren, der sich mit den Inhalten der Darstellung beschäftigt. Schließlich lässt sich zwischen einem Bild und einem Text ein Gegensatz konstruieren, der die Lernenden zu Meinungs- und Urteilsbildungen herausfordert.

## 1.6 Zum Einsatz des Lehrbuchs

Neben dem Institut für internationale Schulbuchforschung in Braunschweig haben sich zahlreiche Wissenschaftler mit der Bedeutung beschäftigt, welche dem Schulbuch bei der Konstruktion bzw. Vermittlung von Geschichte zukommt. Als Einführung in dieses Thema kann der Aufsatz von Renate Teepe (2007) dienen.

Im vorliegenden Zusammenhang ist es wichtig, dass die in Schulbüchern befindlichen Verfassertexte als solche behandelt werden. Grundsätzlich und unbedingt gilt daher, dass die Lernenden mit diesem Sachtexttyp nicht allein gelassen werden. Die Lernenden müssen Arbeitsaufträge erhalten, um einen Verfassertext mit Erkenntnisgewinn lesen zu können.

**2 Beispiele zur Arbeit mit Sachtexten im Geschichtsunterricht**

Zunächst zeigt ein Beispiel den Variantenreichtum der einsetzbaren Lesestrategien im Fach Geschichte. Strategie 1 (Fragen zum Text beantworten), Strategie 4 (Den Text mit dem Bild lesen) sowie Strategie 5 (Farborientiert markieren) kommen zum Einsatz. Anschließend werden die Möglichkeiten und Grenzen genauer erörtert, durch Fragen geleitet einen Text zu erschließen.

2.1 Beispiel 1: Vorbemerkungen zum Unterrichtskontext

Im neunjährigen Gymnasium des Landes Rheinland-Pfalz wird das Fach Geschichte in der achten Jahrgangsstufe einstündig unterrichtet. In dieses Schuljahr fällt eine Beschäftigung mit der Frühen Neuzeit, davon stehen höchstens zwei Stunden zur Verfügung, um mit den Lernenden das Thema „Buchdruck – Medienrevolution" zu thematisieren. Nachteilig ist die begrenzte Unterrichtszeit, vorteilhaft ist, dass der flexible Einsatz von Lesestrategien eine effektive Erarbeitung von Verfassertexten zum Buchdruck ermöglicht. Die Lernenden sind inzwischen fortgeschrittene Anfänger. Der Unterrichtscharakter ist problemorientiert und multiperspektivisch.

2.2 Material und Arbeitsaufträge

© akg-images

Praxisteil

### Eine „schöne" Kunst – der Buchdruck

Es war ein Geheimprojekt seines Mainzer Mitbürgers Johannes Gutenberg, in das der Kaufmann Johannes Fust viel Geld investiert hatte. Die Einzelheiten dieses Projekts kannte nur der Meister selber; trotzdem versprach sich Fust einen enormen Profit. Gutenberg arbeitete nämlich an einem Verfahren, mit dem man Bücher in hoher Auflage herstellen konnte. […]

Sieben Jahre dauerte es, bis Gutenbergs Erfindung so weit ausgereift war, dass das erste gedruckte Buch vorlag, eine Bibel. Während dieser Zeit war der Meister ganz auf die Unterstützung seines Geldgebers angewiesen. Doch nun konnte er ihm stolz die Einzelheiten seines neuen Druckverfahrens erklären. Das Entscheidende war eine Gießvorrichtung, mit der man beliebig viele Exemplare eines Buchstabens in immer gleicher Länge und Form aus einer Bleimischung herstellen konnte. Diese wurden dann in Setzkästen sortiert. Wenn die Setzer eine Buchseite erstellen wollten, nahmen sie die nötigen Buchstaben aus den Kästen, fügten sie spiegelverkehrt in einem sogenannten „Winkelhaken" zunächst zu Zeilen und dann zu ganzen Seiten zusammen. Diese Druckvorlagen mussten die Gesellen nun mithilfe dicker Lederballen mit Druckerschwärze einfärben. Anschließend übertrugen sie mit einer hölzernen Presse den Drucksatz auf ein feuchtes Blatt. Nun musste das Ganze noch trocknen.

Zufrieden präsentierte Gutenberg das Ergebnis: einen sauber bedruckten zweispaltigen Bogen, von dem er ohne Weiteres eine Vielzahl gleicher Exemplare herstellen konnte.

Den finanziellen Erfolg der revolutionären Erfindung heimste allerdings der Geldgeber Johannes Fust ein: Er zerstritt sich nämlich mit Gutenberg und verlangte gerichtlich die Rückzahlung seiner Darlehen. Da Gutenberg noch keine der neuen Bibeln verkauft hatte, zwang ihn das Gericht, Fust seine Werkstatt mit Inventar und allen fertigen Bücher abzutreten. Eine bittere Enttäuschung! Seine letzten Lebensjahre verbrachte Gutenberg in Armut, während Fust durch den Verkauf der prächtigen „Gutenberg-Bibeln" auf europäischen Messen viel Geld verdiente.

(aus: Geschichte und Geschehen 1/2)

**Arbeitsaufträge:**

Folgende Arbeitsaufträge können alternativ gestellt werden.

1. Stelle die Arbeitsschritte zusammen, welche notwendig sind, um ein gedrucktes Buch herzustellen. Beachte die richtige Reihenfolge.
2. Du bist Gutenbergs Geselle. Um deinen Meister zu verstehen, musst du viele der im Text genannten Fachwörter kennen. Markiere diese und mache dir mit deinem Partner die Bedeutung der Wörter klar.
3. Beschrifte das Bild einer Druckerwerkstatt aus dem 17. Jahrhundert mit Fachbegriffen oder Textzitaten.

### 2.3 Dokumentation von Ergebnissen

Folgende Arbeitsschritte lassen sich in Stichworten zusammenfassen: Eine Bleimischung in eine Gießvorrichtung schütten, die produzierten Buchstaben im Setzkasten sortieren, die

Buchstaben spiegelverkehrt in einen Winkelhaken setzen, diese Druckvorlage schwärzen, die geschwärzte Druckvorlage auf ein feuchtes Blatt pressen, das Blatt trocknen lassen.

Als Fachbegriffe unterstrichen werden „Gießvorrichtung", „Bleimischung", „Setzkasten", „Setzer", „Winkelhaken", „Druckvorlagen", „Druckerschwärze", „Presse", „Drucksatz". Mögliche Beschriftungen zeigt das folgende Bild:

2.4 Auswertung

Der dargestellte Strategieneinsatz zeigt modellhaft, wie die Lesekompetenz im Geschichtsunterricht entwickelt und gefördert werden kann. Es besteht nur eine niedrige Fehlerwahrscheinlichkeit. Dem daraus entstehenden Einwand, das Anforderungsniveau der Arbeitsaufträge sei zu niedrig, lässt sich begegnen. Das Phänomen „ein Buch lesen" wird den Lernenden zugleich auf einer konkreten Erfahrungsebene (sie lesen selbst) wie auf einer abstrakten Problemebene (sie lernen die Geschichte des Lesens kennen) vermittelt.

2.5 Beispiel 2: Vorbemerkungen zum Unterrichtskontext

Innerhalb des zweistündigen Geschichtsunterrichts der Klasse 7 findet eine Reihe zur frühen ägyptischen Hochkultur statt. Die Reihe ist auf acht Stunden angelegt. Nach dem Einstieg folgen jeweils zwei Stunden zur politisch-gesellschaftlichen und religiösen Ordnung. Darauf folgt eine Stunde zur Geschichte der Schrift. Sie leitet die Notwendigkeit ihrer Entstehung aus den zuvor bearbeiteten Umständen ab. Am Ende der Stunde stehen Schlussfolgerungen, welche eine allgemeine Definition von Hochkultur vorbereiten. Der Text wird als Hausaufgabe gelesen, schriftliche Antworten werden im Rahmen einer Erarbeitungsphase während des Unterrichts formuliert. Die Lernenden sind Anfänger hinsichtlich der Lektüre von Schulbuchtexten. Der Unterrichtscharakter ist problemorientiert und zielt auf Alteritätserfahrung.

Praxisteil

2.6 Material und Arbeitsaufträge

**Schule, Schrift und Schreiber**

Als der Dichter Duauf – er lebte im 2. Jahrtausend v. Chr. – seinen Sohn Phiops in die Schreiberschule schicken wollte, erklärte er ihm die Vorzüge seines Berufes: „Auf das Schreiben sollst du deine Gedanken richten; ich kenne keinen Beruf, der mit dem des Schreibers zu vergleichen wäre. Es gibt nichts, was über die Bücher ginge." Obwohl die meisten Ägypter weder lesen noch schreiben konnten, war Schreiben in ihrer Gesellschaft von großer Bedeutung. Schon lange vor Duauf hatten die Ägypter eine Schrift erfunden. Die älteste Schrift nannten die Ägypter „Gottesworte". Wir finden sie heute noch in Wänden in Grabmälern und Tempeln, in Stein gehauen oder in Holz geschnitzt. Die Griechen konnten die Schriftzeichen nicht lesen und nannten sie Hieroglyphen; das bedeutet „heilige Einritzung". Die Schrift veränderte sich im Laufe der Jahrtausende. Auch die Zahl der verwendeten Hieroglyphen schwankte zwischen etwa 1000 und mehr als 7000.

Die Hieroglyphen bestanden aus Bild-, Laut- und Deutzeichen. Bildzeichen erklärten sich selbst, also * = Stern und O = Sonne. Tätigkeiten ließ man durch Personen darstellen, z. B. Sitzen durch einen sitzenden Mann, Geben durch eine ausgestreckte Hand. Weniger anschauliche Begriffe wurden durch anschauliche gekennzeichnet: Ein Segel bedeutete Wind, ein Bierkrug Bier. Schriftzeichen mussten auch gesprochen werden, darum besaßen sie einen Lautwert. Eine Hand stand für „d" oder eine Hacke für „mr". Die Ägypter schrieben keine Vokale, deshalb benutzten sie Deutzeichen. Ein Beispiel aus unserer Sprache soll das erklären. Die Konsonanten „l" und „b" kommen in mehreren Wörtern vor, etwa in Lob, Liebe oder Elbe. Um deutlich zu machen, welches Wort gemeint war, wurden hinter die Zeichen „lb" Deutzeichen gesetzt. So könnte ein Orden bedeuten, dass es Lob heißt, eine Wellenlinie könnte für Elbe stehen und ein Herz für Liebe.

Lange war der Sinn der Hieroglyphen ein Rätsel. Nach vielen Versuchen gelang es dem Franzosen François Champollion im Jahre 1822, die Schrift zu entziffern. Auf einem im Niltal gefundenen Stein entdeckte er einen Text, der in Hieroglyphen und Griechisch gleich lautend geschrieben war. Champollion ging vom bekannten Text in Griechisch aus, entdeckte dort die Namen zweier Könige, Kleopatra und Ptolemäus, und fand sie im Hieroglyphentext wieder – der Schlüssel zur Lösung des Rätsels war gefunden.

Der Dichter Duauf berichtet, dass die Lerner im Alter zwischen fünf und zehn Jahren in die Schule kamen. Sie stammten aus allen Bevölkerungsschichten. Der Besuch einer Schule war kein Vorrecht, sondern jedem Jungen gestattet. Wir kennen den Bericht eines Priesters, der sagte, er sei dank seiner Klugheit „in die Schule aufgenommen worden" und „von seiner Armut bis zum Dolmetscher für jedes Ausland aufgestiegen". Mädchen dagegen besuchten die Schule selten. Es gab aber auch Frauen, die das Schreiben beherrschten.

Neben dem Schreiben gab es die Unterrichtsfächer Lesen, Mathematik, Bildhauerei, Malerei, Geografie und Sport. Erziehung und Lernen waren für die Ägypter ein Teil der göttlichen Ordnung. Die jungen Menschen sollten erkennen, dass sie wie die Erwachsenen ein Teil der allgemeinen Ordnung seien. Die Ägypter glaubten, dass diese Ordnung nur mit strenger Disziplin zu bewahren sei.

(aus: Geschichte und Geschehen 1/2)

Geschichte

> **Arbeitsaufträge**
> 1. Vor 1800 glaubte man, niemals die Hieroglyphen entziffern zu können, begründe.
> 2. Erläutere die ägyptische Auffassung, dass in der Schule strenge Disziplin herrschen musste.
> 3. Du bist Phiops Lehrer. Legst du mehr Wert darauf, dass er das Lesen oder das Schreiben beherrscht?

2.7 Dokumentation von Schülerergebnissen

Die Siebtklässler gaben Antworten, die sich hinsichtlich ihrer Qualität deutlich unterschieden:
Version 1:
▸ Antwort 1: *„Weil es zwischen 1000 und 7000 Hieroglyphen gab und sie sich im Laufe der Zeit viel veränderten. Außerdem gab es keine Überlieferung wo die Zeichen erklärt waren. F.C. fand die Überlieferung."*
▸ Antwort 2: *„Es war nur den Jungen gestattet und die Lehrer strenger wars, und es viele Fade gab, die Lehrer glaubten das man nur mit Disziplin lernen könne. Außerdem hatte sie nur 5 Jahre Schule."*
▸ Antwort 3: *„Ich lege mehr Wert auf Schreiben, weil man so dem Pharao dienen kann und weil Schreiber sehr hoch angesehen werden. Lesen ist nicht so wichtig."*

Version 2:
▸ Antwort 1: *„Vor 1800 glaubte man, niemals die Hieroglyphen entziffern zu können, weil sie keine Vokale benutzten sondern Deutzeichen. Außerdem schwankte die Zahl der verwendeten Hieroglyphen zwischen 1000 und 7000. Die Hieroglyphen mussten auch gesprochen werden, darum besaßen sie Lautwerke (Hand = d oder Hacke = mr). Der Franzose Champollion sah einige Zeichen in der griechischen Sprache und konnte sie dann als Hieroglyphen entziffern."*
▸ Antwort 2: *„In der Schule musste strenge Disziplin herrschen, da die Ägypter glaubten, dass junge Menschen glauben sollen, dass sie ein Teil der Ordnung sind und diese Ordnung nur mit strenger Disziplin zu bewahren sei. Zu der göttlichen Ordnung gehören für die Ägypter das Lernen und die Erziehung."*
▸ Antwort 3: *„Ich würde mehr Wert legen darauf, dass er das Schreiben beherrscht, denn dann könnte er eine Schreiberlehre starten und dadurch Geld verdienen. Wenn er jedoch nur lesen könnte, müsste er Händler werden, denn bei dieser Arbeit musste man lesen können. Wenn er schreiben kann, kann er eigentlich auch automatisch lesen."*

2.8 Auswertung

Der Text erfüllt die an einen Verfassertext zu richtenden Erwartungen. Er ist für eine Erarbeitungsphase in Umfang und Aufbau gut geeignet, denn er informiert verdichtet über die Geschichte der ägyptischen Schrift und regt zugleich zur Thesenbildung an. Beide Aspekte greifen die Arbeitsaufträge auf. Den Lesern gelingt es, zwischen den beiden Textleistungen zu unterscheiden. Die Antworten zu Aufgabe 3 zeigen, dass die Siebtklässler zur eigenen Stellungnahme von unterschiedlicher Güte in der Lage sind. Version 1 ist eine mangelhafte Leistung, während Version 2 mit gut bewertet wird.

Was grundsätzlich für Arbeitsaufträge gilt, erweist sich im Zusammenhang mit der zweiten Lesestrategie als ebenso zutreffend: Eindeutige und verbindliche Operatoren müssen die Anweisungen kennzeichnen. Im Beispiel erweist sich als problematisch, dass der Textbezug der Aufgaben nur implizit ist. Gerade der mangelhafte Schülerbeitrag wird qualitativ besser werden, ergingen im Rahmen der Aufgabenstellung explizite Hinweise auf den Text, etwa indem statt „vor 1800" das im Text genau angegebene Jahr „1822" genannt wird. Hilfreich kann eine vorbereitende Lektüreaufgabe sein, die weniger auf eine lineare Präsentation von Inhalten setzt, sondern dazu beiträgt, die Repräsentativität als Informationsquelle zu durchdringen. Dazu lassen sich Schlüsselbegriffe in den Arbeitsaufträgen markieren, welche die Lesenden zunächst im Text ausfindig machen müssen, z. B. „Champollion", „strenge Disziplin" etc.

Insgesamt gesehen bietet die Lesestrategie Strategie 1 (Fragen zum Text beantworten) eine gute Möglichkeit, in Einzelarbeit Texte zu studieren. Entscheidend ist in diesem Zusammenhang die Güte der Arbeitsaufträge, die jedoch wesentlich von einer hohen Textqualität abhängig ist.

## 2.9 Fazit

Spätestens seit dem *Linguistic Turn* ist die eigenständige Lektüre von Sachtexten zur unverzichtbaren Arbeitstechnik für das Lernen von Geschichte geworden. Lesestrategien stehen zur Verfügung, um in unterschiedlichen Unterrichtssituationen zu lesen. Gleichwohl gilt es, ein bloßes Lesen um des Lesens willen zu vermeiden. Unterrichtende sollen sich immer selbst Rechenschaft darüber ablegen, ob und warum es keine Alternative zum eingesetzten Sachtext gibt. Sie müssen sich bewusst machen, was besonders am jeweiligen Text ist, warum gerade jetzt unter bestimmten Bedingungen gelesen wird. Am Ende wie am Anfang steht die plakative Frage: Womit haben der historische Sachtext und zugleich die jungen Leser das Lesen verdient?

# Sachtexte lesen im Fach Mathematik
Michael Bostelmann

## 1 Didaktische Überlegungen zu Sachtexten im Mathematikunterricht

### 1.1 Fachspezifische Besonderheiten zu Sachtexten im Fach Mathematik

Zur Vermittlung von Fachwissen verfügt die Mathematik über eine symbolische (Formel-) Sprache. Daneben existiert eine textbasierte wohldefinierte Fachsprache, bei der die Textproduktionskompetenz sehr viel schwerer zu erlangen ist als die Lesekompetenz. Hier gibt es kaum Redundanz und jedes Wort wird auf die Goldwaage gelegt. Das macht es ausgesprochen schwierig, einen mathematischen Text richtig zu lesen (vgl. Beutelspacher 1995). Zwei Beispiele sollen das belegen:

Beispiel 1: Primzahlen

Die folgenden vier Aussagen erscheinen manchem Laien als fast identisch und richtig.
- Eine Primzahl besitzt zwei Teiler.
- Eine Zahl, die zwei Teiler besitzt, ist eine Primzahl.
- Eine Zahl, die nicht mehr als zwei Teiler besitzt, ist eine Primzahl.
- Eine Zahl, die genau zwei Teiler hat, ist eine Primzahl.

Mathematisch richtig sind Satz 1 als Aussage zu einer Eigenschaft und Satz 4 als Definition. Mathematisch falsch sind die Sätze 2 und 4 wie folgende Gegenbeispiele zeigen:
- Die Zahl 6 besitzt auch 2 Teiler (sogar noch mehr), ist aber keine Primzahl.
- Die Zahl 1 besitzt nur einen Teiler und ist keine Primzahl.

In der mathematischen Fachsprache macht es einen wichtigen Unterschied, ob von zwei Teilern oder zwei verschiedenen Teilern oder genau zwei Teilern die Rede ist.

Beispiel 2: Vierecke

Am 31.1.2003 erhielt bei der Quizshow „Wer wird Millionär?" eine Kandidatin die Frage:
*„Jedes Rechteck ist ein ...*
*A: Rhombus (Raute)   B: Quadrat   C: Trapez   D: Parallelogramm."*
Vorgesehen war als richtige Antwort D: Parallelogramm. Die Antwort Trapez wurde nicht zugelassen. Begründet wurde dies mit der Definition des Brockhaus: *„Ein Trapez ist ein Viereck mit zwei parallelen, aber unterschiedlich langen Seiten."* Noch größeres Unbehagen löst die ebenfalls falsche Definition von Meyers Online-Lexikon aus: *„Ein Trapez ist ein ebenes Viereck mit zwei parallelen Seiten, die beim »eigentlichen« Trapez nicht gleich lang sind (d. h. Rechtecke und Parallelogramme sind Spezialfälle von Trapezen)."*
Ist demnach ein Rechteck eigentlich kein Trapez?

Eine mathematisch richtige Definition lautet: Ein Trapez ist ein Viereck mit zwei parallelen Seiten. Während im Beispiel 1 eine Zahl, die zwei Teiler besitzt, auch drei Teiler haben kann, ist eine analoge Bedeutungserweiterung beim Trapez nicht möglich, denn es gibt keine Vierecke mit drei (oder vier) parallelen Seiten. Hier wäre es besser so zu formulieren: Ein Trapez ist ein Viereck mit einem Paar paralleler Seiten. Dies ist mathematisch äquivalent zur ersten Definition, impliziert aber, dass es auch mehr (also zwei) Paare paralleler Seiten geben könnte.
*„Mathematiker denken vielleicht nicht normal – aber richtig."* (Pöppe 2003)

Zu Problemen kommt es immer wieder, wenn Begriffe bzw. Formulierungen sowohl in der Alltagssprache als auch in der Fachsprache verwendet werden, jeweils aber unterschiedliche Bedeutungen haben. Ein gutes Beispiel hierfür ist der Begriff „senkrecht". In der Umgangssprache wird senkrecht meist in der Bedeutung von vertikal gebraucht. In der Mathematik ist damit aber in der Regel rechtwinklig gemeint. In diesem Sinne bezeichnet senkrecht nicht die Lage einer einzelnen Geraden, sondern die Lagebeziehung zweier Geraden zueinander. Deshalb verwendet man besser den Begriff „orthogonal". Damit aber nicht genug. Selbst der Begriff orthogonal hat keine absolute (eigenständige) Bedeutung. Neben der o. g. Bedeutung für ein Paar von Geraden gibt es auch (erweiterte) Bedeutungen für Paare wie Gerade-Ebene, Ebene-Ebene, Kurve-Kurve. Sogar nichtgeometrische Objekte wie etwa Funktionen und Matrizen können orthogonal sein. D.h. selbst in der Mathematik kann die Bedeutung eines Begriffs vom Kontext abhängen.

Im Mathematikunterricht beschränken sich *Fachtexte* oft auf Sätze im mathematischen Sinn und auf Definitionen. *Sachtexte* in der Art, dass in Textform mathematische Lerninhalte vermittelt werden, sind die Ausnahme. Neben solchen Sachtexten im engeren Sinne spielen vor allem authentische Texte eine wichtige Rolle, wozu auch die meisten Anwendungsaufgaben gezählt werden können.

### 1.2 Leseziele, Lehrplanbezug, Bildungsstandards und Kompetenzentwicklung

Die Bildungsstandards für den mittleren Schulabschluss fordern als einen Beitrag des Faches Mathematik zur Bildung (Bildungsstandards 2004, S. 6): *Technische, natürliche, soziale und kulturelle Erscheinungen und Vorgänge mithilfe der Mathematik wahrnehmen, verstehen und unter Nutzung mathematischer Gesichtspunkte beurteilen.*
Hierzu gehören z.B. Bedienungsanleitungen, Werbung, Statistiken, etc.

Die vorherrschende Textquelle für den Mathematikunterricht ist eindeutig das Schulbuch. Dabei beschränken sich Texte überwiegend auf Einführungen zu Beginn neuer Kapitel und knapp formulierte Textaufgaben. Ausnahmen bilden gelegentliche historische Bezüge und thematische Exkurse (z.B. Fraktale, Kirchenfenster, Kurven mit Polarkoordinaten etc.). In neueren Schulbüchern ist die Tendenz erkennbar, dieses enge Konzept aufzubrechen.

Sachtexte im Mathematikunterricht lassen sich grob in drei Gruppen einteilen:
- Instruktionstexte:
  Hier handelt es sich z.B. um Anleitungen, die dem Lerner helfen sollen, bestimmte mathematische Verfahren zu verstehen und anzuwenden.
- Aufgabentexte:
  Dies sind im Wesentlichen die von Lernern häufig gefürchteten Textaufgaben, die zur Sicherung, Vertiefung oder auch zur Vorbereitung eingesetzt werden. Die Schwierigkeiten, die dabei regelmäßig auftreten, liegen aufgrund des geringen Textumfanges weniger im Bereich der Lesekompetenz bzw. des Textverstehens im engeren Sinne, sondern eher

im Bereich des Modellierens. Längere Aufgabentexte enthalten oft Passagen, die ein Anwendungsszenario erläutern oder historische Bezüge aufzeigen. Ihr Inhalt ist für die Bearbeitung bzw. Lösung der Aufgabe in der Regel nicht relevant und wird von Lernern häufig übergangen. Wenn der Mathematikunterricht dem Auftrag der Bildungsstandards nachkommen will, die Lernenden anzuleiten, „technische, natürliche, soziale und kulturelle Erscheinungen und Vorgänge mithilfe der Mathematik wahr[zu]nehmen [und zu] verstehen", muss er auch dafür Sorge tragen, dass der Text als Ganzes rezipiert wird (vgl. Beispiel Aufgabentext).

Regelrecht kontraproduktiv für die Ausbildung des Leseverständnisses sind Aufgaben des nachfolgenden Typs. Statt die Informationen in einem allgemeinen Einleitungstext unterzubringen, werden sie mundgerecht auf die Teilaufgaben verteilt. Für den Lerner ist damit jeweils klar, welche Daten er zur Beantwortung der betreffenden Teilfrage verwenden muss. Dies läuft auch aus fachdidaktischer Sicht dem Ausbilden heuristischer Strategien zuwider.

---

Ein Bauer baut auf seinen Feldern Weizen und Gerste an.
Für die nächste Ernte rechnet er beim Weizen mit einen Ertrag von 7,5 Tonnen pro Hektar.
1. Wie viel Weizen erntet er, wenn er 11 Hektar Weizen angebaut hat?
2. Wie hoch sind die Einnahmen, wenn der Bauer pro Tonne Weizen 27 € erhält?
3. Wie hoch ist der Ertrag bei der Gerste, wenn auf 12 Hektar 102 Tonnen geerntet werden?
4. Durch einen neuen Dünger kann der Ertrag des Weizens um 15 % gesteigert werden. Der Dünger kostet ca. 12 € pro Hektar, lohnt sich das?

---

▸ Informative Texte:
Hierzu gehören z. B. historische Hintergründe oder Anwendungsbezüge. Eine gute Ergänzung zu Schulbuchtexten bilden Zeitungsartikel, die mathematische Aussagen enthalten. Aktualität, Authentizität und ggf. ein regionaler Bezug stellen dabei eine zusätzliche Motivation dar.

Insgesamt kann man feststellen, dass Zeitungstexte in den letzten Jahren mehr und mehr Einzug in den Mathematikunterricht gehalten haben (vgl. Herget/ Scholz 1998). Eine finnische Studie aus dem Jahre 2006 konnte bei Jugendlichen einen Zusammenhang zwischen der Häufigkeit des Zeitungslesens und ihren Ergebnissen bei der PISA-Studie 2003 nachweisen (vgl. Linnakyla 2006).

Auch wenn daraus natürlich keine Ursache-Wirkung-Beziehung ableitbar ist, so ist doch eine wechselseitige Beeinflussung plausibel, denn die wichtige Kompetenz, das, was man liest, auch zu verstehen, wird durch das Zeitungslesen gefördert. Linnakyla jedenfalls empfiehlt, Zeitungen bevorzugt als Lernmaterial einzusetzen. Da nach Angaben des Bundesverbandes Deutscher Zeitungsverleger 78 % der deutschen Bevölkerung regelmäßig eine Tageszeitung lesen, sind hier auch gute Voraussetzungen vorhanden (vgl. Bundesverband Deutscher Zeitungsverleger).

Praxisteil

**PISA-Ergebnisse und Zeitunglesen**
*(OECD-Durchschnitt = 500)*

[Balkendiagramm mit Kategorien: Nie oder fast nie, Wenige Male pro Jahr, Etwa einmal pro Monat, Mehrmals pro Monat, Mehrmals pro Woche; Legende: Lesekompetenz, Mathematik, Naturwissenschaften, Problemlösen]

© TBM Marketing GmbH

Ergebnisse der Lynnakyla-Studie

### 1.3 Die Rolle von Bildern in mathematischen Texten

Mathematische Texte, insbesondere bei Aufgaben, werden häufig durch Bilder ergänzt, die unterschiedliche Funktionen haben können. Die Grenzen sind hier teilweise fließend.

| Funktion | Bild |
|---|---|
| **Dekorative Bilder** bieten eine atmosphärische Hilfe, sich in eine Situation hineinzudenken. Das Schiff hat für das Verständnis des Textes keine Bedeutung (s. Kapitel 2, Beispiel 2). |  |
| **Deskriptive Bilder** sollen dabei helfen, eine Situation richtig zu verstehen.<br>Beispiel:<br>*Jedes Oktaeder kann einem Würfel so einbeschrieben werden, dass die Eckpunkte des Oktaeders in den Mittelpunkten der Seitenflächen des Würfels liegen* (Abitur NRW 2008).<br>Diese Beschreibung aus der umstrittenen Oktaeder-Aufgabe des NRW-Zentralabiturs 2008 ist völlig eindeutig und korrekt. Ohne das ergänzende Bild erfordert sie jedoch ein gutes räumliches Vorstellungsvermögen. | 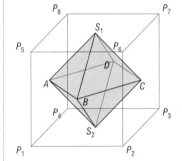 |
| **Normative Bilder** können Größen und Bezeichnungen übersichtlich vermitteln.<br>Beispiel 1:<br>*Berechne Umfang und Flächeninhalt der abgebildeten Figur.*<br><br>Beispiel 2:<br>*Berechne das Volumen des abgebildeten Glases.* | 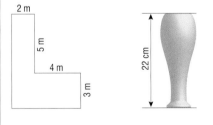 |

Während die ersten zwei Bilder auch weggelassen und das dritte – wenn auch mühsam – durch Text ersetzt werden könnten, ist das vierte Bild unverzichtbar. Da es bei dieser Aufgabe um das Modellieren des Glases geht, muss dessen Form bildlich vermittelt werden.

Praxisteil

**2 Beispiele zur Arbeit mit Sachtexten im Mathematikunterricht**

2.1 Lesestrategien

Folgende der im Grundlagenteil genannten Lesestrategien haben sich beim Bearbeiten von Texten im Mathematikunterricht als hilfreich erwiesen:

- Strategie 1: Fragen zum Text beantworten (als Vorstufe von Strategie 2)
- Strategie 2: Fragen an den Text stellen
- Strategie 3: Den Text strukturieren
- Strategie 4: Den Text mit dem Bild lesen
- Strategie 5: Farborientiert markieren
- Strategie 6: Den Text in eine andere Darstellungsform übertragen
- Strategie 7: Den Text expandieren
- Strategie 10: Das Fünf-Phasen-Schema anwenden

Da die mathematischen Texte meistens sehr kurz sind, kommen die Lesestrategien auch nur punktuell zur Anwendung. Den Mathematiktexten ist eigen, dass die Grenze zwischen Lesestrategien und mathematischen Problemlösestrategien fließend ist. Insbesondere das Verwenden von bildlichen bzw. gegenständlichen Darstellungen (Strategie 4 und 6) und das Konkretisieren durch das beispielhafte Verwenden von Zahlen (Strategie 7) sind hilfreiche Werkzeuge bei der Lösung mathematischer Probleme. Verschiedene Problemlösertypen werden auch unterschiedliche Strategien verwenden. Da die Problemlösungen meistens im Fokus des mathematischen Lernens stehen, dominieren sie die Lesestrategien, die dann implizit und weniger explizit Anwendung finden. Wichtig für eine nachhaltige Lösungs- bzw. Lesekompetenz ist es, solche Strategien zu erkennen und den Lernern durch Metareflexion bewusst zu machen. Nur so kann im Laufe der Zeit ein heuristischer Werkzeugkasten entstehen.

Die Texte der ersten beiden Beispiele treten typischerweise in Schulbüchern auf. Es handelt es sich um einen Instruktionstext sowie um eine klassische Textaufgabe. Das dritte Beispiel stammt aus einem Unterrichtsprojekt zum sinnerfassenden Lesen von Zeitungstexten, das in einer 10. Klasse durchgeführt wurde.


2.2 Arbeit an einem Instruktionstext

Verwendet werden folgende Strategien:

Strategie 5: Farborientiert markieren (Arbeitsauftrag 1)

Strategie 7: Den Text expandieren (Arbeitsauftrag 2)

> In vielen Anwendungsaufgaben sind Nullstellen einer Funktion zu bestimmen. Dies kann sehr aufwendig, manchmal sogar unmöglich sein. In solchen Fällen begnügt man sich mit Näherungslösungen, vor allem dann, wenn diese mit der dem Problem angemessenen Genauigkeit berechnet werden können.
>
> (aus: Mathematik Analysis, Gymnasiale Oberstufe)

Mathematik

**Arbeitsaufträge:**

Der Text ist nicht leicht zu verstehen, da er viele mathematische Begriffe enthält und in der Satzkonstruktion (syntaktisch) kompliziert ist.

1. Markiere im Text die Begriffe, die auch im Inhaltsverzeichnis des Buches stehen könnten. Schreibe sie evtl. als Nomen.
2. Der Verlag will, dass ihr in Partnergruppen einen Text schreibt, der für Schüler leicht verständlich ist, aber auch von Mathematikern akzeptiert wird.

Mögliche Lösungen:
- 1. Begriffe im Inhaltsverzeichnis:
  Anwendungsaufgaben, Nullstellenbestimmung, Rechenaufwand, Existenz von Lösungen, Näherungslösungen, Genauigkeit
- 2. In vielen Anwendungsaufgaben muss man die Nullstellen von Funktionen bestimmen. Dies kann sehr aufwendig sein und manchmal existiert gar keine Lösung. Wenn es sehr aufwendig ist, berechnet man die Lösungen näherungsweise (= Näherungslösungen). Das macht man vor allem dann, wenn man die Rechnung mit einer Genauigkeit durchführen kann, die für das Problem gut genug ist.

2.3 Arbeit an einem Aufgabentext

Bei dem folgenden Text handelt es sich um eine typische Textaufgabe im Mathematikunterricht (vgl. Kuypers; Lauter; Wuttke 1995, S. 99). Konditionierte Lerner identifizieren schnell das mathematische Problem, machen sich umgehend an die Rechenlösung und vernachlässigen dabei häufig den in der Aufgabe beschriebenen konkreten Kontext. Die Arbeitsaufträge nehmen den Kontext ernst und wollen zu einer verlangsamten Lektüre anleiten. Verwendet werden folgende Strategien:
- Strategie 1: Fragen zum Text beantworten (Arbeitsauftrag 1)
- Strategie 2: Fragen an den Text stellen (Arbeitsauftrag 4)
- Strategie 4: Den Text mit dem Bild lesen (Hilfe 2)

Ein Ausflugsdampfer fährt auf einem Fluss stromabwärts zu einer 30 km entfernten Anlegestelle, legt dort an und fährt dann wieder stromaufwärts zurück. Die reine Fahrtzeit für eine Hin- und Rückfahrt beträgt 5 Stunden. Der Fluss strömt mit einer Geschwindigkeit von $v = 8$ km/h. Wie lange würde das Schiff für eine gleich lange Hin- und Rückfahrt auf einem See, also ohne Strömung, benötigen?

(aus: Mathematik 9. Schuljahr)

Praxisteil

**Arbeitsaufträge:**

1. Im Aufgabentext wird eine Situation beschrieben und dann wird eine Frage gestellt. Bevor ihr drauflos rechnet, beantwortet in Partnerarbeit folgende Fragen:
    - Was ist ein Ausflugsdampfer?
    - Was bedeuten „stromabwärts" und „stromaufwärts"?
    - Was bedeutet „reine Fahrzeit"?
    - Mit welcher Geschwindigkeit treibt der Dampfer stromabwärts, wenn der Motor ausgeschaltet ist?
    - Mit welcher Geschwindigkeit muss der Dampfer stromaufwärts fahren, um relativ zum Ufer stehen zu bleiben?
    - Wie groß muss die Geschwindigkeit des Dampfers stromaufwärts mindestens sein, um überhaupt an das Ziel zu kommen?
    - Wie groß ist die Geschwindigkeit des Dampfers stromabwärts, relativ zum Ufer?

2. Ihr werdet euch vielleicht fragen, warum ihr das überhaupt ausrechnen sollt. Hinter der Rechenfrage steht eine Problemfrage. Entdeckt diese.
    (Auf dem Lehrerpult liegt dazu Hilfe 1.)

3. Löst die Rechenfrage und beantwortet die Problemfrage.
    (Auf dem Lehrerpult liegen die Hilfen 2 und 3.)

4. Als aufmerksamen Lesern fallen euch noch Ungereimtheiten auf. Stellt dem Autor Fragen dazu.
    (Auf dem Lehrerpult findet ihr die Hilfe 4.)

**Hilfe 1:**
- Kann die längere Fahrzeit bei der Rückfahrt (= Nachteil) durch die kürzere Fahrzeit bei der Hinfahrt (= Vorteil) wettgemacht werden? oder
- Heben sich die Effekte durch die Strömung beim Hin- und Herfahren auf? oder
- Dauert eine Hin- und Herfahrt auf einem See genauso lange wie auf einem Fluss?

**Hilfe 2:**

Ein Bild hilft beim Denken.

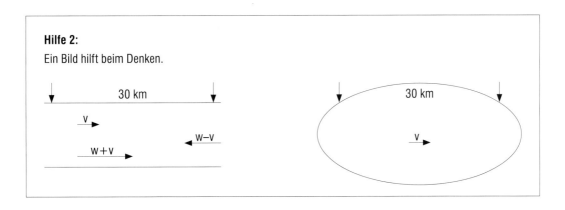

**Hilfe 3:**

Konkrete Zahlen helfen bei der Analyse des Problems.

Z. B.: Die Geschwindigkeit des Dampfers sei $w = 10\frac{km}{h}$

flussabwärts: $w + v = 18\frac{km}{h} \rightarrow t = \frac{30\,km}{18\frac{km}{h}} = \frac{5}{3}\,h = 1\,h\,40\,min$

flussaufwärts: $w - v = 2\frac{km}{h} \rightarrow t = \frac{30\,km}{2\frac{km}{h}} = 15\,h$

im See: $t = \frac{60\,km}{10\frac{km}{h}} = 6\,h$

Die längere Fahrzeit bei der Rückfahrt (= Nachteil) kann durch die kürzere Fahrzeit bei der Hinfahrt (= Vorteil) nicht wettgemacht werden.

**Hilfe 4:**

Als aufmerksamen Lesern fallen euch noch Ungereimtheiten des Textes auf:

- Fließt der Strom denn überall mit derselben Geschwindigkeit?
- Kann der Dampfer immer exakt die gleiche Geschwindigkeit beibehalten?
- Kann der Dampfer ohne Zeit von der Ruhe aus auf die volle Geschwindigkeit beschleunigen bzw. abbremsen?
- Mit welcher Geschwindigkeit wendet der Dampfer?
- Warum ist die allgemeine Formel $t = \frac{s}{w+v} + \frac{s}{w-v}$ richtig?

Eine so kleinschrittige Vorgehensweise mit den Hilfeangeboten wird man nur in wenig geübten Lerngruppen einsetzen. Bei höherer Lesekompetenz wenden die Lerner die Strategien implizit an.

## 2.4 Arbeit an einem Zeitungstext

Verwendet werden folgende Strategien:

- Strategie 2: Fragen an den Text stellen (Arbeitsauftrag 1)
- Strategie 5: Farborientiert markieren (Arbeitsauftrag 2)
- Strategie 6: Den Text in eine andere Darstellungsform übertragen (Arbeitsauftrag 2)

---

Vollförderung wäre fast an 53 Quadratzentimetern gescheitert
**Ein wahrhaft fleißiger Beamter haute voll auf den Putz**

GOSLAR. Im Dezember vorigen Jahres reichte die Stadt Goslar für den Erweiterungsbau des Jerstedter Kindergartens einen Förderantrag bei der Bezirksregierung Braunschweig ein, um wie geplant eine zweite Kindergartengruppe mit 25 Plätzen einrichten zu können. Für jeden Kindergartenplatz muss dabei eine Fläche von zwei Quadratmetern vorgesehen werden. Die beigefügten Pläne sahen für die Erweiterung eine Raumgröße von 51 Quadratmetern vor.

Geprüft wurde der Antrag unter anderem vom Landesjugendamt und dort fand man die Zeit, ganz genau zu prüfen. Wenn nämlich, so der Sachbearbeiter, die Wände verputzt seien, blieben nur noch 49,47 Quadratmeter übrig. Da fehlten immerhin satte 53 Quadratzentimeter, mit dem Ergebnis: Es können nur 24 Plätze eingerichtet werden, und ergo gibt's 5000 DM Förderung weniger.

Die Sache ging hin und her, sogar der Regierungspräsident wurde eingeschaltet. Wenn's denn daran scheitern sollte, merkte der zuständige Goslarer Dezernent, Stadtdirektor Otto Neideck, süffisant an, könne man ja die Tapete etwas dünner machen. Nach zähen Verhandlungen waren schließlich der 25. Platz und die gesamte Fördersumme gesichert.

Goslarsche Zeitung vom 10. 08. 1993

(nach: Herget, Wilfried und Dietmar Scholz: Die etwas andere Aufgabe)

---

**Arbeitsaufträge:**

In Zeitungstexten werden oft „Rechnungen aufgemacht", die unglaublich wirken und mathematisch provozieren.
1. Stelle möglichst viele Fragen an den Zeitungstext.
2. Markiere im Text alle mathematisch wichtigen Informationen und rechnet in Partnergruppen nach, ob die Rechnung des Beamten stimmt.

---

## 2.5 Dokumentation von Schülerergebnissen

Die von den Lernern formulierten Fragen an den Text wurden anschließend zusammengefasst und protokolliert (die Nummerierung wurde nachträglich ergänzt).

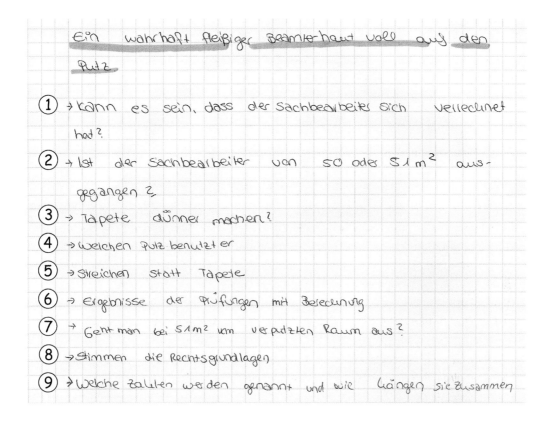

Zunächst empörten sich die Lerner darüber, wegen 53 cm² 5000 DM zu streichen. Die anschließende Diskussion warf die Frage auf, wie viel man sich unter 53 cm² eigentlich vorstellen soll. Die Lerner einigten sich darauf, dass es etwa die Größe einer Kreditkarte ist. Dabei wurde aufgedeckt, dass sich in dem Text jemand verrechnet haben musste, denn 0,53 m² sind nicht 53 cm², sondern 5300 cm². Dadurch wurde auch die Skepsis gegenüber den anderen Angaben geweckt (Fragen 6 und 8). Die Fragen 2 und 7 kamen unter den Lernern mehrfach vor und zeigen, dass einige trotz des bewusst aufmerksamen Lesens nicht alle Informationen erkannten. Unter Verwendung des Textes konnten diese Fragen beantwortet werden.

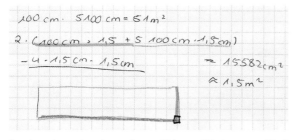

Annahme eines extrem langen Raums (Skizze und Rechnung von Nina)

Die Fragen 4, 6 und 9 führten zur Beantwortung der Frage: Können durch das Verputzen 1,5 m² Raum verloren gehen? Die folgende Rechnung zeigt die in der Mathematik typische Strategie: In eine andere Darstellungsform übersetzen.

Wiederholt zeigt sich diese Strategie als Lese- wie als Problemlösestrategie.

Ein Verlust von 1,5 m² durch den Verputz ist unrealistisch. Eine analoge Rechnung für einen quadratischen Raum führte auf einen Verlust von nur ca. 0,5 m².

## Sachtexte lesen in den Fächern Religion und Ethik
Josef Größchen, Rudolf Loch, Barbara Lüdecke, Britta Sturm

**1 Didaktische Überlegungen zu Sachtexten im Religions- und Ethikunterricht**

1.1 Sachtexte im Religions- und Ethikunterricht

Für einen Unterricht, in dem das religiöse und ethische Verstehen in seinen historisch-genetischen Zusammenhängen die Zielperspektive einnimmt, ist bei aller Kritik an einem „vertexteten" Religions- und Ethikunterricht die Arbeit mit den Zeugnissen dieser historischen Dimension unabdingbar.

In den höheren Klassenstufen, insbesondere in der gymnasialen Oberstufe, ist der Religions- und Ethikunterricht deshalb immer auch ein Textfach. Dabei kommen neben biblischen Texten, die in diesem Kapitel nicht behandelt werden, ganz unterschiedliche Sachtexte zur Anwendung. Bei diesen begegnen den Lernenden differierende Formate, die sich in Umfang und Komplexität erheblich unterscheiden können: historische Quellentexte, philosophisch und theologisch argumentierende Texte, lehramtliche Texte, Informationstexte, Zeitungsartikel, Rechtstexte usw. Im Vordergrund stehen allerdings aufgrund des *„problematisierenden Operierens von Wissenschaft"* (vgl. Adam/Lachmann 2002, S. 406) in der Regel argumentierende Texte.

Für die Erarbeitung von Sachtexten im Religions- und Ethikunterricht gibt es keine exklusiven, ausschließlich für dieses Fach entwickelten Verfahren. Der Unterricht kann und soll sich hier auf die Vorarbeit des Deutschunterrichts zur Textanalyse stützen. Dennoch erfordert die domänenspezifische Bearbeitung des Sachtextes die Expertise der betreuenden Lehrkraft und des Fach-Lernenden.

1.2 Leseziele, Lehrplan und Bildungsstandards

Zwar gibt es keine von der KMK beschlossenen Bildungsstandards für den Religions- und Ethikunterricht, doch existieren sowohl auf katholischer als auch evangelischer Seite freiwillige Bildungsstandards, die im Rahmen der Kompetenzbereiche unter Begriffen wie z. B. Kognition und Interaktion die Textarbeit und Lesefertigkeit besonders in den Fokus nehmen. (Eine Zusammenfassung der aktuellen Situation findet sich bei Schröder 2006, S. 80 ff.) Für den Ethikunterricht existiert ein ähnlich gelagertes Projekt nicht.

Konkreter werden die Einheitlichen Prüfungsanforderungen zur Abiturprüfung (EPA), die z. B. im Rahmen der fachlichen und methodischen Kompetenz die sachgerechte Erschließung von biblischen, theologischen und philosophischen Texten und bei der Spezifikation der Anforderungsbereiche z. B. Textzusammenfassungen, Arbeit mit Belegstellen sowie die Entwicklung eigenständiger Deutungen und Urteile fordern.

Da auch die Lehrpläne für den Religions- und Ethikunterricht dem Umgang mit Texten einen hohen Stellenwert zuweisen, beziehen sich demgemäß die Lernziele des Religions- und Ethikunterrichtes ausgesprochen häufig auf die Arbeit mit Texten und beinhalten somit eine

Vielzahl von Operatoren (z. B. Anforderungsbereich I: wiedergeben/zusammenfassen, Anforderungsbereich II: belegen/herausarbeiten, Anforderungsbereich III: beurteilen/überprüfen), die diese Textarbeit differenzieren.

1.3 Lesesituationen und Lesestile

Alle im Grundlagenteil genannten Lesesituationen treten im Religions- und Ethikunterricht auf und können mithilfe der passenden Lesestrategie(n) sinnvoll inszeniert werden:

- *Informationssuche durch selektives Lesen:* gezieltes Heraussuchen von Informationen und deren Nutzung in der nachfolgenden Unterrichtsphase
- *Inhaltsverstehen durch intensives Lesen:* Bearbeitung von Arbeitsaufträgen zu einem Text mit Vorstellung und Diskussion der Ergebnisse im Plenum
- *thematische Erarbeitung durch intensives Lesen:* selbstständiges Erschließen neuer Inhalte durch die Lernenden und Präsentation des Wissenszuwachses im Plenum
- *Textbearbeitung durch selektives Lesen:* Aneignung eines Textes durch Beantwortung gezielt gestellter Fragen
- *Textproduktion durch intensives und zyklisches Lesen:* Erstellung eigener Texte, z. B. als Zusammenfassung, Weiterung oder Fortführung eines vorgegebenen Textes

Zur Texterschließung und zur thematischen Erarbeitung eignen sich im Religions- und Ethikunterricht alle im Grundlagenteil genannten Stile des suchenden/selektiven (Scanning), orientierenden (Skimming), kursorischen/extensiven, detaillierten/intensiven und zyklischen Lesens. Dabei bieten sich insbesondere das kursorische und das zyklische Lesen für Lernarrangements bei Gruppen- und Projektarbeiten an.

1.4 Lesestrategien

Sehr häufig findet sich Strategie 1 (Fragen zum Text beantworten) in Text- und Materialsammlungen zu Lehrbüchern und Themen des Religions- und Ethikunterrichts. Problematisch wird diese Strategie, wenn die Lehrperson unreflektiert die Fragen aus einer solchen Literaturvorlage übernimmt und die Textarbeit auf die Beantwortung dieser Fragen reduziert. Ein probates Werkzeug ist diese Strategie innerhalb eines mehrschrittigen Arbeitens am Text, sodass sie eingesetzt wird, um nach einem Globalverständnis des Textes (etwa nach einem Wirkungsgespräch) eine Detailanalyse des Textes vorzunehmen.

Die Strategien 5 (Farborientiert markieren, siehe dazu Beispiel 2.3) und 9 (Schlüsselwörter suchen und den Text zusammenfassen) sind Standardmethoden im Religions- und Ethikunterricht. Auch diese Methoden erscheinen nur innerhalb einer mehrschrittigen Textarbeit als sinnvoll. Wenn das Markieren von Begriffen zum Selbstzweck wird und mit diesen Begriffen nicht weitergearbeitet wird (z. B., indem sie für eine andere Darstellungsform nutzbar gemacht werden), dann ist diese Strategie letztlich ineffektiv und ziellos.

Strategie 3 (Den Text strukturieren) eignet sich gut zur Erschließung informierender und argumentierender Texte und wird entsprechend favorisiert.

Strategie 7 (Den Text expandieren) ist als Teilstrategie im Umgang mit begriffsdefinitorischen Texten sowie philosophisch-argumentierenden Texten in den Fächern Religion/Ethik sinnvoll, um hoch verdichtete Begriffe und Argumentationen zu konkretisieren.

Wichtige Strategien für den Religions- und Ethikunterricht sind Strategie 2 (Fragen an den Text stellen, siehe dazu Beispiel 2.2) und Strategie 4 (Den Text mit dem Bild lesen). Im Umgang mit biblischen Texten ist die Kombination des Bibeltextes mit dessen Interpretation in einem Kunstwerk eine sehr produktive Unterrichtsmethode, aber keine Lesestrategie. In Lehrbüchern haben Bilder (Karikaturen, Fotos, Kunstwerke) häufig lediglich illustrierenden Charakter. Sie können aber, wie Beispiel 2.3 zeigt, durch einen Arbeitsauftrag in die Textarbeit integriert werden.

Strategie 6 (Den Text in eine andere Darstellungsform übertragen) ist bei der Erarbeitung argumentierender und informierender Texte im Religions- und Ethikunterricht sehr dienlich. Am Beispiel 2.1 wird diese Strategie näher erläutert und exemplifiziert.

Wie Strategie 10 (Das 5-Phasen-Schema anwenden) als integrierende Strategie für die Arbeit mit Sachtexten im Religions- und Ethikunterricht genutzt werden kann, zeigt Beispiel 2.4.

## 1.5 Bilder im Religions- und Ethikunterricht

Bilder erweisen sich als sinnvolles Medium für die Wahrnehmung religiöser und ethischer Fragestellungen und sind in Kombination mit Texten im Religions- und Ethikunterricht bedeutsam. Die Nutzung dieser Kombination macht somit einen wichtigen und unerlässlichen Teilbereich der Textarbeit aus. Die dabei Verwendung findenden Darstellungsformen sind außerordentlich vielfältig: Skizzen, Zeichnungen, Kunstbilder, Karikaturen, Grafiken, Pläne, Gemälde, Fotografien, Porträts, Abbildungen, Symbolzeichen, Comics, Plakate, Bildersequenzen und sogar Konstruktionszeichnungen. Vor allem in Schulbüchern ist die Kombination von Texten und Darstellungen üblich, aber auch auf Arbeitsblättern sind Texte häufig mit Darstellungen kombiniert.

Der Einsatz von Darstellungen muss dabei lernpsychologisch reflektiert werden: Bilder können motivierend und erhellend wirken. Sie können Interesse wecken, das Mehrkanal-Lernen unterstützen sowie Vorstellungen und helfende Strukturen schaffen. Es muss aber auch bedacht werden, dass Darstellungen lernbehindernd oder gar lernblockierend wirken können, da ihre potenziell dominante Wirkung Aufmerksamkeit bündeln und vom Text ablenken kann.

Bilder können den Text in vielfältiger Weise begleiten: als Illustration oder Wiederholung, als Ergänzung oder Präzisierung, als Veranschaulichung oder Zusammenfassung, als Vertiefung oder Strukturierung, als Erweiterung, als Informationsträger oder gar als Provokation.

Nicht nur der Schwierigkeitsgrad der Aufgabenstellung, sondern auch die Bildfunktion bestimmen das Anspruchsniveau der jeweils erforderten Lesefertigkeit: Wenn das Bild den Inhalt des Textes wiederholt, ergänzt oder strukturiert, stellt es einen zusätzlichen kognitiven Anspruch an den Leser.

1.6 Zum Einsatz des Lehrbuches

Viele Lehrbuchtexte sind für eine systematische Textarbeit wenig motivierend, da sie selten authentisch sind. Die Sachverhalte sind zumeist bereits strukturiert dargestellt und zusammengefasst, Schlüsselbegriffe sind bereits optisch hervorgehoben. Damit werden die Lehrbuchtexte zwar den Forderungen nach Textoptimierung und Textverständlichkeit gerecht, unter lernpsychologischen Gesichtspunkten unterlaufen sie jedoch die eigentätige Arbeit am Text und mit dem Text. Deshalb empfiehlt es sich in der Regel, Arbeitsblätter mit authentischen Texten einzusetzen, die für eine intensive Textarbeit passend formatiert sind.

## 2 Beispiele zur Arbeit mit Sachtexten im Religions- und Ethikunterricht

2.1 Beispiel 1: Die Eigentumslehre der katholischen Kirche

Der vorliegende Text stammt aus einer der Adventspredigten von Bischof W. E. von Ketteler. Ketteler legt hier die Grundzüge der Eigentumslehre nach Thomas v. Aquin dar. Zentral ist dabei der Grundgedanke der Sozialpflichtigkeit des Eigentums, wie er auch Eingang gefunden hat in das Grundgesetz. Eingesetzt wird der Text in einer 9. Klasse im Zusammenhang mit der Unterrichtsreihe „Die Kirche und die soziale Frage im 19. Jahrhundert", in der u. a. die Grundzüge der katholischen Soziallehre entwickelt werden. Die Problemfrage, auf die der Text eine Antwort gibt, lautet (aus dem Schülerhorizont formuliert): *„Müssten nicht alle Christen Sozialisten sein?"* Den Zugang zu dieser Fragestellung kann die Lehrkraft z. B. dadurch erreichen, dass sie die Lerngruppe mit einem kleinen Auszug aus der Apostelgeschichte (Apg 4, 32–37) konfrontiert, in dem die Gütergemeinschaft der Urgemeinde beschrieben wird.

Was macht diesen Text nun so schwierig für Schüler und Schülerinnen einer 9. Jahrgangsstufe? Neben seiner Länge ist hier zunächst einmal die ungewohnte Begrifflichkeit zu nennen, die auf heutige Schüler sehr abstrakt und antiquiert wirkt. Formulierungen wie etwa „Gesinnung des Volkes" (Z. 6), „irdische Güter" (Z. 19), „Fruchtgenusses" (Z. 35) oder „das zur Befriedigung der unangemessensten Habsucht, der ausschweifenden Sinneslust zu verwenden" (Z. 56 f.) sind für Schüler dieser Altersstufe sehr befremdlich. Hinzu kommt, dass manche Formulierungen und Begriffe sehr aggregiert sind, d. h. ein Hintergrundwissen voraussetzen, das in den Unterrichtsstunden vorher grundgelegt sein muss. Wenn der Text etwa von „den beiden unversöhnlichen und unwahren Gegensätzen" (Z. 53 f.) spricht, dann setzt der Text beim Leser entsprechende Kenntnisse zu den Systemen des Liberalismus und Sozialismus voraus. Das Textverständnis kann also hier an der fehlenden Wissensbasis scheitern. Weitere Verstehensbarrieren resultieren aus komplexen syntaktischen Strukturen, wie etwa dem verschachtelten Satzbau (vgl. z. B. Z. 1–4 oder Z. 20–23), der dazu führt, dass die entsprechenden Textpassagen mehrfach gelesen werden müssen. Gerade aufgrund dieser vielfältigen Verstehensbarrieren ist es umso wichtiger, in mehreren Schleifen den Text zu bearbeiten und dabei im ersten Schritt nicht von dem Unverstandenen (Begriffe, Sätze, Aussagen usw.) auszugehen, sondern von den sogenannten Verstehensinseln der Schülerinnen und Schüler. Weiterhin müssen abstrakte Begriffe wie etwa „Recht der Fürsorge und Verwaltung" und „Recht des Fruchtgenusses" durch Beispiele aus der Lebenswelt der Schülerinnen und Schüler konkretisiert werden.

**Textblatt: Die katholische Lehre vom Eigentum**

Mir sei es nun vergönnt [...] an einer Lehre, die mit der wichtigsten Frage der Gegenwart, der sozialen, innig zusammenhängt, nämlich der Kirchenlehre vom Rechte des Eigentums, nachzuweisen, wie erhaben die Kirche mit ihrer Lehre über den gewöhnlichen Zeitmeinungen dasteht und welche Mittel sie besitzt, um die Übel der Zeit zu klären.

5 Die Besitzenden und die Nichtbesitzenden stehen sich feindlich gegenüber; die massenhafte Verarmung wächst von Tag zu Tag; das Recht des Eigentums ist in der Gesinnung des Volkes erschüttert. [...]
Auf der einen Seite sehen wir ein starres Festhalten am Rechte des Eigentums, auf der anderen ein ebenso entschlossenes Leugnen jedes Eigentumsrechtes und wir suchen ängstlich nach einer Ver-
10 mittlung zwischen diesen schroffen Gegensätzen. Unter diesen Umständen wollen wir die Lehre der katholischen Kirche vom Eigentum darlegen, wie sie der heilige Thomas von Aquin[1] schon vor 600 Jahren entwickelt hat. [...] Wir wollen dem Heiligen bei dieser Erörterung folgen.
Der heilige Thomas stellt hier den Gedanken an die Spitze, dass alle Kreaturen, und also auch alle irdischen Güter, ihrer Natur und ihrem Wesen nach nur Gott gehören können. Dieser Satz folgt mit
15 Notwendigkeit aus dem Glaubenssatze, dass Gott alles, außer Ihm, aus dem Nichts erschaffen hat. Gott ist also der wahre und ausschließliche Eigentümer aller Geschöpfe [...].
Außer diesem wesentlichen Eigentumsrechte, welches nur Gott zusteht, unterscheidet aber der heilige Thomas noch ein Nutzungsrecht und nur in Bezug auf diese Nutzung räumt er den Menschen ein Recht über die irdischen Güter ein. [...]
20 Daraus folgt aber ferner, dass auch das Nutzungsrecht nie als ein unbeschränktes, als ein Recht, mit den irdischen Gütern anzufangen, was der Mensch will, aufgefasst werden kann und darf, sondern immer nur als das Recht, die Güter so zu benutzen, wie Gott es will und festgesetzt hat. [...]
Aus dieser Auffassung ergeben sich uns zwei wichtige Folgerungen.
Erstens die katholische Kirche hat in ihrer Lehre vom Eigentume nichts gemein mit jener Auffassung
25 des Eigentumsrechtes, die man gewöhnlich in der Welt antrifft, und demgemäß der Mensch sich als unbeschränkten Herrn seines Eigentums ansieht. [...]
Zweitens ergibt sich, dass diese Lehre vom Rechte des Eigentums nur da möglich ist, wo ein lebendiger Gottesglaube sich findet, da sie in Gott, in seinem Willen, in seiner Ordnung wurzelt und begründet ist. [...] Von Gott getrennt sahen die Menschen sich selbst als die ausschließlichen Herren
30 ihres Eigentums an und betrachten es nur als Mittel zur Befriedigung ihrer immer wachsenden Genusssucht [...] und so musste sich eine Kluft zwischen Reichen und Armen bilden, wie sie die christliche Welt noch nicht gekannt hat. [...]
An dem Nutzungsrechte, das dem Menschen zusteht, unterscheidet er zwei Momente, erstens das Recht der Fürsorge und Verwaltung, zweitens das Recht des Fruchtgenusses. [...]
35 In Bezug auf die Verwaltung und Fürsorge behauptet nun der heilige Thomas, müsse das Eigentumsrecht der einzelnen Menschen über die Güter der Erde anerkannt werden, und zwar aus drei Gründen. Erstens werden nur in dieser Weise für die gute Verwaltung der irdischen Güter selbst gesorgt, denn jeder sorge besser für das, was ihm selbst gehöre, als was er mit anderen gemeinschaftlich besitze. [...]

Religion / Ethik

40 Der Kommunismus in dem Sinne, dass die Güter der Erde immer wieder geteilt werden sollen, widerspricht dem Gesetze der Natur, weil er die gute Verwaltung der Erdengüter und damit die Erreichung ihres natürlichen Zweckes vernichten, Unordnung und Feindschaft verbreiten und also die Bedingungen des menschlichen Lebens aufheben würde.

In Bezug auf den zweiten Moment, der in dem Benutzungsrechte der Menschen gelegen ist, nämlich
45 auf das Recht, die aus der Verwaltung der irdischen Güter gewonnenen Früchte zu genießen, stellt der heilige Thomas dagegen einen ganz anderen Grundsatz auf. Diese Früchte soll der Mensch nach seiner Lehre niemals als sein Eigentum, sondern als ein Gemeingut aller betrachten, und er soll daher gerne bereit sein, sie anderen in ihrer Not mitzuteilen. […]

Wir haben nun den Gedanken des heiligen Thomas über das Recht des Eigentums, in dem wir zu-
50 gleich die Lehre der katholischen Kirche zu erkennen glaubten, so gut wir vermochten, vollständig auseinandergesetzt und es scheint kaum einer Erwähnung zu bedürfen, wie erhaben diese Lehre über den beiden unversöhnlichen und unwahren Gegensätzen dasteht, die jetzt in der Welt über das Eigentumsrecht im Kampfe liegen.

Die falsche Lehre vom starren Rechte des Eigentums ist eine Sünde wider die Natur, indem sie kein
55 Unrecht darin sieht, das zur Befriedigung der unangemessensten Habsucht, der ausschweifenden Sinneslust zu verwenden, was Gott zur Nahrung und Bekleidung aller Menschen bestimmt hat, indem sie die edelsten Gefühle der Menschen unterdrückt und eine Härte gegen das Elend der Menschen erzeugt, indem sie einen fortgesetzten Diebstahl für Recht erklärt. […] Auch (die Lehre des Kommunismus) ist eine Sünde gegen die Natur, indem sie, unter einem menschenfreundlichen
60 Scheine, das gerade Gegenteil, das tiefste Verderben über die Menschheit bringen, den Fleiß und die Ordnung und den Frieden auf Erden vernichten, einen Kampf aller gegen alle hervorrufen.

Leuchtend steht über den beiden Lügensätzen die Wahrheit der katholischen Kirche. Sie erkennt in beiden Absichten das Wahre an und vereinigt es in ihrer Lehre, sie verwirft in beiden das Unwahre. Sie anerkennt bei dem Menschen überhaupt kein unbedingtes Eigentumsrecht über die Güter der
65 Erde, sondern nur ein Nutzungsrecht in der von Gott festgestellten Ordnung. Sie schützt dann das Eigentumsrecht […] (und sie macht) die Früchte des Eigentums wieder zum Gemeingute aller.

[1] Thomas von Aquin (1225–1274): Bedeutender Kirchenlehrer und Philosoph

(aus: Bischof Ketteler in seine Schriften)

Methodische Schritte der Texterarbeitung:
▸ Schritt 1: Die Schüler/innen lesen still den Text und verschaffen sich einen ersten Überblick.
▸ Schritt 2: Die Lehrkraft initiiert ein Wirkgespräch mit der Frage nach Verstehensinseln („Was habt ihr nach der Erstlektüre verstanden?").

Hier können einige Lernende schon sehr weit im Textverständnis sein und somit Verstehensinseln für die anderen formulieren (z. B. „In dem Text ist davon die Rede, dass alle Güter Gott gehören", „Ketteler gibt die Eigentumslehre von Thomas v. Aquin wieder", „Der Mensch darf die Güter der Welt nutzen", „Der Liberalismus wird abgelehnt", „Der Kommunismus wird abgelehnt", …).

In dieser Phase ist die Lehrkraft zunächst nur Moderator des Unterrichtsgesprächs, kann dabei allerdings durch Verstärkung wichtige Beiträge akzentuieren, kontroverse Meinungen sichtbar machen und die Aufmerksamkeit der Lerngruppe darauf zentrieren. Das Wirkgespräch muss durch eine strukturierende Zusammenfassung abgeschlossen werden, die entweder von der Lehrkraft selbst oder durch Lernende vorgenommen wird und bei der ersichtlich wird, wie und warum weiter am Text gearbeitet wird.

▸ Schritt 3: Die erneute Lektüre erfolgt mit der Aufforderung, zentrale Begriffe (maximal 20) zu markieren. Die Reduktion auf 20 Begriffe bewirkt, dass die Lernenden die Bedeutung des Begriffs stärker reflektieren. Mithilfe dieser Begriffe können sie dann den Text in das vorgegebene Schaubild umwandeln. Dafür müssen sie sich aktiv mit dem Text und seiner Argumentationsstruktur auseinandersetzen. Das Schaubild ist ein Gerüst, das den Lernenden in anschaulicher und komprimierter Form die Textstruktur verdeutlicht. Wenn sie in der Lage sind, dieses Schaubild sachgerecht zu füllen, dann ist ihnen der wichtigste Schritt in der Texterarbeitung gelungen. In der Regel haben solche Schaubilder eine sehr herausfordernde Wirkung auf Lernende und bringen daher einen neuen Motivationsschub, sich noch einmal genauer mit dem Text zu befassen.

Dementsprechend sollte das Schaubild so konzipiert sein, dass es nur dann sachgerecht ausgefüllt werden kann, wenn ein vertieftes Textverständnis vorliegt. So müssen in dem vorliegenden Beispiel die Lernenden überlegen, aus welchem Recht die Ablehnung der liberalistischen Eigentumslehre folgt (siehe Arbeitsblatt). Dies kann nur gelingen, wenn sie den Unterschied zwischen Eigentums- und Nutzungsrecht verstanden haben und ihn in Beziehung setzen können zum Liberalismus. Allerdings darf das Schaubild auch nicht zu abstrakt sein, denn es darf keine neuen Hürden aufbauen. Es soll eine wirkliche Hilfestellung für die Texterarbeitung sein und eine erfolgreiche Bearbeitung ermöglichen.

▸ Schritt 4: Für die Sammlung und Auswertung der Gruppenarbeit sind verschiedene Vorgehensweisen denkbar. Eine Gruppe kann auf einer vorbereiteten Folie ihre Lösungen präsentieren und zur Diskussion stellen. Aufgabe der Lehrkraft ist es dann, die Diskussion zu moderieren und an geeigneten Stellen die Lernenden aufzufordern, mit Beispielen aus ihrer Erfahrungswelt die einzelnen Aspekte des Schaubildes anzureichern. Ebenso denkbar ist es, die Schaubilder von den Gruppen auf Lernplakate übertragen zu lassen und diese dann vergleichend gegenüberzustellen, sodass sich im Vergleich eine fruchtbare Diskussion innerhalb der gesamten Lerngruppe ergeben kann.

Religion / Ethik

**Arbeitsaufträge:**

A

1. Lies aufmerksam den Text.
2. Markiere (höchstens 20) wichtige Begriffe.
3. Vervollständige mithilfe der markierten Begriffe das Strukturbild.

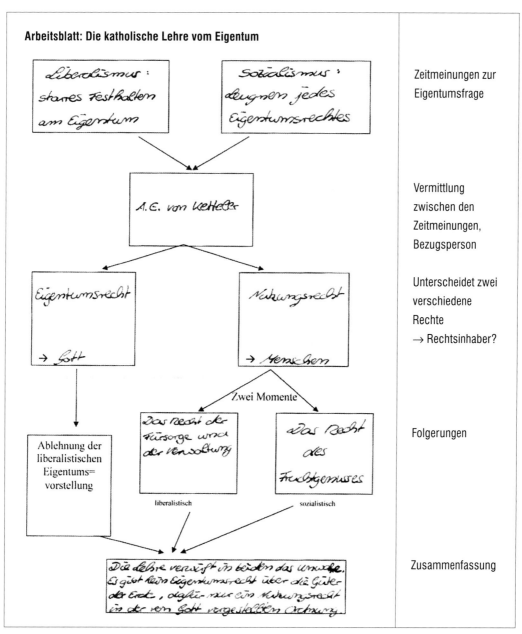

Gruppenlösung

Praxisteil

Die Erprobung im Unterricht belegt, dass die Lernenden aufgrund der Vorarbeit durchaus in der Lage sind, die Argumentationsstruktur des Textes nachzuvollziehen. Die Schaubilder entsprechen weitgehend der gewünschten Lösung. Die Gruppe, deren Ergebnis hier dokumentiert ist, hat aber die Zuweisung der vermittelnden Instanz und der Bezugsperson mit der Angabe „von Ketteler" eher vordergründig beantwortet. Die Bedeutung Thomas' von Aquin für die Ausführungen von Kettelers wird so leider nicht deutlich. Diese Fehler können im Auswertungsgespräch als Gesprächsanlass genutzt und revidiert werden.

Die Ergebnisse der Textarbeit insgesamt zeigen, dass Lernende einen sehr schwierigen Text angeleitet erarbeiten können. Deutlich erkennbar ist, dass die Umwandlung des Textes in eine andere Darstellungsform (Strategie 6) gerade bei einem argumentierenden Text, der mit trennscharfen Begriffen arbeitet, sehr fruchtbar ist. Sie gehört als Lesestrategie in die „Methodenkiste" von Lernenden, die im Unterricht der Fachgruppe Religion-Ethik sukzessive an solche Texte herangeführt werden sollten. Langfristiges Ziel bei der Anwendung dieser Strategie ist es natürlich, dass die Lernenden in die Lage versetzt werden, eigenständig ein Schaubild (Strukturdiagramm, Mindmap, Tabelle usw.) zur Übertragung eines Textes in die andere Darstellungsform zu entwickeln.

2.2 Beispiel 2: Das Sakramentenverständnis der katholischen Kirche
Es lohnt sich, Strategie 2 (Fragen an einen Text stellen) am Ende der Mittelstufe im Religionsunterricht einzusetzen, da

▸ Lernende einer 10. Klasse so einen fachwissenschaftlichen Text erschließen können,
▸ die Texterschließung vorwiegend von den Lernenden eigenständig angebahnt werden kann und
▸ ein vertieftes Textverständnis im Unterrichtsgespräch erreicht wird bei weitgehender Zurücknahme der Lehrkraft.

Der vorliegende Text zum katholischen Sakramentenverständnis bietet sich für eine 10. Klasse an, wenn am Ende der Mittelstufe das Thema Sakramente abgeschlossen wird. Mit der hier vorgestellten Strategie kann dazu ermutigt werden, einen komplexen theologischen Sachtext schon im Mittelstufenunterricht gewinnbringend einzusetzen.

Eine entsprechende Unterrichtsreihe beginnt mit einem konkreten Sakrament und dessen Charakteristika (z. B. der Krankensalbung), evtl. im Zusammenhang mit dem meist in Klasse 10 behandelten Thema „Sterben und Tod". Dann sollten zwei Stunden zu den Grundlagen des katholischen Sakramentenverständnisses folgen: *„Die Kirche als Grundsakrament wurzelt im Ur-Sakrament Jesus Christus"* und *„In den Sakramenten wird Gottes Gegenwart erfahren"* (vgl. Erwachsenenkatechismus Bd. II, S. 192). In diese Sequenz gehört der Text des brasilianischen Theologen Leonardo Boff.
Im letzten Teil der Unterrichtsreihe – an die Arbeit mit dem Boff-Text anschließend – kann die Beschäftigung mit dem Ehesakrament folgen, das erfahrungsgemäß bei Lernenden in diesem Alter wegen des besonderen katholischen Eheverständnisses (vor Gott geschlossener unauflöslicher Bund) auf Interesse stößt.

*„Voraussetzung dafür, dass ein Sachtext verstanden wird, ist die Fähigkeit, die Informationen des Textes zu entschlüsseln"* (Niehl 2006, S. 485). Eine Selbstverständlichkeit? Insbesondere bei der Arbeit an einem dogmatischen, hermetisch erscheinenden Sachtext zeigt sich: Die Lernenden können nur durch konsequentes *Entschlüsseln* des fachsprachlichen Codes zu einem vertieften Textverständnis gelangen. Der Auswahltext eignet sich aus zwei Gründen: Einerseits enthält er wichtiges theologisches Vokabular (Wissenschaftspropädeutik), transportiert also die entscheidenden Fachbegriffe. Andererseits wendet er sich nicht nur an akademische Leser. Boffs „Kleine Sakramentenlehre", aus der der Text entnommen wurde, erschien in der Phase der nachkonziliaren Neuorientierung der katholischen Theologie in den 1970er-Jahren und war als „Glaubens- und Lebenshilfe für europäische Christen" (Klappentext der 7. Auflage von 1984) gedacht. Er vermittelt Grundlegendes zum Sakramentenverständnis der katholischen Kirche – die Sakramentenspendung ist Anlass der Begegnung zwischen Mensch und Gott in einer wichtigen Lebenssituation – und erläutert die Siebenzahl der Sakramente. Seinem Umfang nach ist dieser Lehrtext passend für die Erarbeitungsphase einer Unterrichtsstunde.

Für die Lernenden ergeben sich Schwierigkeiten nicht nur begrifflicher Art (auf der Wortebene; z. B. „existentielle Knotenpunkte" in Z. 3), sondern auch auf der Satz- und Textebene, denn ganze Textpassagen vor allem am Ende, wo dogmatisch-theologisch Grundsätzliches ausgeführt wird, erschließen sich den Lernenden zunächst nicht. Gerade aufgrund solcher Verstehensbarrieren ist es wichtig, den Text in mehreren Schleifen zu bearbeiten (zyklisches Lesen), also tatsächlich zu entschlüsseln und dabei im ersten Schritt nicht bei dem Unverstandenen (Begriffe, Sätze, Aussagen usw.) anzusetzen. (Die Begriffserklärung unter dem Text soll einen leichteren Zugang zum entscheidenden dogmatischen Teil ermöglichen.)

Nach dem ersten Lesen ist zunächst in einem Wirkgespräch spontanen Äußerungen, Fragen und Hinweisen Raum zu geben. Dies ermöglicht eine erste Annäherung an den Text. Wichtig ist: Bei den Lernenden können sich schon beim ersten (überfliegenden) Lesen Verstehensinseln bilden. Das geschieht im Mittelteil, wo die Bedeutung der Sakramente an vier Beispielen erklärt wird (Taufe, Eucharistie, Ehe und Krankensalbung), aber auch im ersten Absatz, weil die Ausführungen über die Begegnung mit Gott an das anknüpfen, was schon bei der Thematisierung des Sakramentes Krankensalbung behandelt wurde (z. B. Gelegenheit der Gottesbegegnung, existentiell bedeutende Lebenssituation). Von diesen Verstehensinseln ausgehend, lässt sich im Wirkgespräch ein tieferes Textverständnis anbahnen. Unterstützend wirkt, dass die konkreten Beispiele an eigene Erfahrungen der Lernenden mit Sakramenten anknüpfen (vgl. Schmid 2006, S. 95).

Mit Strategie 2 (Fragen an einen Text stellen) arbeitet die Lerngruppe in einem zweiten Durchgang vertiefter am Text. Für die Einzelarbeit mit dem Auftrag, vier Fragen zu formulieren, die der Text beantwortet, ist es hilfreich, den Text so zu kopieren, dass er im DIN-A4-Querformat die linke Hälfte eines Blattes einnimmt. Die Lernenden können dann ihre Fragen an den Text neben die entsprechenden Textpassagen schreiben. Sie sollen die dazugehörigen Antworten im Text (farbig) markieren. Im nächsten Schritt werden die Lernenden im Plenum einander diese Fragen stellen.

Über die eingangs genannten Gründe für die Arbeit mit dieser Lesestrategie hinaus spricht für diese Methode:

- Es kann *binnendifferenziert* gearbeitet werden, denn Fragen an diesen Text sind auf verschiedenen Niveaus möglich: von sehr einfachen Fragen (z. B.: Was legte das Konzil von Trient fest?) bis hin zu Fragen nach dem dogmatischen Verständnis der Sakramente (z. B.: Was macht ein Sakrament zum Sakrament?).
- Fragen, die von den Lernenden vorgelesen werden, aber auch Antworten müssen u. U. auch noch im Unterrichtsgespräch erläutert werden – immer mit Rückbezug auf den Text, weil sie nicht sofort von allen verstanden oder auch beantwortet werden können. D. h. die eigenständige Auseinandersetzung mit dem Text in der Einzelarbeit wird ergänzt in der Interaktion der Lernenden, die tatsächlich dezidiert mit dem Text arbeiten (aktives Lesen). Auch bei der Detailrezeption steht also das Textmaterial im Vordergrund und die Lehrkraft kann zurücktreten.

---

**Leonardo Boff: Die Sakramente**

Wenn wir die sieben Sakramente genau anschauen, dann sehen wir, dass sie die Grundachsen des menschlichen Lebens darstellen. Das Leben, besonders in seiner biologischen Dimension, besitzt Hoch-Zeiten, die mit Knoten zu vergleichen sind. An diesen existenziellen Knotenpunkten spürt der Mensch, dass das Leben sich nicht selbst trägt. Er macht die Erfahrung: Niemals lebe ich allein,
5   immer lebe ich mit anderen zusammen. In solchen Hoch-Zeiten verdichtet sich das Leben und die Gegenwart Gottes wird bewusst. Wo radikal Leben erfahren wird, wird Gott erfahren.
Die Geburt z. B. ist ein Schlüsselpunkt des Lebens. Das Kind ist nun da. Doch es ist reines Geschenk. Alles hängt vom guten Willen anderer ab, ob es in der Familie angenommen wird und so überleben kann. Die Taufe entfaltet diese Abhängigkeit als Abhängigkeit von Gott.
10  Ohne Nahrung kann Leben nicht bestehen.
Jede Mahlzeit ermöglicht dem Menschen die ihn zu Dank bewegende Erfahrung, dass seine Existenz an die anderer Menschen geknüpft ist. In der Verbindung zu Jesus Christus entfaltet die Eucharistie den im Essen verborgenen Sinn als Teilhabe am göttlichen Leben.
Die Ehe macht eine weitere existenzielle Achse aus. Liebe lebt von gegenseitigem Sich-Beschenken.
15  Die Bande, die einen, sind zerbrechlich, weil sie von Freiheit abhängen. Eheleute machen die sie selbst übersteigende Erfahrung, dass Treue von irgendwoher garantiert sein muss. Ein solches Erleben deutet auf eine höhere Macht hin, auf Gott, von dem menschliche Treue abhängt. Das Sakrament erhellt die Gegenwart Gottes in der Liebe.
Krankheit kann menschliches Leben bedrohen. Der Mensch stößt an seine Grenzen. Und wieder er-
20  lebt er seine Abhängigkeit von anderen, von Gott. Das Sakrament der Krankensalbung bringt die Heilsmacht Gottes zum Ausdruck.
Das Konzil von Trient (1545–63) legte fest: Es gibt sieben Sakramente, nicht mehr und nicht weniger. Doch muss man diese Definition richtig verstehen. Das Wesentliche ist dabei nicht die Zahl Sieben. Die Siebenzahl muss symbolisch verstanden werden, d. h. nicht wie die Summe von
25  1 + 1 + 1 usf. bis sieben, sondern als das Ergebnis von 3 + 4. Schon Bibel und Überlieferung ha-

Religion / Ethik

ben uns gelehrt, dass die Zahlen 3 und 4 als Summe ein spezifisches Symbol bilden für die Totalität einer geordneten Vielgestaltigkeit. Vier ist das Symbol für Kosmos (die vier Elemente: Erde, Wasser, Luft und Feuer; auch die vier Himmelsrichtungen). Drei ist das Symbol für das Absolute (Heiligste Dreifaltigkeit), für Geist, Ruhe und Transzendenz. Die Summe aus beiden Größen, die Zahl Sieben,
30 bedeutet demnach die Begegnung zwischen Gott und Mensch. Mit der Siebenzahl wollen wir also die Tatsache zum Ausdruck bringen, dass die Totalität der menschlichen Existenz durch Gott geweiht ist. Jedes Mal, wenn wir bis zur Tiefe unserer Existenz hinabsteigen, sei es, dass wir erleben, wie neues Leben geboren wird, sei es, dass wir betrachten, wie Leben wächst, sich bestätigt, vermehrt, weiht und sich aus seinen zerstörerischen Brüchen wieder erholt, rühren wir nicht nur an das
35 Geheimnis des Lebens, sondern dringen auch ein in die Dimension absoluten Sinns, den wir Gott nennen, und seiner Manifestation in der Welt. An der Stelle, an der sich Leben mit dem Leben berührt, geschieht Sakrament.

Begriffserklärungen:
Z. 29: *Transzendenz: das über diese Welt Hinausweisende, das Übernatürliche, Gott*
Z. 36: *Manifestation: etwas, das erkennbar oder sichtbar wird*

(aus: Boff, L.: Kleine Sakramentenlehre)

**Arbeitsauftrag:**

Überlege dir mindestens 4 Fragen, auf die der Text eine Antwort gibt.
Formuliere mindestens eine, die sich auf die Z. 1–6 oder Z. 30–36 bezieht.
Markiere dann die entsprechenden Textstellen (mit einer anderen Farbe als beim ersten Lesen) und schreibe die Frage neben diese Textstelle.

Zum vertiefenden Verständnis und zur Überleitung auf die ausführlichere Beschäftigung mit dem Ehesakrament schloss sich in der Stunde ein Schreibgespräch an.

Die Fragen bewegten sich erwartungsgemäß auf unterschiedlichem Niveau. Antworten konnten aus der Lerngruppe immer gegeben werden. Manchmal waren die Fragestellenden mit der Antwort nicht (vollständig) zufrieden oder andere aus der Lerngruppe (die vielleicht eine ähnliche Frage erarbeitet hatten) hakten nach, wenn die Antwort sich nur auf das Zitieren einer Textpassage beschränkte. Ganz offensichtlich funktionierte die Lesestrategie so, dass die Lernenden wechselseitig Unterstützung einforderten.

Die angefügten Schülerarbeiten belegen die oben dargestellten Erwartungen: Viele Fragen bezogen sich auf den Mittelteil (Z. 7–21) – hier ist der Text verständlich, er schließt an das Vorwissen der Lernenden und ihre persönliche Erfahrungen beim Sakramentenempfang an. Von einigen Lernenden wurde nur eine Textzeile in eine Frage umformuliert (siehe Schülerlösung von Lukas, Frage 1), während andere Fragen stellten, für deren Beantwortung eine Textpassage mit eigenen Worten zusammengefasst werden musste (siehe Schülerlösung von Stefan,

Frage 3). Aber beide Kategorien von Fragen trugen dazu bei, das Textverständnis zu vertiefen. Die Vielzahl der Fragen und eben auch Nachfragen konnte dies gewährleisten.

**Leonardo Boff: Die Sakramente**

Wenn wir die sieben Sakramente genau anschauen, dann sehen wir, dass sie die Grundachsen des menschlichen Lebens darstellen. Das Leben, besonders in seiner biologischen Dimension, besitzt Hoch-Zeiten, die mit Knoten zu vergleichen sind. An diesen existenziellen Knotenpunkten spürt der Mensch, dass das Leben sich nicht selbst trägt. Er macht die Erfahrung: Niemals lebe ich allein, immer lebe ich mit anderen zusammen. In solchen Hoch-Zeiten verdichtet sich das Leben und die Gegenwart Gottes wird bewusst. Wo radikal Leben erfahren wird, wird Gott erfahren.

Was spürt der Mensch an den existenziellen Knotenpunkten?

Die Geburt z. B. ist ein Schlüsselpunkt des Lebens. Das Kind ist nun da. Doch es ist reines Geschenk. Alles hängt vom guten Willen anderer ab, ob es in der Familie angenommen wird und so überleben kann. Die *Taufe* entfaltet diese Abhängigkeit als Abhängigkeit von Gott.

Ohne Nahrung kann Leben nicht bestehen. Jede Mahlzeit ermöglicht dem Menschen die ihn zu Dank bewegende Erfahrung, dass seine Existenz an die anderer Menschen geknüpft ist. In der Verbindung zu Jesus Christus entfaltet die *Eucharistie* den im Essen verborgenen Sinn als Teilhabe am göttlichen Leben.

Was für eine tiefere Bedeutung hat die Eucharistie?

Die *Ehe* macht eine weitere existentielle Achse aus. Liebe lebt von gegenseitigem Sich-Beschenken. Die Bande, die einen, sind zerbrechlich, weil sie von Freiheit abhängen. Eheleute machen die sie selbst übersteigende Erfahrung, dass Treue von irgendwoher garantiert sein muss. Ein solches Erleben deutet auf eine höhere Macht hin, auf Gott, von dem menschliche Treue abhängt. Das Sakrament erhellt die Gegenwart Gottes in der Liebe.

Krankheit kann menschliches Leben bedrohen. Der Mensch stößt an seine Grenzen. Und wieder erlebt er seine Abhängigkeit von anderen, von Gott. Das Sakrament der *Krankensalbung* bringt die Heilsmacht Gottes zum Ausdruck.

Das Konzil von Trient (1545-63) legte fest: Es gibt sieben Sakramente, nicht mehr und nicht weniger. Doch muss man diese Definition richtig verstehen. Das Wesentliche ist dabei nicht die Zahl sieben. Die Siebenzahl muss symbolisch verstanden werden, d. h. nicht wie die Summe von 1 + 1 + 1 usf. bis sieben, sondern als das Ergebnis von 3 + 4. Schon Bibel und Überlieferung haben uns gelehrt, dass die Zahlen 3 und 4 als Summe ein spezifisches Symbol bilden für die Totalität einer geordneten Vielgestaltigkeit. Vier ist das Symbol für Kosmos (die vier Elemente: Erde, Wasser, Luft und Feuer; auch die vier Himmelsrichtungen). Drei ist das Symbol für das Absolute (Heiligste Dreifaltigkeit). Die Summe aus beiden Größen, die Zahl sieben, bedeutet demnach die Begegnung zwischen Gott und Mensch. Mit der Siebenzahl wollen wir also die Tatsache zum Ausdruck bringen, dass die Totalität der menschlichen Existenz durch Gott geweiht ist. Jedesmal, wenn wir bis zur Tiefe unserer Existenz hinabsteigen, sei es, dass wir erleben, wie neues Leben geboren wird, sei es, dass wir betrachten, wie Leben wächst, sich bestätigt, vermehrt, weiht und sich aus seinen zerstörerischen Brüchen wieder erholt, rühren wir nicht nur an das Geheimnis des Lebens, sondern dringen auch vor zu Gott. An der Stelle, an der sich Leben mit *dem* Leben berührt, geschieht Sakrament.

Wie muss die Definition der sieben Sakramente verstanden werden?

Was will die Siebenzahl zum Ausdruck bringen?

*Text leicht überarbeitet u. gekürzt nach: Boff, L., Kleine Sakramentenlehre, Düsseldorf[7] 1984, S. 78-82.*

Lösungsbeispiel von Lukas

**Leonardo Boff: Die Sakramente**

Wenn wir die sieben Sakramente genau anschauen, dann sehen wir, dass sie die Grundachsen des menschlichen Lebens darstellen. Das Leben, besonders in seiner biologischen Dimension, besitzt Hoch-Zeiten, die mit Knoten zu vergleichen sind. An diesen existenziellen Knotenpunkten spürt der Mensch, dass das Leben sich nicht selbst trägt. Er macht die Erfahrung: Niemals lebe ich allein, immer lebe ich mit anderen zusammen. In solchen Hoch-Zeiten verdichtet sich das Leben und die Gegenwart Gottes wird bewusst. Wo radikal Leben erfahren wird, wird Gott erfahren.

1/ Wie viele Sakramente gibt es?

2/ Wo wird Gott erfahren?

Die Geburt z. B. ist ein Schlüsselpunkt des Lebens. Das Kind ist nun da. Doch es ist reines Geschenk. Alles hängt vom guten Willen anderer ab, ob es in der Familie angenommen wird und so überleben kann. Die *Taufe* entfaltet diese Abhängigkeit als Abhängigkeit von Gott.

Ohne Nahrung kann Leben nicht bestehen. Jede Mahlzeit ermöglicht dem Menschen die ihn zu Dank bewegende Erfahrung, dass seine Existenz an die anderer Menschen geknüpft ist. In der Verbindung zu Jesus Christus entfaltet die *Eucharistie* den im Essen verborgenen Sinn als Teilhabe am göttlichen Leben.

Die *Ehe* macht eine weitere existentielle Achse aus. Liebe lebt von gegenseitigem Sich-Beschenken. Die Bande, die einen, sind zerbrechlich, weil sie von Freiheit abhängen. Eheleute machen die sie selbst übersteigende Erfahrung, dass Treue von irgendwoher garantiert sein muss. Ein solches Erleben deutet auf eine höhere Macht hin, auf Gott, von dem menschliche Treue abhängt. Das Sakrament erhellt die Gegenwart Gottes in der Liebe.

Krankheit kann menschliches Leben bedrohen. Der Mensch stößt an seine Grenzen. Und wieder erlebt er seine Abhängigkeit von anderen, von Gott. Das Sakrament der *Krankensalbung* bringt die Heilsmacht Gottes zum Ausdruck.

Das Konzil von Trient (1545-63) legte fest: Es gibt sieben Sakramente, nicht mehr und nicht weniger. Doch muss man diese Definition richtig verstehen. Das Wesentliche ist dabei nicht die Zahl sieben. Die Siebenzahl muss symbolisch verstanden werden, d. h. nicht wie die Summe von 1 + 1 + 1 usf. bis sieben, sondern als das Ergebnis von 3 + 4. Schon Bibel und Überlieferung haben uns gelehrt, dass die Zahlen 3 und 4 als Summe ein spezifisches Symbol bilden für die Totalität einer geordneten Vielgestaltigkeit. Vier ist das Symbol für Kosmos (die vier Elemente: Erde, Wasser, Luft und Feuer; auch die vier Himmelsrichtungen). Drei ist das Symbol für das Absolute (Heiligste Dreifaltigkeit). Die Summe aus beiden Größen, die Zahl sieben, bedeutet demnach die Begegnung zwischen Gott und Mensch. Mit der Siebenzahl wollen wir also die Tatsache zum Ausdruck bringen, dass die Totalität der menschlichen Existenz durch Gott geweiht ist. Jedesmal, wenn wir bis zur Tiefe unserer Existenz hinabsteigen, sei es, dass wir erleben, wie neues Leben geboren wird, sei es, dass wir betrachten, wie Leben wächst, sich bestätigt, vermehrt, weiht und sich aus seinen zerstörerischen Brüchen wieder erholt, rühren wir nicht nur an das Geheimnis des Lebens, sondern dringen auch vor zu Gott. An der Stelle, an der sich Leben mit *dem* Leben berührt, geschieht Sakrament.

3/ Wieso sind es grade sieben Sakramente?

4/ Wann bezeichnet man etwas als Sakrament?

*Text leicht überarbeitet u. gekürzt nach: Boff, L., Kleine Sakramentenlehre, Düsseldorf[7] 1984, S. 78-82.*

Lösungsbeispiel von Stefan

Bei der Arbeit mit diesem Text zeigte sich: Nach einem ersten Leseeindruck konnten die Lernenden im Wirkgespräch erste Informationen zusammentragen. Bereits hier ergab sich, welches die sieben Sakramente sind, dass die Siebenzahl symbolisch zu verstehen ist und welche Sakramente die evangelische Kirche kennt.

Als die Fragen an den Text vorgestellt wurden, entspann sich das Unterrichtsgespräch über weite Strecken ausschließlich zwischen den Lernenden. Spontane Nachfragen zu den Antworten auf die vorgetragenen Fragen an den Text mussten beantwortet werden, wenn nur ein Textzitat als Antwort vorgeschlagen worden war. Aber von der Lerngruppe wurde manchmal auch erst der dritte oder vierte Antwortvorschlag als verständlich akzeptiert. Die Förderung der Interaktion in der Lerngruppe erwies sich also als eine entscheidende Qualität dieser Lesestrategie.

Auch deren dynamische Qualität wurde deutlich: Im Verlauf wurden mehr und mehr ähnliche Fragen und Antworten vorgetragen, aber in Formulierungsvarianten, sodass der Text mehrfach umgewälzt wurde. Hierbei ergab sich auch für schwächere Lernende die Chance, sich gegen Ende dieser Phase mit ihren Antwortversuchen einzubringen.

Die zügige und gelungene Arbeit im Schreibgespräch zur Frage „Kirchliche, sakramentale Eheschließung – ja oder nein?" der letzten Arbeitsphase zeigte, dass Grundlegendes zum katholischen Sakramentenverständnis am Text erarbeitet worden war, das in Verbindung mit einer grundsätzlich motivierenden, da lebensnahen Aufgabenstellung ertragreich umgesetzt werden konnte.

2.3 Beispiel 3: Die evangelische Kirche im Nationalsozialismus: Deutsche Christen

„Christsein und politische Verantwortung – Anpassung oder Widerstand" – so lautet ein grundlegendes Thema des evangelischen Religionsunterrichtes in der 10. Klasse. Das Thema berührt zentrale Fragen christlicher Ethik und christlichen Selbstverständnisses. Besondere Brisanz erhält das Thema für den evangelischen Religionsunterricht, da sich die Glaubensbewegung der Deutschen Christen, in der sich nationalsozialistisch orientierte Protestanten zusammenfanden, aktiv um die Angleichung der christlichen und der nationalsozialistischen Weltanschauung bemühte und damit zum Auslöser des Kirchenkampfes wurde, der in der Gründung der Bekennenden Kirche als Gegenbewegung mündete.

Ausgehend von der absolut bindenden Verpflichtung, dass sich derlei Geschehnisse nie wieder ereignen dürfen, erscheint das zweite Halbjahr der 10. Klasse geeignet, die Thematik „Kirche und Nationalsozialismus" im Religionsunterricht zu thematisieren und in den ethisch-religiösen Horizont der Lernenden zu rücken, denn spätestens in Klasse 10 wird auch im Fach Geschichte der Nationalsozialismus behandelt, sodass die Lernenden schon Wissen zum Nationalsozialismus einbringen können. Der Religionsunterricht sollte sich im Rahmen dieser überaus vielschichtigen Thematik auf die für ihn relevanten Aspekte konzentrieren können. Auch muss in diesem Zusammenhang im Hinblick auf Leseverstehen und Textarbeit im Vorfeld geklärt werden, ob in der Lerngruppe auf Wissen aus den Fächern Geschichte und Sozialkunde zu Parlamentarismus, Sozialismus und Kommunismus zurückgegriffen werden kann.

Praxisteil

Die Beschäftigung mit der Glaubensbewegung der Deutschen Christen sollte sinnvollerweise am Beginn einer Unterrichtseinheit zum Thema „Kirche und Nationalsozialismus" stehen, denn am Beispiel dieser Bewegung, die ihre Richtlinien bereits 1932, also vor Hitlers Machtergreifung, verabschiedet hatte, lässt sich das Problemfeld „Anpassung oder Widerstand" hervorragend entfalten: Die Behandlung der „Barmer Thesen" als Gegenentwurf zu den Richtlinien der Deutschen Christen ist ebenso möglich wie eine personalisierende Betrachtung dieser kirchengeschichtlichen Phase am Beispiel Dietrich Bonhoeffers oder Karl Barths. Die Haltung der evangelischen Kirche gegenüber den verfolgten Juden steht in einer solchen Unterrichtsreihe ebenso als Stundenthema an wie die Haltung gegenüber dem Euthanasie-Programm. Optional ist ein Ausblick auf die Situation in der katholischen Kirche sicher von Interesse. Zum Abschluss der Reihe bietet sich an, den Umgang der evangelischen Kirche mit ihrer Schuldfrage nach dem Ende des Nationalsozialismus zu behandeln.

Der von den Lernenden zu bearbeitende Text stammt aus dem Jahre 1932 und zeigt mit den Richtlinien der Deutschen Christen (DC) die weitgehende Verschmelzung von Nationalsozialismus und Christentum, wie sie von dieser Glaubensbewegung für möglich und erstrebenswert erachtet wurde. Ziel der Deutschen Christen war es, die Kirche auch von innen für den Nationalsozialismus zu gewinnen. Die Deutschen Christen prägten innerkirchlich entscheidend die Ereignisse des Folgejahres 1933 und damit die Anfänge des Kirchenkampfes, der Auseinandersetzung zwischen nationalsozialistischem Staat und evangelischer Kirche.

Die Richtlinien der Deutschen Christen sollten nicht Glaubensbekenntnis, sondern Lebensbekenntnis sein. Die wichtigsten Forderungen sind die nach einer einheitlichen, zentralistischen Reichskirche, nach einem über allem stehenden Volkstum und nach der Reinerhaltung der Rasse. Der politische Charakter dieser Richtlinien erfährt lediglich eine christliche Verbrämung.

Demgemäß ist dem Text als Begleitmaterial die Abbildung des Amtskreuzes des DC-Landesbischofs von Braunschweig, das in sinnfälliger Weise die Verquickung der Deutschen Christen mit und deren Abhängigkeit von dem Nationalsozialismus aufzeigt, zur Seite gestellt. Die Funktion der Abbildung ist hier illustrativ und soll durch das Provokationspotenzial (erst Hakenkreuz und dann christliches Kreuz zusammen an einer Kette) zur Textarbeit motivieren. Damit ist der Einsatz der Abbildung hier nicht gleichzusetzen mit der Nutzung von Bildern gemäß Strategie 4 (Den Text mit dem Bild lesen).

In der Textvorlage begegnen die Lernenden einem authentischen Dokument, das sich aufgrund seiner Länge, der Aktivierung von Wissen aus dem Geschichtsunterricht und der Verquickung christlicher und politischer Gedanken durch ein hohes Anforderungsniveau auszeichnet. Als Originaltext erfüllt die Vorlage gleichzeitig den Anspruch der Quellenarbeit als integralem Bestandteil des Religionsunterrichtes.

Das Amtskreuz des DC-Landesbischofs von Braunschweig

**Richtlinien der Glaubensbewegung „Deutsche Christen" vom 26.05.1932**

1. Diese Richtlinien wollen allen gläubigen deutschen Menschen Wege und Ziele zeigen, wie sie zu einer Neuordnung der Kirche kommen. Diese Richtlinien wollen weder ein Glaubensbekenntnis sein oder ersetzen, noch an den Bekenntnisgrundlagen der Evangelischen Kirche rütteln. Sie sind ein Lebensbekenntnis.

2. Wir kämpfen für einen Zusammenschluss der im „Deutschen Evangelischen Kirchenbund" zusammengefassten 29 Kirchen zu einer Evangelischen Reichskirche und marschieren unter dem Ruf und Ziel:
„Nach außen eins und geistgewaltig, um Christus und sein Werk geschart. Nach innen reich und vielgestaltig, ein jeder Christ nach Ruf und Art!"

3. Die Liste „Deutsche Christen" will keine kirchenpolitische Partei in dem bisher üblichen Sinne sein. Sie wendet sich an alle evangelischen Christen deutscher Art. Die Zeit des Parlamentarismus hat sich überlebt, auch in der Kirche. (…) Wir wollen eine lebendige Volkskirche, die Ausdruck aller Glaubenskräfte unseres Volkes ist.

4. Wir stehen auf dem Boden des positiven Christentums. Wir bekennen uns zu einem bejahenden artgemäßen Christus-Glauben, wie er deutschem Luther-Geist und heldischer Frömmigkeit entspricht.

5. Wir wollen das wiedererwachte deutsche Lebensgefühl in unserer Kirche zur Geltung bringen und unsere Kirche lebenskräftig machen. In dem Schicksalskampf um die deutsche Freiheit und Zukunft hat die Kirche in ihrer Leitung sich als zu schwach erwiesen. (…) Wir wollen, dass unsere Kirche in dem Entscheidungskampf um Sein oder Nichtsein unseres Volkes an der Spitze kämpft. Sie darf nicht abseits stehen oder gar von den Befreiungskämpfern abrücken.

6. Wir verlangen [einen] (…) Kampf gegen den religions- und volksfeindlichen Marxismus und seine christlich-sozialen Schleppenträger aller Schattierungen. Wir vermissen (…) das trauende Wagnis auf Gott und die Sendung der Kirche. Der Weg ins Reich Gottes geht durch Kampf, Kreuz und Opfer, nicht durch falschen Frieden.

7. Wir sehen in Rasse, Volkstum und Nation uns von Gott geschenkte und anvertraute Lebensordnungen, für deren Erhaltung zu sorgen uns Gottes Gesetz ist. Daher ist der Rassenvermischung entgegenzutreten. Die deutsche äußere Mission ruft aufgrund ihrer Erfahrung dem deutschen Volk seit Langem zu: „Halte deine Rasse rein!" und sagt uns, dass der Christus-Glaube die Rasse nicht zerstört, sondern vertieft und heiligt.

8. Wir sehen in der recht verstandenen inneren Mission das lebende Tat-Christentum, das aber nach unserer Auffassung nicht im bloßen Mitleid, sondern im Gehorsam gegen Gottes Willen und im Dank

gegen Christi Kreuzestod wurzelt. Bloßes Mitleid ist ‚Wohltätigkeit' und wird zur Überheblichkeit, gepaart mit schlechtem Gewissen, und verweichlicht ein Volk. Wir wissen etwas von der christlichen Pflicht und Liebe den Hilflosen gegenüber, wir fordern aber auch Schutz des Volkes vor den Untüchtigen und Minderwertigen. Die innere Mission darf keinesfalls zur Entartung unseres Volkes beitragen. Sie hat sich im Übrigen von wirtschaftlichen Abenteuern fernzuhalten und darf nicht zum Krämer werden.

9. In der Judenmission sehen wir eine schwere Gefahr für unser Volkstum. Sie ist das Eingangstor fremden Blutes in unseren Volkskörper. Sie hat neben der äußeren Mission keine Daseinsberechtigung. Wir lehnen die Judenmission in Deutschland ab, solange die Juden das Staatsbürgerrecht besitzen und damit die Gefahr der Rassenverschleierung und Bastardisierung besteht. Die Heilige Schrift weiß auch etwas zu sagen von heiligem Zorn und versagender Liebe. Insbesondere ist die Eheschließung zwischen Deutschen und Juden zu verbieten.

10. Wir wollen eine Evangelische Kirche, die im Volkstum wurzelt, und lehnen den Geist eines christlichen Weltbürgertums ab. Wir wollen die aus diesem Geist entspringenden verderblichen Erscheinungen wie Pazifismus, Internationale, Freimaurertum usw. durch den Glauben an unsere von Gott befohlene völkische Sendung überwinden. Die Zugehörigkeit eines evangelischen Geistlichen zur Freimaurerloge ist nicht statthaft.

Richtlinien der Glaubensbewegung „Deutsche Christen" vom 26. 05. 1932

**Arbeitsaufträge:**

1. Betrachte zuerst die Amtskette des Landesbischofs und formuliere dann Vermutungen zu seinem Amtsverständnis, das sich in dieser Amtskette symbolisiert.
2. Unterstreiche Begriffe aus dem Vokabular des Nationalsozialismus gelb und beurteile deren Vorkommen in einem Text einer „Glaubensbewegung".
3. Viele christliche Begriffe im Text haben auffällige Attribute. Markiere diese Attribute rot und erläutere ihre Wirkung.
4. Skizziere in Worten das Verhältnis zwischen der Glaubensbewegung der „Deutschen Christen" und dem Nationalsozialismus.
5. Überprüfe, ob deine Vermutungen aus Aufgabe 1 durch den Text gestützt werden.

Während in den Beispielen der Fächer Katholische Religion und Ethik Strategie 5 (Farborientiert markieren) jeweils als Hilfsstrategie zu der schwerpunktmäßig angewandten Strategie genutzt wird, ist in diesem Beispiel das durch Aufgaben geleitete farbige Markieren von Begriffen die zentrale Vorgehensweise zur Erschließung eines tieferen Textverständnisses.

Die im Text angestrebte Parallelisierung des nationalsozialistischen und des christlichen Gedankengutes lässt sich ideal durch den Einsatz zweier unterschiedlicher Farben kennzeichnen. Aufgabe 2 verdeutlicht die Bezüge des Textes zum Nationalsozialismus, Aufgabe 3 zeigt die Vermischung nationalsozialistischer und christlicher Begriffe und Aussagen auf. Damit das farbige Markieren nicht nur als formaler Akt dient, wird das Markieren in beiden Aufgaben jeweils von beurteilenden bzw. erläuternden Teilaufgaben flankiert. Durch die Frage nach dem Verhältnis von Nationalsozialismus und Deutschen Christen in Aufgabe 4 müssen die aus der Markierungsarbeit gewonnenen Ergebnisse quasi als Synthese auf ein höheres Abstraktions- und Erkenntnisniveau (Erkennen der christlichen Verbrämung des politischen, d.h. nationalsozialistischen Ansinnens) gehoben werden.

Die Aufgaben 2, 3 und 4 werden von den Aufgaben 1 und 5 gewissermaßen gerahmt: In Aufgabe 1 werden die Lernenden angehalten, Vermutungen anzustellen, die sie dann mithilfe der Ergebnisse aus der Textarbeit in Aufgabe 5 selbstständig verifizieren oder falsifizieren können.

Materialauswahl und Aufgabenstellungen sind so gewählt, dass das Material in unterschiedlichen Unterrichtschoreographien eingesetzt werden kann. So ist es denkbar, die Darstellung der Amtskette in der Einstiegsphase einer Unterrichtsstunde im Plenum auf Folie zu präsentieren, um die Lernenden dann die Vermutungen direkt schriftlich fixieren oder aber erst im Unterrichtsgespräch diskutieren und dann verschriftlichen zu lassen. Eine Verschriftlichung ist auf jeden Fall zwingend, um Aufgabe 5 als Selbstüberprüfung sinnvoll durchführen zu können. Aufgrund der Materialwahl und des Aufgabenarrangements Vermutung – Erarbeitung – Überprüfung ist es ebenfalls praktikabel, das komplette Material von Lernenden selbstständig bearbeiten zu lassen und die Ergebnisse im Plenum vergleichend zu sichern.

Die Lernenden bearbeiteten das Material (Bild und Text) im Sinne der Schülerselbsttätigkeit in Einzelarbeit. Als Bearbeitungszeit stand eine Schulstunde mit 45 Minuten zur Verfügung. Diese Zeitspanne wurde von den Lernenden als ausreichend empfunden. Die Dokumentation der Arbeitsergebnisse zeigt, dass Lesestrategie, Materialauswahl und Aufgabenarrangement geeignet sind, die Lernenden zu den gewünschten Ergebnissen und zu einem vertieften Textverständnis zu führen.

Die Bearbeitung des Textabschnittes macht deutlich, dass die Aufgaben 2 und 3 zum farbigen Markieren für die Schülerin verständlich und dem Textpotenzial angemessen sind. Sie hat sowohl zentrale Begriffe aus dem nationalsozialistischen Vokabular (z.B. deutsche Art, Schicksalskampf, Rasse, Volkstum) als auch Kombinationen christlicher Begriffe mit auffälligen Attributen (z.B. artgemäßer Christus-Glaube, heldische Frömmigkeit, Kampf, Kreuz und Opfer) korrekt markiert.

Praxisteil

3. Die Liste „Deutsche Christen" will keine kirchenpolitische Partei in dem bisher üblichen Sinne sein. Sie wendet sich an alle evangelischen Christen deutscher Art. Die Zeit des Parlamentarismus hat sich überlebt, auch in der Kirche. ... Wir wollen eine lebendige Volkskirche, die Ausdruck aller Glaubenskräfte unseres Volkes ist.

4. Wir stehen auf dem Boden des positiven Christentums. Wir bekennen uns zu einem bejahenden artgemäßen Christus-Glauben, wie er deutschem Luther-Geist und heldischer Frömmigkeit entspricht.

5. Wir wollen das wiedererwachte deutsche Lebensgefühl in unserer Kirche zur Geltung bringen und unsere Kirche lebenskräftig machen. In dem Schicksalskampf um die deutsche Freiheit und Zukunft hat die Kirche in ihrer Leitung sich als zu schwach erwiesen. ... Wir wollen, dass unsere Kirche in dem Entscheidungskampf um Sein oder Nichtsein unseres Volkes an der Spitze kämpft. Sie darf nicht abseits stehen oder gar von den Befreiungskämpfern abrücken.

6. Wir verlangen [einen] ... Kampf gegen den religions- und volksfeindlichen Marxismus und seine christlich-sozialen Schleppenträger aller Schattierungen. Wir vermissen ... das trauende Wagnis auf Gott und die Sendung der Kirche. Der Weg ins Reich Gottes geht durch Kampf, Kreuz und Opfer, nicht durch falschen Frieden.

7. Wir sehen in Rasse, Volkstum und Nation uns von Gott geschenkte und anvertraute Lebensordnungen, für deren Erhaltung zu sorgen uns Gottes Gesetz ist. Daher ist der Rassenvermischung entgegenzutreten. Die deutsche Äußere Mission ruft auf Grund ihrer Erfahrung dem deutschen Volk seit langem zu: „Halte deine Rasse rein!" und sagt uns, dass der Christus-Glaube die Rasse nicht zerstört, sondern vertieft und heiligt.

Lösungsbeispiel von Marie

Die Lösungsbeispiele zu Aufgaben 2, 3 und 4 (sie werden ohne Korrekturen dokumentiert) zeigen, dass die Schüler die Ergebnisse der Markierungsarbeit sinnvoll nutzen, denn sie können Beurteilungen vornehmen, Erläuterungen geben und Zusammenhänge herstellen. Dabei beziehen sie sich auf die zuvor herausgearbeiteten und markierten Begriffe. Insbesondere bei der Lösung zu Aufgabe 4 wird deutlich, dass der Schüler die christliche Verbrämung der nationalsozialistischen Ideologie erkannt hat.

Lösungsbeispiel von Jonas

Die ausgewählten Lösungsbeispiele zu den Aufgaben 1 und 5 zeigen, dass die Schüler in der Lage sind, eigene Vermutungen zu reflektieren und sachgerecht zu beurteilen.

3. Durch Attribute wie heldnische Frömmigkeit oder Christen deutscher Art sowie artgemäßer Christus-Glauben erkennt man schnell den Einfluss durch den NSozialismus. Es schafft einen extrem patriotischen und rassistischen Eindruck, der so gar nicht mit christlichem Glauben vereinbar ist.

4. Die Glaubensbewegung „Deutsche Christen" hat im Grunde dieselben Ideale wie der Nationalsozialismus. Ihr ganzes Welt- und Religionsverständnis baut auf dem NS als Basis.

Lösungsbeispiel von David

Besonders die Lösung zu Aufgabe 1 verdeutlicht, wie hier durch die Darstellung des Amtskreuzes als Begleitmaterial ein vertieftes Textverständnis angebahnt werden konnte.

Bei der Lösung zu Aufgabe 5 wären Zeilenangaben als Textbelege wünschenswert gewesen. Da der Schüler aber in der Regel sorgfältig mit Textbelegen arbeitet (siehe Lösung zu 2) und sich detailliert äußert, ist hier u. U. Zeitmangel zum Ende der Stunde als Grund für die pauschale Antwort zu vermuten.

## Praxisteil

> 1. Betrachtet man die Amtskette des Landesbischofs so fallen einem augenblicklich die Hakenkreuzsymbole des Dritten Reiches. Auf den zweiten Blick erkennt man, dass das große Hakenk-symbol vor dem Kreuz an der Kette hängt und in der Kette an sich noch viel kleine Exemplare von ersteren zu finden sind.
> Dies führt mich zu meiner Vermutung und Deutung, dass für den Landesbischof der Führer vor Gott steht, da auch das Symbol d. Führers vor dem Gottes/Jesu steht, sodass er wohl eher führerfürchtig als Gottesfürchtig war. Die etwas kleineren Symbole, die als Glieder in d. Kette fungieren könnten für die Angehörigen dieser Kirche stehen näml. nat. nazionalsozialistisch gerichtete Menschen.

Lösungsbeispiel von David

Insgesamt lässt sich ein positives Fazit für den Einsatz von Strategie 5 (Farborientiert markieren) in der vorliegenden Materialkonstellation ziehen. Das Aufgabenarrangement zeigt aber ganz deutlich, dass lediglich formales Unterstreichen als Selbstzweck wenig erhellend ist. Die Aufgabenstellungen müssen so angelegt sein, dass mit den gewonnenen Markierungsergebnissen weitergearbeitet werden kann bzw. muss. Wenn die Aufgabenstellungen – wie im vorliegenden Fall – auch noch eine innere Stufung im Sinne einer steigenden Kompetenzanforderung aufweisen, dann lassen sich mit der hier angewandten Lesestrategie des farbigen Markierens gute Ergebnisse bei der Verbesserung der Lesekompetenz erzielen.

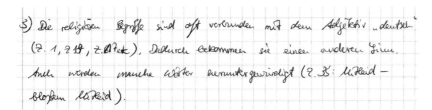

Lösungsbeispiel von Jonas

2.4 Beispiel 4: Freiheit und Freundschaft

Das Projekt „Lesen im Fach Ethik" wurde mit einer Lerngruppe der 6. Jahrgangsstufe am Beispiel des Themas „Freiheit und Freundschaft" durchgeführt.

Es geht darum, die Lernenden zur Wahrnehmung ethisch relevanter Fragen anzuleiten und zur selbstständigen ethischen Urteilsbildung sowie zum reflektierten Handeln zu befähigen.

Im Verlauf der 6. Jahrgangsstufe durchlaufen die Schülerinnen und Schüler eine Phase der allgemeinen Unsicherheit und des Wechsels der Bezugspersonen. Es ist daher wichtig, im Unterricht das Ich-Bewusstsein zu stärken. Beispielsweise ist in diesem Zusammenhang die Freiheit gegenüber möglichen (neuen) Freunden zu betonen.

Sachtexten kommt eine große Bedeutung für das Kennenlernen und Erkunden einer Situation zu, in der das Freiheitsproblem im Zusammenhang mit Freundschaft entdeckt, begrifflich geklärt und reflektiert wird. Beispiele für Situationen, in denen Freiheit im Zusammenhang mit Freundschaft problematisch wird, liegen häufig in Form sogenannter Dilemmasituationen vor, beispielsweise im Text „Marie". Der Begriff Freiheit muss dann anschließend als philosophischer Begriff separat erarbeitet werden. Das soll mithilfe des Textes „Freiheit" (Savater 2007, S. 26 f.) geschehen. Der Text „Marie" wird also eingesetzt für die Entdeckung der ethisch relevanten Frage, der Text „Freiheit" mit dem Ziel, zur selbstständigen ethischen Urteilsbildung anzuleiten bzw. zum reflektierten Handeln zu befähigen.

| Text | Lesestrategie |
|---|---|
| Erster Text: Marie – Wahrnehmung einer ethisch relevanten Frage | ▸ Strategie 10 (Das Fünf-Phasen-Schema anwenden) |
| Zweiter Text: Das Problem der Freiheit – Anleitung zur selbstständigen ethischen Urteilsbildung sowie zum reflektierten Handeln | ▸ Strategie 3 (Den Text strukturieren) <br> ▸ Strategie 7 (Den Text expandieren) <br> ▸ Strategie 2 (Fragen an den Text stellen) |

Der erste Text wird die Lernenden vermutlich vor keine größeren Probleme stellen, da lediglich eine Konfliktsituation dargestellt wird, zu der Stellung genommen werden soll. Damit sinnvoll Stellung genommen werden kann, muss jedoch die Situation korrekt erfasst worden sein. Den Phasen vier und fünf des Fünf-Phasen-Schemas kommt also besondere Bedeutung zu, weil in ihnen das Verständnis eines Textes überprüft wird.

Im Unterschied dazu ist der zweite Text für Lernende der 6. Jahrgangsstufe schwierig. Er erläutert einen philosophischen Begriff (Freiheit) und ist sehr dicht geschrieben. Die verwendeten Beispiele sind oft sperrig und nicht altersgemäß. Trotz dieser Schwierigkeiten wurde der Text ausgewählt, um zu untersuchen, ob auch ein anspruchsvoller Text durch eine geeignete Auswahl und Anwendung von Lesestrategien gewinnbringend behandelt werden kann.

Ein Leitgedanke für die Auswahl der Strategien war, dass sie das Textverständnis auf unterschiedlichen Niveaus der Auseinandersetzung ermöglichen. Der Text soll durch wiederholte, verschieden gestaltete Schleifen des Lesens erfasst werden. Die Strategien wurden auch so gewählt, dass sie zur Beurteilung und Reflexion anleiten.

### Marie

Lena fühlt sich eigentlich wohl in ihrer Klasse. Sie ist beliebt und gehört zu Sandras Clique. Aber seit Marie neu in die Klasse gekommen ist, hat sich alles verändert. Marie ist anders als die anderen Mädchen. Sie trägt meistens einen viel zu langen, altmodischen Rock, eine weiße, sorgfältig gebügelte Bluse und ihr Haar ist zu einem langen, strengen Zopf geflochten. Lena findet Marie zwar etwas
5  seltsam, aber trotzdem nett.

In der ersten Pause mit der Neuen geht Sandra, mit der gesamten Mädchenschar der Klasse im Schlepptau, mit sicheren, schnellen Schritten auf Marie zu. „Guckt euch mal an, was für Klamotten die anhat! Frisch aus der Altkleidersammlung, die neueste Mode von vorgestern, oder was?', höhnt Sandra. Marie weicht nach hinten. Ein paar der Mädchen kichern. Da kreischt Anne: „Guckt euch
10 mal die Schuhe von der Zicke an! Der Knüller von vor zehn Jahren! Wer trägt denn heute noch Lackschuhe!" Marie hält sich die Hände vor die Augen. Niemand soll sie weinen sehen.

Lena findet gemein, wie schlimm Marie geärgert wird, aber wenn sie einschreitet, will Sandra am Ende vielleicht nichts mehr mit ihr zu tun haben! Anderseits ist es aber wirklich fies, wie mit Marie umgegangen wird. In den folgenden Tagen wird Marie immer häufiger gemobbt. Lena hält sich zu-
15 rück.

Am nächsten Montag hält Frau Schröder, die Klassenlehrerin, Lena zurück, als sie als Letzte das Klassenzimmer zur großen Pause verlassen will. „Lena, ich möchte gerne mit dir alleine über Marie reden. Wie dir bestimmt schon aufgefallen ist, war sie heute nicht in der Schule. Und heute Morgen hat mich Maries Mutter angerufen und mir berichtet, dass der Arzt bei Marie eine schwere seelische
20 Krise festgestellt hat. Sie weigert sich auch, zur Schule zu gehen. Kannst du dir das erklären?" Doch Lena schweigt.

Religion / Ethik

**Arbeitsaufträge:**

1. Überfliege den Text.
2. Der Text enthält vier Abschnitte. Notiere jeweils die passende Überschrift neben dem Text:
   Lenas Empfindungen – Sandras Verhalten – Lenas Entscheidung – Maries Aussehen
3. Gib den Text in eigenen Worten wieder. Verwende dabei die Überschriften in der passenden Reihenfolge.
4. Überlege, ob Lena richtig gehandelt hat.
   Vorgeschlagene Vorgehensweise: Beantworte nacheinander die folgenden Fragen:
   ▸ Welche Möglichkeiten hatte sie?
   ▸ Womit hätte sie ihr Handeln begründen können?
   (Wähle dabei aus der folgenden Liste möglicher Begründungen aus: Du musst immer die Wahrheit sagen. Du musst dich verteidigen. Man muss zu seinen Freunden halten. Sei stets höflich. Man petzt nicht.)
   ▸ Welcher Erklärung stimmst du zu?
   ▸ Formuliere jetzt eine Antwort auf die Frage, ob Lena richtig gehandelt hat. Begründe deine Antwort.
5. Lena hätte sagen können, dass sie nicht anders konnte, als sie den Namen verschwieg. Kennzeichne diese Möglichkeit durch einen der folgenden Begriffe: Tapferkeit, Klugheit, Gerechtigkeit, Freiheit, Unfreiheit, Verantwortung, Treue.

---

**Das Problem der Freiheit: Anleitung zur selbstständigen ethischen Urteilsbildung sowie zum reflektierten Handeln**

„Wie können wir frei sein, wenn das Fernsehen uns das Gehirn wäscht, wenn die Politiker uns betrügen und manipulieren, wenn die Terroristen uns bedrohen, wenn die Drogen uns versklaven, und wenn mir außerdem das Geld fehlt, mir ein Motorrad zu kaufen – was ich so gerne möchte?" Wenn du ein bisschen aufpasst, wirst du feststellen, dass die, die so reden, sich zu beklagen scheinen,
5 aber in Wirklichkeit sehr zufrieden sind zu wissen, dass sie nicht frei sind. Im Grunde denken sie: „Uff! Uns ist ein Stein vom Herzen gefallen! Da wir nicht frei sind, können wir nicht schuldig sein an dem, was uns passiert." Aber ich bin sicher, dass niemand – *niemand* – wirklich glaubt, nicht frei zu sein. Niemand akzeptiert ohne Weiteres, dass er wie ein unerbittliches Uhrwerk oder wie eine Termite funktioniert. Es mag sein, dass die freie Entscheidung für bestimmte Sachen unter bestimmten
10 Umständen sehr schwer ist (z. B. in ein brennendes Haus zu gehen, um ein Kind zu retten, oder unbeirrt einem Tyrannen gegenüberzutreten) und dass man deshalb lieber sagt, es gibt keine Freiheit. Dann muss man nicht anerkennen, dass man als freier Mensch das Leichteste vorzieht – auf die Feuerwehr zu warten oder den Stiefel zu lecken, der einem im Nacken steht. Aber tief im Innern sagt uns etwas beharrlich: „Wenn du gewollt hättest ..."

(aus: Savater, Fernando: Tu, was du willst)

**Arbeitsaufträge:**

1. Überfliege den Text.
2. Der Text ist leider ohne Absätze geschrieben. Mache ihn lesefreundlicher, indem du ihn in vier Abschnitte gliederst.
   Ordne anschließend die folgenden Überschriften den jeweiligen Abschnitten zu:
   Unser Gewissen – Unfreiheit als Ausrede – Viel Alltagsgerede – Freiheit als Aufgabe
3. Der Text ist für Fachleute geschrieben. Mache ihn verständlicher, indem du schwierige Formulierungen mit eigenen Worten erklärst.
4. Gute Fragen helfen dir, den Text zu verstehen. Formuliere mindestens eine Frage, auf die der Text eine Antwort gibt.
5. Beantworte deine unter 4. gestellte Frage kurz mithilfe des Textes, möglichst in einem Satz.
6. Stelle den Zusammenhang zwischen diesem Text und dem Text „Marie" dar.

Dokumentation der Arbeitsergebnisse:

| Arbeitsauftrag | Marie: Wahrnehmung einer ethisch relevanten Frage |
|---|---|
| 2 | 1. Abschnitt: Maries Aussehen <br> 2. Abschnitt: Sandras Verhalten <br> 3. Abschnitt: Lenas Empfindungen <br> 4. Abschnitt: Lenas Entscheidung |
| 3 | Der Arbeitsauftrag wurde mündlich korrekt erledigt. |
| 4 | Folgendes Tafelbild wurde gemeinsam erstellt: <br> **Hat Lena richtig gehandelt?** <br> ihre Möglichkeiten: <br><br> Sie schildert Sandras Verhalten.     Sie schweigt. <br> Begründung:     Begründung: <br> Du musst immer die Wahrheit sagen!     Man muss zu seinen Freunden halten! <br> (Wert 1)     (Wert 2) <br><br> Die Antwort auf oben stehende Frage hängt davon ab, ob mir Wert 1 oder Wert 2 wichtiger ist. |
| 5 | Lenas (mögliches) Verhalten wurde als *Unfreiheit* charakterisiert. |

Religion / Ethik

Es wurde Strategie 10 (Das Fünf-Phasen-Schema) angewandt:

| | |
|---|---|
| 1. Orientierung im Text (Skimming des Textes) | Aufgabe 1 |
| 2. Verständnisinseln suchen | Aufgabe 2 |
| 3. Abschnittsweise Erschließung | Aufgabe 2 |
| 4. Suche nach dem roten Faden | Aufgabe 3 |
| 5. Abschließende Reflexion | Aufgabe 3 |
| Fachliche Intention: Erwerb von Urteils- und Reflexionsfähigkeit | Aufgabe 4, 5 |

In fachlicher Hinsicht endet die Erschließung des ersten Textes unbefriedigend, weil die Lerngruppe die Frage, ob Lena richtig gehandelt habe, davon abhängig machte, welcher Wert wichtiger sei, und ihre Situation als *unfrei* bezeichnete.

Zu klären bleibt, ob die Werte nur scheinbar gleichwertig sind, d. h. ob die Antwort der Gruppe relativistisch ist, oder ob die einander widersprechenden Werte auch ethisch gleichwertig sind. In diesem Fall würde es sich um eine wirkliche Dilemmasituation handeln. Andernfalls müsste Lenas Konflikt durch eine Hierarchisierung der Werte geklärt werden können.

| Arbeitsauftrag | Das Problem der Freiheit: Anleitung zur selbstständigen ethischen Urteilsbildung sowie zum reflektierten Handeln | |
|---|---|---|
| 2 (Die Abschnitte wurden von den Schülern durch Markierung im Text kenntlich gemacht.) | 1. Abschnitt, Z. 1–3 *(was ich so gerne möchte?):* Viel Alltagsgerede<br>2. Abschnitt, Z. 3–7 *(was uns passiert.):* Unfreiheit als Ausrede<br>3. Abschnitt, Z. 7–13 *(der einem im Nacken steht.):* Freiheit als Aufgabe<br>4. Abschnitt, Z. 13 f.: Unser Gewissen | |
| 3 | Beispiele, Wörter und Sätze, die erläutert werden müssen:<br>„das Fernsehen wäscht uns das Gehirn"<br><br>wenn „die Drogen uns versklaven"<br><br>„unerbittliches Uhrwerk" | Formulierungen einer Schülerin:<br><br>▸ das Fernsehen macht uns dumm<br>▸ das Fernsehen erzählt uns Lügen<br><br>▸ wenn Drogen uns kontrollieren<br><br>▸ niemals stillstehende Uhr<br>▸ ein Hamster im Rad |

| | | |
|---|---|---|
| | „Termite" | ▸ wie eine Ameise |
| | „unbeirrt einem Tyrannen gegenüberzutreten" | ▸ sich einem gewalttätigen Menschen zu stellen, seine Angst überwinden |
| | „den Stiefel zu lecken, der einem im Nacken steht" | ▸ sich jemandem unterwerfen, wenn er uns Gewalt androht |
| | „beharrlich" | ▸ regelmäßig, ständig |
| 4 und 5 | Fragen der Schüler:<br><br>Wann ist der Mensch frei?<br><br><br><br>Ist Freiheit ein Problem?<br><br>Welche Argumente kann man nennen, um zu behaupten, dass wir nicht frei sind?<br><br>Warum akzeptiert niemand, dass er nicht frei ist? | Die Antworten (gemeinsam erarbeitet):<br><br>Immer! – Manchmal vergessen wir es aber oder wir suchen nach Entschuldigungen und Ausreden (Z. 3–7) Dann sagt uns unser Gewissen, dass wir frei sind. (Z. 13 f.)<br><br>Ja, weil die freie Entscheidung schwer fallen kann, weil man Angst hat (Z. 9–11)<br><br>Keine! – Es gibt aber Ausreden (Z. 11).<br><br><br>Er wäre dann wie eine Ameise (Z. 8 f.). |
| 6 | Gemeinsam erstelltes Tafelbild:<br><br>**Zusammenhang mit Lenas Problem:**<br><br>Als Lena geschwiegen hat, was hätte da vermutlich ihr Gewissen gesagt?<br>↓<br>Wann wäre sie frei gewesen?<br>Ergebnis: Lena hätte die Wahrheit sagen müssen, dann hätte sie frei gehandelt. | |

Religion / Ethik

Es wurden die Lesestrategien 7, 3 und 2 angewandt:

| | |
|---|---|
| Strategie 3 (Den Text strukturieren) | Aufgabe 2 |
| Strategie 7 (Den Text expandieren) | Aufgabe 3 |
| Strategie 2 (Fragen an den Text stellen) | Aufgaben 4 und 5 |
| Fachliche Intention: Erwerb von Urteils- und Reflexionsfähigkeit | Aufgabe 6 |

In fachlicher Hinsicht hat sich ergeben, dass Lenas Konflikt kein Dilemma darstellt, sondern durch eine Hierarchisierung der Werte geklärt werden kann.

Es hat sich gezeigt, dass auch ein anspruchsvoller Text durch eine geeignete Auswahl und Anwendung von Lesestrategien gewinnbringend behandelt werden kann. Die Lernenden kamen aufgrund der begrifflichen Klärung des Freiheitsbegriffs zu einem reflektierten Urteil über die ethische Frage aus dem Alltag. Die begriffliche Klärung setzte die aufgabengeleitete Lektüre des hoch verdichteten Textes voraus.

Für die Erschließung schwieriger Texte müssen mehrere Strategien zum Einsatz kommen, damit die Lernenden sowohl im Hinblick auf ihr Textverständnis als auch hinsichtlich ihrer Motivation am Ball bleiben. Auch die begleitende Unterstützung durch Hilfsfragen, Formulierungsvorschläge und Klärungen im Plenum erwies sich als unerlässlich für die Arbeit mit philosophischen Texten in der Orientierungsstufe.

## Literaturhinweise

Literatur zum Grundlagenteil:

Bertschi-Kaufmann (Hrsg.): Lesekompetenz – Leseleistung – Leseförderung. Grundlagen, Modelle und Materialien. Seelze-Velber: Kallmeyer 2007

Brinker, Klaus: Linguistische Textanalyse: Eine Einführung in Grundbegriffe und Methoden. Berlin: Schmidt 1985

Bundesministerium für Bildung und Forschung (Hrsg.): Förderung von Lesekompetenz – Expertise. Bildungsforschung Band 17. Bonn, Berlin 2007

Deutsches PISA-Konsortium (Hrsg.): PISA 2000. Basiskompetenzen von Schülerinnen und Schülern im internationalen Vergleich. Opladen: Leske + Budrich 2001

Landesinstitut für Schule und Weiterbildung (Hrsg.): Förderung von Kindern und Jugendlichen aus Familien mit Migrationshintergrund im Deutschunterricht – Texte verstehen und schreiben. Materialien für Unterricht und Lehrerbildung. Soest 2001 (Zugriff: http://www.learn-line.nrw.de/angebote/qualitaetsentwicklung/download/d-textverstehen.pdf)

Leisen, Josef: Muss ich jetzt auch noch Sprache unterrichten? Sprache und Physikunterricht. Naturwissenschaften im Unterricht – Physik 3 (2005), S. 4–9

Leisen, Josef: Lesen und Verstehen lernen. Strategien und Prinzipien zur Arbeit mit Sachtexten im Unterricht. PÄDAGOGIK 6 (2007), S. 11–15

Materialien für die Unterrichtspraxis in der Sekundarstufe: Deutsch als Zweitsprache. Berlin: LISUM 2001

Schumacher, Ralf: Das Lernen lernen. Wie lässt sich selbstständiges Lernen fördern? Sendung des SWR 2 am 8. Juni 2008 (Zugriff: http://www.swr.de/swr2/programm/sendungen/wissen/archiv/-/id=660334/nid=660334/did=3455832/rv1nso/index.html)

Literatur zum Praxisteil Biologie:

Bildungsstandards im Fach Biologie für den Mittleren Schulabschluss. Beschluss vom 16.12.2004. Hrsg. v. Sekretariat der Ständigen Konferenz der Kultusminister der Länder in der Bundesrepublik Deutschland. München: Luchterhand 2005.

Literatur zum Praxisteil Deutsch:

Baurmann, Jürgen und Müller, Astrid: Sachbücher und Sachtexte lesen. In: Praxis Deutsch 189 (2005), S. 6–13

Baurmann, Jürgen: Sachtexte (nicht nur) im Deutschunterricht. Zum Zusammenspiel von Fachwissenschaft, Fachdidaktik und Unterrichtspraxis. In: SEMINAR 2 (2007), S. 47–58

Bildungsstandards im Fach Deutsch für den mittleren Schulabschluss. Beschluss vom 4.12.2003. Hrsg. v. Sekretariat der Ständigen Konferenz der Kultusminister der Länder in der Bundesrepublik Deutschland. München: Luchterhand 2004

Lehrplan Deutsch (Klassen 5 – 9/10). Hauptschule, Realschule, Gymnasium, Regionale Schule, Gesamtschule. Hrsg. v. Ministerium für Bildung, Wissenschaft und Weiterbildung Mainz. Grünstadt: Sommer Druck und Verlag 1998

Senn, Werner und Widmer, Peter: Der Beobachtungsfächer. Informationen aus Sachtexten zum Thema „Mobbing in der Schule" verarbeiten. In: Praxis Deutsch 194 (2005), S. 38–44

# Literaturhinweise

Literatur zum Praxisteil Chemie/Physik:

Barke, Hans-Dieter: Chemiedidaktik – Diagnose und Korrektur von Schülervorstellungen. Berlin: Springer 2006

Beerenwinkel, Anne und Cornelia Gräsel: Texte im Chemieunterricht: Ergebnisse einer Befragung von Lehrkräften. Zeitschrift für Didaktik der Naturwissenschaften 11 (2005)

Bildungsstandards im Fach Chemie für den Mittleren Schulabschluss. Beschluss vom 16.12.2004. Hrsg. v. Sekretariat der Ständigen Konferenz der Kultusminister der Länder in der Bundesrepublik Deutschland. München: Luchterhand 2005

Bildungsstandards im Fach Physik für den Mittleren Schulabschluss. Beschluss vom 16.12.2004. Hrsg. v. Sekretariat der Ständigen Konferenz der Kultusminister der Länder in der Bundesrepublik Deutschland. München: Luchterhand 2005

Leisen, Josef: Muss ich jetzt auch noch Sprache unterrichten? Sprache und Physikunterricht. Naturwissenschaften im Unterricht – Physik 3 (2005), S. 4–9

Leisen, Josef (Hrsg.): Physiktexte lesen und verstehen. Naturwissenschaften im Unterricht – Physik 5 (2006)

Merzyn, Gottfried: Physikschulbücher, Physiklehrer und Physikunterricht. Kiel: IPN, 1994


Literatur zum Praxisteil Erdkunde:

Bildungsstandards im Fach Geographie für den Mittleren Schulabschluss mit Aufgabenbeispielen. Hrsg. v. Deutsche Gesellschaft für Geographie. Selbstverlag Deutsche Gesellschaft für Geographie 2007. www.geographie.de Zugriff: 6.9.08

Czapek, Frank-Michael: Text im Geografieunterricht. In: Eberhard Schallhorn (Hrsg.) Erdkunde-Didaktik Praxishandbuch für die Sekundarstufe I und II. Berlin: Cornelsen Scriptor 2004

Wallert, Werner: Arbeitshefte Geographie SII. Geomethoden. Stuttgart: Klett 1994


Literatur zum Praxisteil Französisch:

Bildungsstandards für die erste Fremdsprache (Englisch/Französisch) für den Mittleren Schulabschluss. Beschluss vom 4.12.2003. Hrsg. v. Sekretariat der Ständigen Konferenz der Kultusminister der Länder in der Bundesrepublik Deutschland. München: Luchterhand 2004

Blümel-de Vries, Katrin: Schulung von Lesestilen im Französischunterricht (4. Lernjahr). In: FUF 63/64 (2003), S. 68–76

Fritsch, Anette: Förderung der Lesekompetenz. In: Krechel, Hans-Ludwig (Hrsg.): Französisch Methodik, Berlin: Cornelsen Scriptor 2007, S. 98–119

Leupold, Eynar: Textarbeit im Französischunterricht, Aufgaben entwickeln, Motivation fördern. Stuttgart: Klett 2007

Leupold, Eynar: Französisch unterrichten. Grundlagen, Methoden, Anregungen. Seelze-Velber: Kallmeyer 2003

Lehrplan Französisch als zweite Fremdsprache (Klassen 7–10) für Rheinland-Pfalz, Mainz 2000

Nieweler, Andreas: Lesekompetenz im Französischunterricht entwickeln. In: FUF 63/64 (2003), S. 4–13

Nieweler, Andreas: Fachdidaktik Französisch. Stuttgart: Klett 2006

Themenheft Lesen. Lesestrategien und Spracherwerb, Französisch heute 2 (2007)

Themenheft Aufgabenorientiertes Lernen. Praxis Fremdsprachenunterricht 4 (2005)

# Literaturhinweise

Literatur zum Praxisteil Geschichte:

Bildungsstandards Geschichte, Rahmenmodell Gymnasium 5.–10. Jahrgangsstufe. Hrsg. v. Verband der Geschichtslehrer Deutschlands, Schwalbach/Taunus: Wochenschau Verlag 2006, S. 26f., 45, 60

Lang, Sean: Reading History. A Problem of Attitudes. In: Internationale Schulbuchforschung 20 (1998), S. 263–273

Günther-Arndt, Hilke: Basiskompetenz Lesen. Lernen aus Fachtexten am Beispiel des Geschichtsunterrichts. In: PISA 2000 als Herausforderung. Hrsg. v. Barbara Moschner u.a.. Baltmannsweiler: Schneider 2003, S. 139–155

Kunze, Ingrid: „Das steht doch aber gar nicht im Text. Zum Umgang mit Sachtexten in allen Fächern. In: Lesekompetenz fördern von Anfang an. Didaktische und methodische Anregungen zur Leseförderung. Hrsg. v. Gläser, Eva und Gitta Franke-Zöllmer. Hohengehren: Schneider 2005, S. 80–89

Sauer, Michael: Bilder im Geschichtsunterricht. Typen, Interpretationsmethoden, Unterrichtsverfahren. 3. Auflage. Seelze-Velber: Kallmeyer 2007

Teepe, Renate: Umgang mit dem Schulbuch. In: Handbuch Methoden im Geschichtsunterricht. Hrsg. v. Ulrich Mayer u.a. 2. Auflage. Schwalbach/Taunus: Wochenschau-Verlag 2007, S. 255–268

White, Hayden: Die Bedeutung der Form. Erzählstrukturen in der Geschichtsschreibung. Frankfurt am Main: Fischer Verlag 1990

Wolbring, Barbara: Neuere Geschichte studieren. Stuttgart: UTB 2006

Literatur zum Praxisteil Mathematik:

Abitur NRW, Schulministerium NRW 2008, http://www.standardsicherung.schulministerium.nrw.de/abitur-gost/fach.php?fach=2 (Zugriff 18.7.08)

Beutelspacher, Albrecht: Das ist o.B.d.A. trivial. Wiesbaden: Vieweg&Sohn 1995

Bildungsstandards im Fach Mathematik für den mittleren Schulabschluss. Beschluss vom 4.12.2003. Hrsg. v. Sekretariat der Ständigen Konferenz der Kultusminister der Länder in der Bundesrepublik Deutschland. München: Luchterhand 2004

Bundesverband Deutscher Zeitungsverleger http://www.deutschland.de/link.php?lang=1&category2=160&link_id=944 (Zugriff 18.7.08)

Herget, Wilfried und Dietmar Scholz: Die etwas andere Aufgabe. Seelze-Velber: Kallmeyer 1998

Jahnke, Thomas und Hans Wuttke (Hrsg.): Mathematik Analysis, Gymnasiale Oberstufe. Berlin: Cornelsen 2002

Kuypers, Wilhelm; Josef Lauter und Hans Wuttke (Hrsg): Mathematik 9. Schuljahr. Berlin: Cornelsen 1995

Linnakyla, Pirjo: Fördert das Lesen von Zeitungen das Lernen? University of Jyväskylä, Finnland 2006, http://www.nordkurier.de/pisa/imag/studie.pdf (Zugriff 18.7.08)

Pöppe, Christoph: Ist jedes Rechteck ein Trapez? In: Spektrum der Wissenschaft 4 (2003)

Strick, Heinz Klaus: Manipulation, Information, Sensation. In: Mathematik lehren 74 (1996), S. 51–53

# Literaturhinweise

Literatur zum Praxisteil Religion/Ethik:

Adam, Gottfried und Lachmann, Rainer: Methodisches Kompendium für den Religionsunterricht I. Basisband. Göttingen: Vandenhoeck & Rupprecht. 4. Auflage 2002

Boff, Leonardo: Kleine Sakramentenlehre. Düsseldorf: Patmos 7. Auflage 1984

Deutsche Bischofskonferenz (Hrsg.): Katholischer Erwachsenenkatechismus. Band II. Leben aus dem Glauben. Freiburg: Herder 1995

Einheitliche Prüfungsanforderungen in der Abiturprüfung Ethik (EPA). Beschluss vom 01.12.1989 i. d. F. vom 16.11.2006

Einheitliche Prüfungsanforderungen in der Abiturprüfung Evangelische Religionslehre (EPA). Beschluss vom 01.12.1989 i. d. F. vom 16.11.2006

Einheitliche Prüfungsanforderungen in der Abiturprüfung Katholische Religionslehre (EPA). Beschluss vom 01.12.1989 i. d. F. vom 16.11.2006

Fabricius, Volker: Kirche im Nationalsozialismus. Lehrerhandbuch. Frankfurt am Main: Diesterweg 1982

Iserloh, Erwin: Bischof Ketteler in seinen Schriften. Mainz 1977

Ketteler, Wilhelm E. von: Die katholische Lehre vom Eigentum. In: Bundesverband der Katholischen Arbeitnehmer Bewegung (KAB) (Hrsg.): Texte zur Katholischen Soziallehre II. Kevelaer: Butzon & Bercker 1976. S. 90–96

Kupisch, Karl (Hrsg.): Quellen zur Geschichte des deutschen Protestantismus 1817–1945. München und Hamburg: Siebenstern 1965

Niehl, Franz W.: Umgang mit Texten. In: Bitter, Gottfried u. a. (Hrsg.): Neues Handbuch religionspädagogischer Grundbegriffe. München: Kösel 2006, S. 485–489

Röckel, Gerhard: Grundschritte der Texterschließung. In: Verweyen-Hackmann u.a. (Hrsg.): Methodenkompetenz im Religionsunterricht. Unterrichtpraktische Konkretionen von Fach- und Arbeitsmethoden. Kevelaer 1999, S. 71–89

Savater, Fernando: Tu, was du willst. Ethik für die Erwachsenen von morgen. Frankfurt am Main: Campus, 9. Auflage 2007

Schmid, Hans: Die Kunst des Unterrichtens. Ein praktischer Leitfaden für den Religionsunterricht. München: Kösel 2006

Schröder, Bernd: Religionsunterricht und Bildungsstandards – eine aktuelle Herausforderung. In: M. Wermke u. a. (Hrsg.): Religion in der Sekundarstufe II. Göttingen 2006, S. 80 ff.

Wermke, Michael u. a. (Hrsg.): Religion in der Sekundarstufe II. Ein Kompendium. Göttingen: Vandenhoeck & Rupprecht 2006

## Quellenverzeichnis

**S. 13** Wie funktionieren eigentlich Energiesparlampen? http://www.Energiespar-Lampen.de/funktion_energie sparlampen.html (Zugriff: 30.7.2008 17.02 Uhr); **S. 14** Warum werden Energiesparlampen empfohlen? http://www.energiespar-lampen.de (Zugriff: 30.7.2008 17.01 Uhr); Wie werden Energiesparlampen richtig entsorgt? http://www.energiespar-lampen.de/entsorgung.html (Zugriff: 30.7.2008 17.03 Uhr); **S. 30 f.** (43 f., 68, 78) Der Kreislauf der Stoffe und der Weg der Energie. Aus: Bickel H. u. a.: Natura. Biologie für Gymnasien. Band 7–10. Stuttgart: Klett 2002 (S. 122); **S. 32 f.** (62) aus: Mensch und Raum. Geographie 12/13. Gymnasium Oberstufe. Berlin: Cornelsen. 1998 (S. 18); **S. 33 f.** (64 f., 81) Die Entdeckung Amerikas 1492. Aus: Horizonte 2. Geschichte Gymnasium Nordrhein-Westfalen. Braunschweig: Westermann 2008 (S. 44 f.), © Bildungshaus Schulbuchverlage Westermann Schroedel Diesterweg Schöning Winklers GmbH, Braunschweig; **S. 35** (45, 61, 62, 67, 69, 71, 75, 76, 100, 105) Physiktext aus: Dorn/Bader: Physik – Mittelstufe. Hannover: Hermann Schroedel 1980 (S. 286 ff.). © Bildungshaus Schulbuchverlage Westermann Schroedel Diesterweg Schöning Winklers GmbH, Braunschweig; **S. 36 f.** Immanuel Kant: Sinn und Glück – Bruchstück eines moralischen Katechismus. Aus: Immanuel Kant: Werke in 10 Bänden, hrsg. von Wilhelm Weischedel, Sonderausgabe der Wissenschaftlichen Buchgesellschaft Darmstadt, Bd. 7 (S. 620–623); **S. 38 f.** (54 f.) Das Leitbild der sozialen Marktwirtschaft. Aus: Politik & Co. Sozialkunde für das Gymnasium. Rheinland-Pfalz. Bamberg: C. C. Buchner 2006 (S. 142). © Wie funktioniert das? Wirtschaft heute. 4. Auflage. Bibliographisches Institut & F.A. Brockhaus AG. Mannheim 1999; **S. 51** (77) Braunsche Röhre. Aus: Physik für Gymnasien. Band 2. Berlin: Cornelsen 1995 (S. 346); **S. 51** Die Braunsche Röhre. Aus: Bredthauer, W. u. a.. Impulse Physik Mittelstufe. Stuttgart: Klett 2002 (S. 100); **S. 86** Determinanten der Lesekompetenz. Nach: Bundesministerium für Bildung und Forschung (Hrsg.): Förderung von Lesekompetenz – Expertise. Bildungsforschung Band 17. Bonn/Berlin 2007 (S. 12); **S. 96 f.** Auftrieb in Flüssigkeiten und Gasen. Aus: Impulse Physik, Mittelstufe. Stuttgart: Klett 2002 (S. 185 f.); **S. 142 f.** (146) Doris Marszk: Bald ist auch Goethe lange tot. ZEIT ONLINE 09/1999 (http://www.zeit.de/1999/09/199909.sprachverfall_.xml); **S. 156** Deutsche Stiftung Weltbevölkerung (DSW); Entwicklung und Projektionen 2005 (S. 2). Aus: Diercke Erdkunde Band 3 für Rheinland-Pfalz. Braunschweig: Westermann Verlag 2007 (S. 146 f.), © Bildungshaus Schulbuchverlage Westermann Schroedel Diesterweg Schöning Winklers GmbH, Braunschweig; **S. 171 f.** (174) Incendies en série à Paris (Schaubild). © Reuters; Les immeubles insalubres à Paris (Schaubild). © Reuters; 2005: Des incendies meurtiers à Paris. www.lemonde.fr; Deux incendies en quatre jours à Paris, aucune piste exclue: mardi 30 août 2005, 16h07, www.lemonde.fr; **S. 175 f.** 2005: Les banlieues en crise. Edition spéciale, 1er novembre 2005, www.lemonde.fr; **S. 183** (185) © akg-images; **S. 184** Eine „schöne" Kunst – der Buchdruck. Aus: Geschichte und Geschehen 1/2, 1. Auflage, Leipzig: Klett 2005 (S. 311); **S. 186** Schule, Schrift und Schreiber. Aus: Geschichte und Geschehen 1/2, 1. Auflage, Leipzig: Klett 2005 (S. 49 f.); **S. 192** Ergebnisse der Lynnakyla-Studie. Nach Daten aus Linnakyla, Pirjo (2006): Fördert das Lesen von Zeitungen das Lernen? University of Jyväskylä, Finnland. http://www.nordkurier.de/pisa/imag/studie.pdf (Zugriff 18.7.08), © TBM Marketing GmbH; **S. 193** (195) Foto Schiff, © Carsten Meyer – fotolia.com; **S. 194** Mathematikaufgabe. Aus: Jahnke, Thomas/Hans Wuttke (Hrsg.): Mathematik Analysis, Gymnasiale Oberstufe. Berlin: Cornelsen 2002 (S. 390); **S. 195** Mathematikaufgabe. Aus: Kuypers, Wilhelm; Josef Lauter/Hans Wuttke (Hrsg): Mathematik 9. Schuljahr. Berlin: Cornelsen 1995 (S. 99); **S. 198** Ein wahrhaft fleißiger Beamter haute voll auf den Putz. Goslarsche Zeitung vom 10.08.1993. Nach: Herget, Wilfried und Dietmar Scholz: Die etwas andere Aufgabe. Seelze-Velber: Kallmeyersche Verlagsbuchhandlung 1998 (S. 97); **S. 204 f.** Textblatt: Ketteler, Wilhelm E. von: Die katholische Lehre vom Eigentum. Aus: Erwin Iserloh/Christoph Stoll, Bischof Ketteler in seinen Schriften. © Matthias-Grünewald-Verlag der Schwabenverlag AG: Ostfildern 1977 (S. 34 ff.); **S. 210 f.** (212) Leonardo Boff: Die Sakramente. Nach: Kleine Sakramentenlehre, Düsseldorf [7]1984. © Patmos Verlag GmbH & Co KG, Düsseldorf (S. 78 ff., gekürzt); **S. 215 f.** Richtlinien der Glaubensbewegung „Deutsche Christen" vom 26.05.1932. Zitiert nach K. Kupisch (Hrsg.): Quellen zur Geschichte des deutschen Protestantismus 1817–1945; München und Hamburg: Siebenstern Verlag 1965 (S. 309); **S. 223 f.** Das Problem der Freiheit: Anleitung zur selbständigen ethischen Urteilsbildung sowie zum reflektierten Handeln. Aus: Savater, Fernando: Tu, was du willst. Ethik für die Erwachsenen von morgen. Aus dem Span. von Wilfried Hof. Frankfurt am Main/New York: Campus Verlag 2001 (S. 26 f.)

Nicht in allen Fällen war es uns möglich, den Rechteinhaber ausfindig zu machen. Berechtigte Ansprüche werden selbstverständlich im Rahmen der üblichen Vereinbarungen abgegolten.